교회개혁과 부흥운동

이상규 교수와 함께 읽는 16세기 이후의 교회사
교회개혁과 부흥운동

Reform and Revival in the Church History since
the 16 Century Reformation

이상규

차례

제1부 교회개혁과 사회변화

제1장 뒤돌아보는 16세기 종교개혁 · 13

종교개혁이란 무엇인가? · 종교개혁은 왜 일어났는가? · 중세교회의 문제들 · 종교개혁의 전개 · 교회개혁과 사회변화 · 나그네로서의 삶

제2장 종교개혁, 어떻게 볼 것인가? · 35

개신교 역사가들 · 천주교의 입장 · 세속적 해석

제3장 개신교와 16세기 문서운동 · 47

인쇄술의 발명 · 인쇄술이 16세기 개혁에 끼친 영향 · 헬라어 성경과 어거스틴의 작품들 · 개혁사상의 확산과 문서

제4장 칼빈과 교회연합운동 · 57

칼빈과 교회연합 · 교회의 분열과 연합을 위한 칼빈의 노력 · 교회연합에 대한 칼빈의 견해

제5장 노동과 직업에 대한 개혁자들의 이해 · 77

노동에 대한 기독교적 이해 · 루터의 소명론: 직업에 대한 신학적 이해 · 칼빈: 하나님의 영광을 위한 도구로서의 직업 · 일과 직업의 새로운 의미

제2부 교회개혁과 비폭력 평화주의 전통

제6장 제세례파의 개혁운동 · 95
재세례파의 유형 · 재세례파의 기원 · 주요 인물들 · 재세례파의 교의와 사상

제7장 지상의 평화를 꿈꾼 이상주의자들: 메노 사이먼스와 메노나이트 교회 · 115
메노 사이먼스의 생애 여정 · 저작과 사상, 메노나이트 교회의 정신 · 자유의 나라로

제8장 기독교와 평화, 평화교육 · 133
성경에서 본 평화 · 서구 기독교에서의 평화 · 평화연구의 전개 · 평화교육의 이념 · 평화교육의 방향

제9장 교회사에서 본 전쟁과 평화 · 145
평화를 지향했던 하는 교회 · '평화주의'에서 '정당전쟁론'으로 · 비폭력 평화사상의 대두

제3부 개혁주의 신학과 장로교 전통

제10장 개혁주의란 무엇인가? · 155
개혁주의란 무엇인가? · 개혁주의와 성경 · 기본 원리 · 개혁주의의 역사적 연원과 발전

제11장 장로교회란 무엇인가? · 171
장로교회의 정치제도 · 2직분론과 3직분론 · 장로교 정치제도의 의의

제12장 개혁주의 신앙과 교회 · 181
교회란 무엇인가? · 참된 교회의 표지 · 교회의 사명 · 교회에서의 직분

제13장 국가권력과 교회: 17세기 스코틀랜드 언약도들의 저항과 투쟁 · 201
역사적 배경 · 제임스 1세 · 찰스 1세 · 국민적 언약 · 주교 전쟁, 엄숙 동맹과 언약, 찰스의 처형, 찰스 2세의 즉위 · 찰스 2세 치하에서의 수난과 탄압 · 언약도 지도자들

제14장 청교도와 청교도 신앙 · 231
청교도란 무엇인가? · 중요 인물들 · 몇 가지 주장들 · 분리파와 비분리파 · 순례자의 조상들과 추수감사 · 청교도의 가정과 가정교육 · 청교도의 학교교육 · 청교도 문학가 존 밀톤

제4부 기독학생운동과 부흥운동

제15장 학생신앙운동과 교회의 쇄신 · 251
복음주의 학생운동의 시작 · 웨슬리 형제와 '거룩한 모임' · 찰스 시므온과 캠브릿지운동 · 사무엘 밀즈와 형제단 운동 · 학생자원운동 · 기독학생운동이 남긴 것

제16장 교회부흥운동, 그 역사와 의미 · 275
부흥이란 무엇인가? · 신앙부흥운동의 일반적 특징 · 부흥운동가들의 4가지 특징

제17장 미국에서의 부흥운동 · 287
데오도르 후릴링허이젠 · 조나단 에드워드 · 찰스 피니

제18장 웨슬리(Wesley)의 부흥운동 · 299
생애와 사역 · 그의 신학 · 그는 교회와 사회에 어떤 영향을 주었는가?

제19장 횟필드의 부흥운동 · 313
삶의 여정과 신앙부흥운동 · 칼빈주의적 신학 · 그가 남긴 유산들

제20장 1907년 한국에서의 부흥 · 327
부흥은 어떻게 시작되었을까? · 1907년 평양에서의 성령의 역사 · 부흥운동이 남긴 것

서문

개혁(Reform)과 부흥(Revival). 이 두 가지 주제는 교회사학도인 나에게 중요한 관심사였다. 교회는 하나님께서 세우신 제도이지만 사람들로 구성되는 공동체이기 때문에 교회의 역사 속에는 영적인 비상(飛上)과 부흥이 있었는가 하면, 때로는 쇠퇴와 퇴락의 날들도 없지 않았다. 마치 산등선을 넘으면 계곡이 있고, 계곡을 지나면 다시 산등선이 나오듯이 교회의 역사도 개혁과 타락, 부흥과 쇠퇴 등 갱정(更正)과 쇠락(衰落)의 긴 여정을 지내왔다. 이 모든 역사 과정은 하나님 앞에서 살아가는 그리스도인들, 그리고 기독교 공동체의 숨길 수 없는 자화상이다. 교회사란 그리스도인들이 무엇을 믿고 어떻게 응답해 왔는가에 대한 기록이다. 이런 역사의 과정 속에서 하나님은 어떻게 그리고 누구를 통해서 당신의 교회를 쇄신하시고 퇴락한 교회에 부흥을 가져왔을까? 이 책은 넓은 의미에서 이런 질문에 대한 대답이다.

제1부 '교회개혁과 사회변화'에서는 종교개혁이란 무엇인가를 설명하고, 이 교회개혁이 인간의 삶과 사회에 어떤 변화를 가져왔는가에 대해 기술했다. 특히 종교개혁에 대한 상이한 해석과 개혁자들의 교회, 교회연합에 대한 관심, 그리고 일과 직업에 대해 어떤 혁신을 가져왔는가를 모색했다. 제2부 '교회개혁과 비폭력 평화주의 전통'에서는 소위 소종파적 분리주의적 입장을 견지했던 재세례교도의 개혁운동과 저들의 평화주의 전통에 대해 기술했다. 동시에 4세기 이전의 교회가 중시했던 평화주의 사상의 연원과 그 변화에 주목했다. 제3부 '개혁주의 신학과 장로교 전통'에서는 우리가 믿는 신앙과 신학의 시원, 그리고 발전과정에 대해 기술했다. '개혁주의', '장로교 신앙'이 무엇인가를 해명하면서 17세기 스코틀랜드의 언약도 운동과 영국의 청교도 운동에 대

해 기술했다. 제4부 '기독학생운동과 부흥운동'은 특히 18세기 이후 영국과 미국 등지에서 일어난 학생신앙운동과 그들이 가져온 교회 쇄신과 부흥, 그리고 선교운동의 자취를 추적했다. 시속(時俗)에 편승하지 않는 젊은이들의 때 묻지 않는 교회에 대한 사랑과 주님을 향한 헌신은 교회의 갱신과 부흥을 가져왔다는 점을 기술했다.

이 모든 교회의 역사는 오늘을 살아가는 그리스도인들을 위한 설교였다. 교회사는 성경역사의 계속이다. 성경이 구약과 신약시대의 언약백성들이 하나님께 어떻게 반응했던가를 통해 우리에게 교훈과 가르침을 주듯이, 교회사는 성경의 진리를 확증해 주면서 오늘을 사는 우리들에게 주시는 설교이다. 희랍적 개념의 역사(historia)는 상실되기 쉬운 인간행위의 보존이라는 의미를 지니지만, 히브리적 의미의 역사는 백성의 삶을 위한 설교였다.

부끄럽지만 이 책은 숨길 수 없는 내 모습이다. 감히 내 속에 있는 것을 드러낸 것(成於中形於外)이라고 말한다면 경거한 일일까? 이 책이 나오기까지 도움을 주신 여러분들이 있다. 부족한 나를 위해 기도해 주시는 분들, 특히 사랑과 후의를 베풀어 주었던 호주 시드니의 믿음의 친구들과 부산과 거제도의 후배들, 저들의 맑은 영혼은 언제나 나에게 위로와 격려가 되었다. 특히 이 글을 출판하도록 격려와 도전을 주었던 SFC 출판부의 양영철 목사님의 배려는 오래 기억될 것이다. 그의 세심한 배려가 없었다면 아마 이 원고는 오랜 기간 사장되었을 것이다. 우아하고도 아담하게 이 책을 제작해 주신 SFC 간사님들에게도 깊은 감사를 드린다.

여러 가지 점에서 부족하지만 이 책을 통해 진리와 자유, 그리고 교회 갱신과 부흥을 위해 줄기차게 고투해왔던 이들의 삶과 신앙을 배우며, 한국교회를 개혁하고 부흥을 불러일으키는 법고창신(法古創新)의 동기를 줄 수 있다면 나에게는 더 없는 기쁨이 될 것이다.

2004년 5월 25일
고신대학교 이상규

제1부

교회개혁과 사회변화

Reform and
Revival in the church History since
the 16 Century Reformation

제1장

뒤돌아보는 16세기 종교개혁

　종교개혁은 교회사에서 위대한 사건이었다. 그것은 성경적 기독교로의 교리적 개혁이자 새로운 영적 쇄신운동이었다. 16세기 종교개혁은 단순한 교회개혁만이 아니라 서구사회 전반에 영향을 끼쳤기 때문에 어느 한 측면만으로 해석할 수는 없다. 종교개혁이라고 할 때 영어의 레포메이션(Reformation)이라는 단어는 보통명사이지만, 정관사 '더'(the)를 붙여 'The Reformation'이라고 쓰면 16세기의 교회개혁 운동을 칭하는 고유명사가 된 것만 보아도 이 사건이 단순히 종교적 문제에 국한된 교회 내적인 사건이 아님을 알 수 있다.

　독일의 저명한 역사가인 마이네케(Friedrich Meinecke)는 서구역사에서 가장 큰 정신적 혁명을 역사주의와 종교개혁이라고 했는데, 이 점도 종교개혁이 단순히 교회 내적인 문제만이 아니었음을 암시하고 있다. 종교개혁은 중세적 사회구조, 가치관, 문화현상 전반에 변화를 가져온 사건이었고, 결과적으로 정치, 사회, 문화 여러 방면에 커다란 영향을 끼쳤다. 그리고 현대시민사회의 형성, 민주주의의 발전 등에도 영향을 주었다.

1. 종교개혁이란 무엇인가?

우리는 흔히 '종교개혁'이라고 말하지만 엄밀한 의미에서는 '교회개혁'이라고 말하는 것이 옳다고 본다. 개혁자들의 근본적인 관심은 일반적 의미의 종교에 대한 관심이 아니라, 구체적으로 하나님의 교회에 대한 관심에서 개혁이 시작되었다. 물론 16세기 당시 유럽의 종교는 기독교였고, 기독교라는 종교 환경이 인간의 사회적 삶을 지배해 왔지만 오늘과 같은 다원적인 종교현실에서 볼 때 '종교개혁'이라는 표현은 모든 종교를 망라한 범 종교적 쇄신의 의미로 오해될 소지도 있다. 개혁자들이 추구했던 근본 동기나 그 과정은 일반적 의미의 종교개혁이 아니라 하나님의 교회의 쇄신이었다. 따라서 '교회개혁'이라는 표현이 보다 직접적인 표현인 동시에 개혁의 정신에 부합되는 용어라고 볼 수 있다.

그럼에도 불구하고 우리가 그 동안 종교개혁이라고 말해왔던 것은 일본의 영향이라고 할 수 있다. 초기 선교사들의 문서, 특히 한국에서 교회사를 가르쳤던 첫 사람인 왕길지(G. Engel)의 기록에 보면 그는 '종교개혁사'를 '교회 갱정사'(敎會更正史)라고 불렀다. 그의 표현도 따지고 보면 교회개혁이라는 용어에 가깝다. 이 글에서는 지금까지의 관행에 따라 '종교개혁'이라는 용어를 주로 사용하되 때로 '개혁주의'를 상호교차적으로 사용하였다.

종교개혁이란 간단히 말하면 원시 그리스도교 회복운동이었고, 그것은 그리스도 교회의 본래적인 신앙과 생활에서 이탈한 중세 로마 가톨릭교회의 형식화된 의식적 생활에서 떠나 사도적 교회에로의 회복을 의미하는 것이었다. 다시 말하면 하나님의 말씀에서 떠난 로마 가톨릭의 성례전적인 제도(Sacramental System)와 공적사상 등과 같은 비 복음적인 전통에서 벗어나 근본의 기독교, 혹은 사도적 교회로의 회복운동이 종교개혁이었다.

　종교개혁은 오도되고 변질된 신학과 교회로부터 성경 본래의 기독교로의 회복운동이었다. 그 근거와 그 출발점은 하나님의 말씀인 성경이었다. 그 동안 인간의 이성과 인간의 권위가 성경의 권위를 대신했으나 개혁자들은 성경만이 유일한 권위임을 천명했다. 이것이 바로 '성경 중심' 사상이다. 성경 중심이란 말은 성경 이외의 어떤 것도 권위의 근거나 신학의 원천이 될 수 없다는 것을 의미한다. 우리가 흔히 말하는 '하나님 중심'이란 말은 삶과 신앙의 모든 영역에서 인간이 중심일 수 없다는 점을 의미한다. 이를 16세기 상황에서 보다 분명히 말하면 교황이 중심일 수 없다는 뜻이다. 교황은 지상에서 그리스도를 대신하고, 사죄와 은혜의 수여자라는 당시 교회의 주장에 대한 비판이 바로 하나님 중심사상이다. 인간이 하나님의 권위를 대신할 수 없고, 인간이 영광 받아야 할 대상일 수 없다. 말하자면 성경이 유일한 그리고 최종적인 권위라는 확인과 함께, 구원은 전적으로 하나님의 아들 예수 그리스도를 믿는 믿음으로 말미암는다는 사실을 재확인한 것이 교회개혁 운동이 가져온 신학적 성취인 셈이다.

　구원관에 있어서 자의적 혹은 이교적, 율법적, 그리고 보상적 이해나 주장은 교회역사만큼이나 긴 역사를 가지고 있다. 당시 교회가 가르쳤던, 구원은 하나님으로부터 주어지는 은총의 산물이 아니라 인간행위로 얻어지는 공로의 결과라는 오도되고 변질된 구원관은 기독교의 근본적인 가르침을 왜곡시켰고, 하나님의 구원행위를 무력화시켰다. 따라서 16세기 개혁은 구원하시는 하나님에 대한 새로운 발견이었다.

종교개혁은 결코 어떤 새로운(new) 신학운동이 아니었고 종교개혁 신학은 어떤 새로운 신학(a new theology)이 아니었다. 교회개혁을 통해 가르쳐 준 신학은 16세기에 비로소 형성된 신학이 아니었다. 이미 사도적 교회로부터 있어 왔으나 오랜 세월 동안 로마 가톨릭교회의 교권과 미신, 그리고 비복음적인 전통 속에 가려져 있었으나 16세기 개혁을 통해 다시 확인했을 따름이다. 말하자면 우리는 종교개혁에서 어거스틴(Augustine)의 은총의 신학을 보며, 사도 바울의 이신득의(以信得義) 교리의 부흥을 보게 된다.

많은 사람들이 종교개혁을 단순히 교리적(신학적) 개혁운동으로만 이해하는 경향이 있지만 사실 종교개혁은 교리적 개혁이자 영적 쇄신이기도 했다. 종교개혁을 신학(神學)이나 의식(儀式), 제도(制度) 등 중세적 오류에 대한 비판과 거부로 시작된 교회의 신학적 개혁운동으로만 생각해 온 것은 신학적 변질이 그만큼 심각했기 때문이다. 냉랭한 교권체제에 대한 개혁은 자연스럽게 영적 쇄신을 가져왔다. 사실 사제주의(司祭主義) 하에서의 영적 침체 때문에 개혁을 갈망하게 되었고, 이것이 개혁을 이루는 저력이었다. 이렇게 볼 때 종교개혁은 복음주의적 개혁운동인 동시에 영적 갱신운동 혹은 영적 부흥운동의 성격을 지니고 있다.[1] 정리해서 말하면 종교개혁은 교리의 개혁(Reform)과 영적 부흥(Revival)이라는 측면을 동시에 지니고 있다고 할 수 있다.

---

[1] Jeremy C. Jackson, *No other Foundation, the Church through Twenty Centuries*, (Cornerston Books, 1980), 제11장 참고.

2. 종교개혁은 왜 일어났는가?

우리가 '종교개혁' 혹은 '교회 개혁'이라고 말할 때 이 말은 뭔가 개혁되지 않으면 안 될 내적 요인들이 있었음을 암시한다. 그렇다면 개혁되지 않으면 안 될 중세 교회의 문제는 무엇이었을까?

흔히 교회의 변질 혹은 교회의 부패는 4세기부터 시작되었다고 보고, 그 이후의 기독교를 그 이전과 구별하여 '콘스탄틴적 기독교'(Constantinian Christianity)라고 부르고 있다. 특히 재세례파는 313년 콘스탄틴의 기독교 공인을 교회의 변질과 국가권력과의 야합의 분기점으로 보기 때문에 그들의 개혁의 이념은 313년 이전의 교회로의 '복귀'(restitutio)였다.

19세기 스코틀랜드의 위대한 칼빈주의 역사신학자였던 윌리엄 커닝햄은 그의 『역사신학』(*Historical Theology*) 제1권 7장에서 이미 2세기에 성경적 교회관의 변질을 보여주는 3가지 조짐이 나타났다고 말한 바 있다. 즉 고위성직(prelacy) 계급의 출현, 은혜의 교리에 대한 잘못된 견해의 대두, 그리고 성만찬의 효과에 대한 과장된 개념의 대두가 그것이다.[2]

일반적으로 루터교 학자들은 루터가 아니었다면 종교개혁이 불가능했을 것이라고 말하여 개혁운동에서 루터의 주도적인 영향을 강조하지만, 사실은 루터가 아니었다 하더라도 개혁은 불가피했다. 그 만큼 교회는 그 본래적 가르침에서 벗어나 부패와 타락이 심각했던 것이다. 우리가 16세기 개혁이 불가피했다고 말할 때 교회개혁이 일어날 수밖에 없

---

[2] William Cunningham, *Historical Theology*, Vol. 1, 202.

었던 요인은 다양했지만 가장 중요한 원인은 교회의 부패였다. 교회가 부패했다는 말은 교회지도자들이 썩었다는 뜻이고, 보다 직접적으로 말하면 성직자들이 부패했다는 뜻이다. 물론 중세시대의 교리적 오류나 탈선, 제도적인 문제가 적지 않았다. 예컨대, 성직자들을 비윤리를 정당화 하는 '겸직제도' (pluralism)나 '부재 직임제' (absenteeism), 성직자들의 취첩을 묵인하게 해 주었던 세금제도(Concubinage fee) 등이 그것이다. 그러나 근본적으로 '제도' 라는 것은 인간의 마음에서 나오기 때문에 제도의 개선이 모든 문제의 해결일 수 없다. 우리가 1970년대 이후 독재정권 하에서 제도나 체제와의 싸움에서 경험했지만 어떤 점에서 제도와의 싸움에는 한계가 있다. 보다 근원적인 것이 인간 본성의 문제이기 때문이다. 만일 성직자들이 타락했다면 그들에 의해서 만들어지는 제도 또한 불의할 수밖에 없었다. 이 점을 잘 해명한 분이 『현대, 우상, 이데올로기』라는 책으로 잘 알려진 화란의 하우츠바르트(B. Goudzwaard)이다. 그는 "사회의 근본적인 문제는 사회구조에서 발생하는 것이 아니라, 그런 구조를 만드는 사람의 마음에서 나온다."고 적절하게 지적했다. 이렇게 볼 때 '교회의 부패' 는 근본적으로는 교회 지도자들, 좀 더 직접적으로 말하면 성직자들의 부패였다.

당시의 성직자들의 부패에 대해서는 여러 실례가 있지만 몇 가지 경우만 소개하고자 한다. 교황 보니페이스 8세(Boniface VIII, 1294-1303)는 1300년 2월 22일 새로운 세기를 기념한다는 이름으로 소위 희년을 선포하고, 교황 칙령을 통해 "이 희년 동안에 성 베드로와 성 바울 성당을 방문하는 모든 이들에게 모든 죄를 아무런 보류도 없이 사해준다" 고 선언하였던 사람인데, 공식 기록에 따르면 그의 교황 관저에는 48개의 루비, 72개의 사파이어, 45개의 에머랄드, 66개의 커다란 진주들이 박혀

있었다고 한다.[3]

돈 만드는 천재로 알려진 요한 22세(1316-1334)는 각종의 징세제도를 창안하여 교회 질서를 극도로 문란시켰고, 성직을 매매하고 면죄부를 판매했다. 종교개혁 직전의 교황이었던 알렉산더 6세(1492-1503)의 타락은 그 이전의 교황보다 더 심각했다. 그는 교회의 관행과 규율을 무시하고 극도의 타락과 방종한 생을 살았는데, 교황이 되기 전에도 몇 사람의 정부와 3남 1녀를 두고 있었으나, 교황이 된 후에 7명의 자녀를 더 얻었다.

1447-1517년 어간의 교황 중 절반이 사생아를 두었고, 15세기 말 콘스탄츠교구의 경우 매년 약 1,500명의 사생아가 출산했다. 스코틀랜드의 성(姓) MaTagart는 '사제의 아들'(son of the priest)이란 뜻이고, MacNabb이라는 성은 '수도원장의 아들'(son of the abbot)이란 뜻에서 기원했다. 말하자면 이 두 성의 시조는 본인의 의사와는 상관없는 정결치 못한 출생이었다. 독일의 여러 도시에는 소위 여성의 집(Frauenhausen)이라는 환락가가 있었고, 여성의 주 고객은 성직자들과 고위 관리였다. 교회의 윤리적 부패는 심했는데, 이런 상황에서 16세기에는 반(反)성직주의 사상이 심화되고 있었다. 중세말기에 나온 유명한 경구, "성직자의 삶은 평신도의 복음이다"(Vita clerici est evangelium laice)는 말은 당시 성직자들의 도덕적 상태를 암시해 준다.

종교개혁기 초기 교황이었던 아드리아누스 6세(Adrianus VI, 1522-1523)는 신성로마제국의 뉘른베르크 국회(1522-23)에 파견한 교황사절 프란체스코 치에레가띠 추기경에게 보낸 훈령에서 "루터 이단으로 교회가 받는 어려움의 책임은 성직자들, 특히 교황청과 그 성직자들에게 있

---

[3] 브루스 셜리, 『현대인을 위한 교회사』, 277.

다"고 시인했을 정도였다. 이 훈령에서는 "교회 안에는 가증할만한 폐습이 많이 있으며, 이러한 병폐들은 교황을 포함하여 성직자들로 시작되었기 때문에 각자는 자신의 잘못을 자각하고 반성해야 한다"고 했다.

중세교회의 근본적인 문제는 성직교육의 부재와 성직자의 양산이었다. 이것이 중세교회가 부패할 수밖에 없었던 인적 요인이었다. 테르나겔(N. S. Tjernagel)에 의하면 16세기 초 유럽 인구 중 85%가 농민, 노동자였고, 10%가 통치 그룹 혹은 귀족이었고, 성직자가 5%에 달했다고 한다.[4]

1500년 당시 세계 인구를 약 5억으로 추산하는데, 유럽의 인구를 1억으로 본다면 성직자 수는 무려 5백만 명에 달한다. 독일 지방 쾰른(Cologne)만 해도 무려 5,000명의 사제들과 수도사들이 있었다. 전 독일에 수도사들과 수녀들의 숫자는 무려 1백 50만 명에 달했다. 어떤 지역은 인구 30명 당 1명의 성직자가 있었다고 한다. 성직자의 과다한 배출은 성직자의 지적, 영적, 도덕적 수준을 저하시켰고, 이들을 상호 경쟁적으로 만들었을 뿐만 아니라, 성직자의 권위와 신뢰를 상실하게 만들었다. 또 성직자의 양산은 성직자들 간의 경제적 불균형을 불가피하게 만들었다. 성직자 수의 급증은 성직자들의 혜택을 감소시킬 수밖에 없었기 때문이다. 그러므로 상호경쟁적인 관계가 형성되었다. 어떤 성직자들은 어마어마한 부를 향유하고 사치와 방종을 일삼았으나, 다른 한편의 성직자들의 빈곤과 가난은 극에 달했다.

개신교의 경우도 비슷한 경우가 없지 않았다고 한다. 1529년 비텐베르크시의 목사들은 200굴덴(금화, Gulden)을 받다가 나중에는 300굴덴

---

[4] N. S. Tjernagel, *The Reformation Era* (Concordia, 1968), 11-12.

과 50부셸의 곡물을 받았으나 시골의 목사는 20굴덴에 지나지 않아 도시 목사의 10분지 1에도 미치지 못했다고 한다. 그래서 생계를 유지하기 위해 가축을 키웠다고 한다. 독일 일부지방에서는 성직자들이 극빈상태에 떨어져 중세시대처럼 성직자 거지들이 프로테스탄트교회 안에도 생겨났다고 한다.[5] 가난한 성직자들은 세속 직업에 종사하지 않을 수 없었는데, 가죽 제조업, 직조, 제조업, 버터와 치즈 행상을 하기도 했다.

오늘 한국교회의 보다 근원적인 문제, 혹은 문제의 소지도 따지고 보면 성직교육의 불균형과 과다한 성직자의 배출이라고 할 수 있다. 현재 한국의 성직자 수는 약 10만 명으로 추산되는데, 남한의 인구를 4천 5백만 명으로 볼 때 인구 450명 당 1명꼴의 성직자가 있다고 볼 수 있다. 그런데 한국의 전체 성직자의 10%가 임지 없는 '비활동 인력'으로 알려져 있고, 이들은 스펄죤도 예상 못했던 제3의 소명을 기다리고 있다고 한다.[6] 대한 예수교 장로회 합동교단의 경우, 임지 없는 목회자는 약 1,500여명에 이르는 것으로 알려져 있고, 장로교 고신교단의 경우, 전체 목회자의 10%에 해당하는 160여명의 목회자들이 새로운 소명을 기다리고 있다. 성직자의 과도한 배출은 개척교회의 난립과 교회분열, 그리고 성직자 간의 과도한 경쟁과 대립의 원인이 되기도 한다. 성직자의 양산은 한국교회의 또 다른 문제와 문제의 소지를 안고 있다.

---

[5] 오언 차드윅, 『종교개혁사』, 437.
[6] 이상규, "고신교단의 목회자 수급현황," 『교회연구』 제2권 4호(총신대학교 교회문제연구소, 1998. 8), 48-64.

3. 중세교회의 문제들

이상에서 종교개혁의 원인을 주로 교회의 부패라는 측면에서 말했지만 역사적 사건의 원인은 어느 한 측면으로만 볼 수 없는 복합적인 요인이 있다. 그래서 여기서는 좀 더 원시적(遠視的)으로 중세교회의 문제를 설명하고자 한다.

우리는 보통 중세는 부패한 시대였다고 말하지만 중세에 와서 교회가 비로소 부패하게 된 것이 아니다. 중세가 부패했다고 말한다면 사실은 중세는 부패할 수밖에 없는 내적 요인들이 그 이전시대부터 있어 왔다는 사실이다. 교회사가들이 교회의 변질이 4세기 초부터 시작되었다고 말하는 것은, 313년의 기독교 공인과 380년의 로마제국에서의 기독교의 국교화를 의미하는데, 이것은 기독교회의 신앙과 삶의 커다란 변화였다. 그동안 '불법의 종교'로 박해받던 기독교는 이제는 '합법적 종교'가 되었고, 로마제국의 유일한 국가적 종교로 보호받고, 비호받기 시작했다. 탄압받던 종교가 보호받는 종교로, 반국가적인 종교가 국가종교(State-religion)로 변모되었다. 이런 정치적 변화와 함께 기독교의 내적 삶은 커다란 변화를 겪게 된 것이다. 그 변화란 이전 시대에서와 같은 생존을 위한 투쟁이 요구되지 않았다는 점이다. 과거에는 신앙을 지키기 위해 싸우고, 투쟁했으나 이제는 그럴 필요가 없게 되었다. 이러한 상황에서 차츰 교회는 속화되기 시작했다.

현재 우리가 알고 있는 바로는 최초의 교회당 건물이 발견됐을 때는 256년이었다. 그 이전에는 별도의 교회당 건물이 있었다는 증거가 없다. 그 이전에는 개인 집이나 공회당 등을 집회장소로 이용했을 것이다. 그러나 그 시대의 교회는 생명력 있는 교회였고 심각한 물리적인 탄압 속에서도 교회는 여러 지역으로 확산되었다.

그러나 4세기 이후 교회적 상황은 완전히 달라졌다. 기독교는 로마제국의 종교가 되어 '나그네적' 교회가 이제는 로마제국 중심에 좌정하는 '안주하는 교회'로 변모되어 갔다. 이제는 신앙의 자유를 얻었을 뿐만 아니라 그리스도인이란 단순한 이유로 보호를 받았고, 특권을 누리기 시작했다. 319년에는 성직자와 교회 재산에 대한 세금이 면제되었고, 321년부터는 안식일 휴무가 법제화 되었다. 군 복무에도 혜택이 주어졌다.[7]

원래 교회는 '고난 받는 공동체'였으나 이제는 더 이상 고난 받는 집단이 아니었다. 이제는 교회가 재산을 소유하기 시작하였고, 큰 교회당이 건립되기도 하였다. 콘스탄틴의 어머니 헬레나는 콘스탄티노플로 가서 그곳에 큰 교회를 세우기도 했다. 자기의 이름을 후대에 남기기 위해서 황제들은 필요 이상의 큰 교회당을 세우는 일도 있었다. 교회당을 지나치게 찬란하게 짓는 일에 대하여 비판과 경고가 일어났다는 점은 흥미로운 일이 아닐 수 없다. 5세기의 요한 크리소스톰도 그 중의 한 사람이었다. 그는 비본질적인 동기의 교회건축이 가져올 수 있는 영적 위험성을 감지했던 것이다. 이런 변화 때문에 콘스탄틴 이전과 콘스탄틴 이후를 구분하고, 콘스탄틴 이후의 기독교를 '콘스탄틴적 기독교'라고 부르게 된 것이다.

중세교회의 근원적인 문제는 3가지로 정리될 수 있을 것이다. 첫째는 교리와 신학의 변질이다. 오도된 교리와 인간중심의 신학, 공로사상, 거짓된 경건과 신비주의는 이 시대의 변질된 신학의 일면이다. 둘째는 부

---

[7] 성직자들은 기독교 로마제국 초기부터 일정한 면제혜택을 누렸다. 군복무와 세금은 물론 세속 법정의 관할대상에서 제외되었다. 즉 범법한 경우에 교회법정에서 재판 받을 수 있는 특권을 누렸다.

에 대한 지나친 탐욕이었다. 성경에서 명백하게 보여 주는 바처럼 부(富)는 하나님의 축복이지만 동시에 이 부요에는 영적 위험성이 내포되어 있다. 교회 지도자가 부에 탐닉하였다는 말은 교회가 세속적 가치관을 다스릴 통제력을 상실했음을 의미한다. 셋째는 교회가 세속 권력을 탐닉했다는 점이다. 영적 공동체인 교회가 권력지향적 계급체계로 변모되었고, 교회지도자는 세속권력을 추구했다. 교황은 교회의 수장으로만이 아니라 세속까지도 다스리는 교황이었다. 교황은 최고의 권력이었고, 이 세속적 권력과 부는 교회의 세속화와 교리적 탈선을 불가피하게 했던 것이다.

4. 종교개혁의 전개

비텐베르그대학의 교수이자 신부였던 루터(1483-1546)는 오랜 번민의 날들을 거쳐 복음적 진리를 깨닫게 되었다. 그의 발견을 학자들은 '탑의 경험'이라고 말하는데 이것은 그 자신에게는 물론 당시 교회에 엄청난 변화를 가져오는 새로운 발견이었다. 그는 당시 교회의 무지와 신학적인 오류를 발견했다. 16세기 당시 속죄부 혹은 면죄부라는 증서가 살아있는 사람만이 아니라 이미 죽은 사람의 영혼까지도 구할 수 있다는 가공할만한 거짓이 유포되고 있을 때, 그는 1517년 10월 31일 95개조의 항의문을 게시했는데 이것이 개혁운동의 기원이 되었다. 이때 루터는 34세였고, 비텐베르크라는 도시는 겨우 인구 2천명의 작은 도시였다.

이 항의문은 독일 사람이 읽을 수 있는 독일어로 기록된 것이 아니라 식자들의 언어였던 라틴어로 기재된 것을 보면 루터는 결코 '종교개혁'

이라는 거사를 의도하지 않았고 단지 학문적 토론을 제안했을 뿐이다. 그러나 이 작은 사건은 인쇄술의 힘을 입어 전 구라파로 확대되었고 교회개혁의 거사로 발전되었다. 천주교나 개신교운동 양측에 대해 공정한 역사가로 알려진 랑케(1795-1886)는 구라파의 가장 큰 역사적 사건으로 종교개혁을 들었는데, 실로 이보다 큰 역사의 변혁은 그리 흔치 않았다.

이 당시의 교회적 상황을 고려해 본다면 종교개혁이 일어날 수밖에 없는 상황이었다. 교회를 세우셨던 하나님은 이제 당신의 교회를 개혁하시는 역사를 시작하셨던 것이다. 루터교 학자들은 루터가 아니었더라면 종교개혁은 일어나지 않았다고 말하지만, 루터가 아니더라도 개혁은 일어날 수밖에 없는 상황이었다. 교회는 무지와 거짓으로 가득 차 있었고 온갖 미신과 신비주의적 요소들이 가미되어 있었다. 교직자와 성직자들의 영적, 도덕적 부패가 가중되었고 평신도들은 영적 기갈 상태에 있었다. 하나님의 말씀은 전통들(tradition)과 미신과 무지에 싸여 가려져 있었다. 성경을 번역하는 일, 성경을 읽는 일, 심지어는 성경을 소지하는 일조차도 금지된 상황은 영적 흑암이었다.

구원은 하나님의 은총에 의한 것이 아니라 인간의 노력, 곧 공로(功勞)로 얻는다는 교리는 거짓된 평안을 줄 뿐 진정한 영적 위안이 되지 못했다. 흔히 천주교의 구원관을 '신인협동설'(神人協同說)이라고 하는데, 면죄부 판매는 바로 오도된 천주교의 실상을 반영하는 구체적인 예이다. 이런 상황에서 루터의 95개 항의문이 나온 것이다. 95개조의 주된 내용은 성경적 회개의 의미를 설명하고 면죄부의 무효성을 주장한 것인데, 교황(사제)의 사죄권과 공로사상을 부인하고 그리스도만이 우리 죄를 사해줄 수 있는 유일한 분임을 천명한 것이다.

앞에서 부분적으로 말했지만 종교개혁의 원인은 교회의 부패라는 윤리적 측면이나 교리적 탈선이라는 신학적 이유 외에도, 국가주의(Nationalism)의 대두, 문예부흥운동의 영향, 천주교의 이념적 기초였던 스콜라 철학의 붕괴, 당시의 사회경제적 상황 등이 개혁의 동기와 개혁운동의 진전에 일조한 것이 분명하지만, 무엇보다도 천주교의 교권 체제하에서 영적인 갈망은 범람하는 물처럼 구라파 전역으로 흘러갔고, 이것이 교회개혁을 가능케 했던 주된 동인이었다. 이 영적 갈망과 진리에 대한 열망 때문에 천주교의 처절한 탄압과 박해 가운데서도 개혁운동은 전개될 수 있었다.

독일에서 루터의 개혁운동이 전개되고 있을 때 스위스에서는 쯔빙글리와 칼빈에 의해 이 운동이 확산되어 갔다. 쯔빙글리는 스위스의 독일어 사용지역인 취리히(Zurich)를 중심으로 개혁운동을 전개하여, 토론을 통해 시의회의 인정을 받아 개혁운동을 확산해 갔는데, 불행하게도 그는 1531년 카펠(Cappel) 전투에서 전사했다. 그때 그의 나이 47세였다.

스위스의 불어사용 지역의 개혁자가 칼빈이었는데, 칼빈은 루터나 쯔빙글리에 비해 한 세대 후배였다. 칼빈은 1533년 불란서를 떠난 후 1536년『기독교 강요』(초판)를 바젤(Basel)에서 출판하였고, 그해 7월부터 제네바(Geneva)에서 개혁운동에 관여하였다. 1538년 4월부터 1541년 9월까지 3년간 스트라스부르크(Strassburg)에서 보낸 기간을 제외하고는 1564년 하나님의 부름을 받을 때까지 제네바에서 개혁운동을 주도하였다.

이상과 같은 개혁자들 외에도 필립 멜랑히톤이나 불링거, 마틴 부써, 존 낙스 등 여러 개혁자들이 있었고, 이들에 의해 독일, 스위스, 화란, 불란서, 영국, 스코틀랜드 등지로 확산되어 갔다.

종교개혁사에 있어서 루터, 쯔빙글리, 칼빈의 개혁운동이 주류(主流)이며 정통이라고 한다면, 재세(침)례파(Anabaptists), 신령파(Spiritualists), 복음주의적 합리론자(Evangelical Rationalists)들은 비주류 혹은 잠류(潛流)라고 할 수 있다. 하바드대학교의 교회사 교수였던 윌리암스(G. H. Williams)는 전자를 관료적 혹은 행정적(Magisterial) 개혁이라고 하고, 후자를 급진적(Radical) 개혁이라고 명명한 바 있다. 전자는 개혁운동의 과정과 그들의 신학에서 국가권력으로부터 완전히 자유하지 못했다고 보았기 때문에 그렇게 불렀던 것이다. 그러나 재세례파 그룹들은 국가권력으로부터 완전한 분리를 주장하였으므로 급진적이라고 보았다.

오늘 우리가 개신교회를 프로테스탄트교회라고 말하는데, '프로테스탄트'라는 말이 생겨난 때는 1529년이었다. 1526년 여름에 모였던 스파이에르 국회(Diets of Speier)에서는 제후 및 제국도시의 결정권을 인정함으로써 루터파를 인정했다. 다시 말하면 그 지역의 종교는 그 지역 지배자(제후)의 종교에 따른다(cujus regio, ejus religio)고 하여 루터파를 지지하는 제후가 통치하는 지역에서는 루터파를 인정하였으나, 3년 후인 1529년 제2차 스파이에르 국회에서 이를 번복하려고 했다. 이때 루터를 지지하는 제후들이 쉬말칼텐 동맹을 결성하여 항의서를 제출했는데(protest), '항의한 자들'이라고 하여 프로테스탄트(protestant)라고 부르게 된 것이다. 이 날이 1529년 4월 19일이었다.

교회개혁은 복음주의 측면에서 볼 때 결과적으로 두 유형으로 발전 되었는데, 루터파(Lutheran)와 개혁파(Reformed)가 그것이다. 루터에 의해 시작되었고 멜랑히톤에 의해 계승된 루터파는 독일을 중심으로 하여 주로 스칸디나비아반도로 확산되어 갔으며, 쯔빙글리, 불링거, 칼빈 등에 의해 형성된 개혁교회는 스위스, 화란, 독일 등지로 확산되어 갔다. 사실 쯔빙글리가 살아있을 때는 칼빈과 별로 접촉이 없었다. 그러나 그의 사후 후계자가 된 불링거(J. Bullinger, 1504-1575)는 칼빈의 영향을 많이 받은 사람으로서 칼빈과 더불어 하나의 교회를 형성하게 된 것이다. 이것이 바로 개혁파 교회(Reformed church)이다.

그런데 존 낙스는 스코틀랜드에서 1560년 개혁을 단행하고 장로교 총회를 조직했는데, 그는 개혁신앙을 따르면서도 '개혁교회'라고 하지 않고 '장로교회'라고 명명했다. 이것은 인접한 잉글랜드의 감독제도를 염두에 둔 조치였다. 잉글랜드의 국교회, 곧 성공회가 감독제 교회였기 때문에 스코틀랜드교회는 감독제 교회와 다르다는 사실을 분명히 드러내기 위해, 다시 말하면 '감독제' 교회가 아닌 '장로제' 교회라는 사실을 분명히 드러내기 위해 '장로교회'라고 부르게 된 것이다.

그래서 구라파에서의 '개혁파교회'나 스코틀랜드에서의 '장로교회'는 근본적인 차이가 없었다. 물론 역사적 배경 가운데서 약간의 상이점은 상존하지만 개혁교회라 할 때는 그 신학을, 장로교회라고 할 때는 교회의 정치제도 곧 장로 제도를 강조하는 표현일 따름이다. 스코틀랜드인의 이주를 통해 미국, 캐나다, 호주, 뉴질랜드에 장로교회가 소개되었고, 그 후예들이 한국에 선교사로 내한함으로써 한국에 장로교회가 설립되었다.

5. 교회개혁과 사회변화

종교개혁은 그리스도인 개인이나 교회에만 유효한 개혁운동이었을까? 그렇지 않다. 종교개혁은 교회와 신학의 갱신뿐만 아니라 사회를 포함한 인간의 삶의 전 영역에 변화를 주는 광범위한 개혁운동으로 확장되었다. 이 점에 있어서는 루터보다 칼빈의 기여가 컸다. 루터는 근본적으로 보수주의자였고 기존질서(정치권력)에 대해 평행적 관계를 지녔지만, 칼빈은 이 단계에서 진일보하였다. 루터가 그리스도 중심적이라고 한다면, 칼빈은 하나님 중심주의(Theocentric)라고 할 수 있는데 그의 신관은 인간관 사회관 등 신학 전반에 영향을 주었던 것이다.

이 점에 대한 트뢸취(Ernest Troeltsch, 1865-1923)의 평가는 이렇다. 그는 칼빈주의자들은 "어느 곳에서나 사회 전체의 삶을 계획적으로 구축하고자 하는 노력과 일종의 '기독교 사회주의'에 대한 시도가 있었다… 칼빈주의는 교회가 삶의 모든 부분에 관심을 가져야 한다는 원칙을 세워 놓았고, 루터교처럼 종교적인 요소와 비종교적인 요소를 분리하지 않았을 뿐만 아니라 로마 천주교처럼 몇몇 기관을 세워 두고 간접적으로 참여하는 방식을 취하지도 않았다"고 말했다. 트뢸취의 말은 좀 지나친 감이 없지 않지만 칼빈주의자들은 사회를 성속 이원론에 따라 분리하여 이분화(Dychotomy)하지도 않았고, 사회와 그 제도를 절대적인 어떤 것으로 보지도 않았다.

하나님은 인간의 역사 속에 모든 제도, 조직, 직업, 직위 등 질서를 설정하였으며, 이 모든 조직과 제도는 하나님의 통치하에서 그의 뜻을 성취하기 위한 예속된 수종자(servants)로 표현된다. 정리해서 말하면 종교개혁은 두 가지 점에서 사회에 대한 기독교적 조망의 근거와 가능성을 가르쳐 주었다. 첫째, 성(聖), 속(俗)의 이원론적 구분은 개혁주의적이 아니라는 점이다. 이 세상에 있는 모든 피조물이 하나님에 의해 창조되었다는 사실이 성과 속의 이원론적 구분을 허용하지 않는다. 따라서 하나님께 속한 영역과 세속적인 영역(하나님으로부터 독립해서 존재하는 영역)으로 구별하는 것은 불가능하다. 그래서 우리는 사회에 대해서도 기독교적 측면에서 조망해 볼 수 있어야 한다. 성, 속 이원론은 영역 분리를 조장할 뿐만 아니라 두 영역에서 각기 다른 방식의 삶과 행동양식을 갖게 해 준다. 그리고 종교행위를 단순히 주일예배와 이와 관련된 행위로만 제한하는 오류를 범하게 하며, 또 소위 세속적 영역에 대한 의무와 책임을 회피하게 한다. 한국에서는 개혁주의를 말하면서도 사실은 근본주의적 성향이 짙어 사회에 대한 관심을 불경한 것으로 간주하는 경향이 있다.

둘째, 종교개혁은 사회나 사회구조는 절대불변의 구조가 아니라는 점을 가르쳐 주었다. 중세적 세계관은 우주와 사회를 위계체계적인 존재의 사슬로 보는 것이었다. 그러나 종교개혁을 거치면서 사회조직은 하나님이 세우신 절대불변의 구조로 보지 않았다. 세상에서 절대적인 것은 하나님의 말씀 외에는 아무것도 없다. 사회를 절대불변의 구조로 보지 않는다는 말은 사회는 타락했고, 타락할 수 있다는 인식에 바탕을 두고 있다. 그래서 그 사회는 개혁될 수 있다는 점도 암시한다. 사회란 인간들의 집단이라고 할 수 있는데, 그것도 단순한 개인의 집단이 아니라 일정한 틀의 세계관 혹은 가치관을 공유하고 있는 집단이다. 사회란 다수의 개인들의 집합만이 아니라 '조직' 혹은 '구조' 라는 성격이 더해져 있다. 그래서 사회는 사회를 구성하는 개인뿐만 아니라 조직과 구조에서 오는 불의나 모순이 있을 수 있다. 예를 들면 정치조직이나 세금제도, 임금제도 등이 그것이다. 그래서 '인간은 악하다'고 말할 때 인간의 집단인 '사회는 악하다' 라고 단순히 말할 정도 그 이상으로 사회는 악할 수 있다. 다시 말하면 도덕적으로 어떤 때는 개개인의 악들이 다 합해진 것보다 더 사회는 악할 수 있다는 점이다.

교회개혁은 중세적 가치였던 성속(聖俗)의 이원론적 구분을 타파함으로써 사회변화를 가져왔다. 노동의 신성함을 가르쳐 주었고, 모든 '세속적' 직업도 새로운 의미를 갖게 되었다. 중세에는 성직만이 하나님의 영광을 이루는 길이라고 인식했으나, 루터는 우리가 행하는 모든 일들을 통해서도 하나님의 영광을 추구할 수 있음을 가르쳐 주었다. 루터는 자신이 수도원의 맹세를 통해 눈물겹도록 감동하였다고 했지만 후일 그는 『수도원 맹세에 관하여』(*De votis monaticis*)라는 글을 통해 수도원적인 삶만이 고상하고 보다 거룩하고 보다 가치 있는 삶이라는 주장을 반박하고, 사람이 무슨 일에 종사하든 다 소중한 것임을 석명함으로써 삶의 의미를 새롭게 조망하였다. 이 점이 그의 직업에서의 '소명론'(召命論)인데, 그에 의하면 모든 직업은 위로 하나님을 섬기는 행위이고, 아래로 이웃을 섬기는 행위로 봄으로써 모든 직업은 다 동등하게 의미를 지닌다.

칼빈이 모든 삶의 영역에서 하나님의 영광을 위해 살아야 한다고 했을 때, 그 주장은 우리 삶의 의미를 새롭게 가르쳐 주는 것이었다. 거룩한 성화의 삶은 세속으로부터 격리된 수도원에서의 삶이 아니다. 어쩌면 세속화될 수 있는 위험마저 있지만 이 세상 속에서 악과 불의와 맞서는 믿음의 선한 싸움이 진정한 거룩임을 일깨워 주었다. 예수님께서 "너희는 세상 빛이요, 소금이라"고 했을 때, 이 말은 우리가 이 세상 가운데 있다는 사실을 전제로 한 말이었다. 그래서 종교개혁은 교리적 개혁(Reform)만이 아니라 신자의 삶 전체에 의미를 주는 영적 부흥(Revival)의 성격이 있다.

실로 16세기 개혁은 교회와 신자의 삶에 커다란 변화를 주었다. 예배 의식이나 제도는 신학을 반영했으므로 종교개혁 이후 예배당의 구조와 양식이 달라졌고, 예배 의식이 달라졌다. 의식 중심의 성찬대가 성당 중심부에 있었으나 개혁교회 예배당에서는 강단이 중심에 위치하게 되었고, 성찬대는 그 밑에 두게 되었다. 말하자면 의식 중심의 중세 예배는 말씀 중심의 예배로 개편된 것이다. '그 개혁'이란 바로 교회의 개혁이었고, 개혁은 교회적 삶과 신자의 생활 전반에 변화를 가져온 것이다.

6. 맺는 말: 나그네로서의 삶

뒤돌아 볼 때, 중세교회는 지상의 권력과 타협하고, 이 역사현실 속에 안주하려고 했을 때 '나그네성(性)' 혹은 '나그네 의식'을 상실했다. 중세교회의 문제란 나그네적 공동체여야 할 교회가 안주 집단으로 변질된 결과였다. 교회가 이 역사현실 속에 안주하려고 할 때 이 시대의 가치와 타협하고, 세속 권력과 야합하고, 부에 탐닉하고, 불의와 타협하고, 기독교적 가치를 상실하게 된다.

하나님께서 이스라엘 백성의 삶 속에 깊이 새겨준 삶의 방식은 이 땅에서는 나그네란 의식이었다. 이스라엘 백성은 저들의 역사 속에서 어느 한 곳에 정착하지 않고 계속적으로 이동해 갔다. 이 머나먼 여정을 통해 이 땅에서는 나그네라는 사실을 확인시켜 주셨고, 동시에 보다 나은 본향을 사모하도록 하신 것이다. 이곳이 우리의 영원한 삶의 터전이라고 믿고 살아갈 때, 즉 '안주 의식'은 개혁을 불가능케 한다.

히브리서 11장 13-16절의 내용은 바로 이 정신을 설명하고 있다. 히브리서 기자는 열조들, 곧 구약의 위대한 믿음의 사람을 소개한 후 '저들은 더 나은 본향을 사모하였다'라고 하였다. 즉 저들은 이 땅에서는 나그네로 살았다는 말씀이다. 이런 삶의 태도는 부와 권력과 명예, 그리고 세속적인 가치관으로부터 우리를 자유케 한다.

제2장

종교개혁, 어떻게 볼 것인가?

    종교개혁이란 무엇인가, 그리고 종교개혁은 왜 일어났는가, 혹은 종교개혁이 성취한 결과는 무엇인가 등과 같은 종교개혁에 관한 질문은 근본적으로 종교개혁을 어떤 관점에서 보느냐에 따라 크게 달라질 수 있다. 따라서 종교개혁에 대한 해석의 문제는 종교개혁이란 무엇인가 혹은 종교개혁의 의의는 무엇인가 하는 질문보다 더 중요할 수 있다. 단적으로 말해서 만일 우리가 종교개혁을 로마교적 관점에서 이해한다면 종교개혁은 이단적 열교(裂敎) 행위에 지나지 않을 것이다. 천주교 사학자 마리안 메케나는 종교개혁을 "교회에 대한 반란"이라고 불렀다.[8]

    루터의 개혁운동은 16세기 당시 천주교학자들은 독일 민족주의에서 기원한 것으로 해석했는데, 그렇다면 루터의 신앙고백적 혹은 신학적 동기와 그 활동들은 완전히 무시되고, 그의 개혁활동은 단순한 민족주의 운동으로 왜곡되고 만다. 그래서 종교개혁에 대한 바른 관점을 갖는

---

[8] Marian McKenna, *History of Catholicism* (NJ, 1962), 168.

것이 중요하다. 이 글에서는 그 동안 종교개혁이 어떻게 해석해 왔던가를 간단하게 정리해 둠으로써 종교개혁에 대한 바른 해석이 얼마나 중요한가를 지적해 두고자 한다.

역사적 사실이나 사건에 대해 여러 다른 해석이 있을 수 있지만 종교개혁에 대한 해석만큼 다양한 해석도 그리 많지 않을 것이다. 그것은 종교개혁이 16세기 복합적인 사회적 환경에서 발생하였고, 그 영향 또한 유럽과 다른 세계에 심대한 영향을 끼쳤기 때문일 것이다. 종교개혁을 포함한 모든 역사적 사건은 복합적 요인을 지니고 있으므로 어느 한 측면으로만 해석할 수 없을 것이다. 종교개혁을 뜻하는 '개혁'(Reformation) 이라는 단어는 보통명사이고 추상명사이지만 정관사 더(the)를 붙여 '더 레포메이션'(The Reformation)이라고 쓰면 16세기의 이 교회개혁 사건을 칭하는 고유명사화 된 것만 보아도 이 사건이 단순히 종교적 문제와 관련된 교회 내적인 사건으로 한정할 수 없다는 사실을 알 수 있다. 다양한 해석이 있을 수 있으나, 문제는 종교개혁을 어떤 준거기준으로 보느냐에 따라 종교개혁 전반에 대한 해석은 달라질 수밖에 없다는 점이다.

1. 개신교 역사가들

개신교 역사가들은 종교개혁을 대체적으로 교회를 쇄신하시는 하나님의 일, 교회에 대한 섭리적 사건으로 해석한다. 다시 말하면 종교개혁은 하나님께서 당신의 교회를 새롭게 하시는 구원의 역사로 간주하고, 이 개혁은 역사의 한 시점에서 불가피한 필연적인 사건으로 해석한다. 하나님은 교회의 부패와 타락이 심화되어 개혁의 때가 찼을 때 루터나 쯔빙글리, 칼빈 등과 같은 개혁자들을 세우시고 교회개혁의 역사를 시작하신 것으로 이해한다. 이런 개신교의 입장에서 종교개혁을 해석한 첫 인물이 16세기 첫 프로테스탄트 교회사학자였던 독일의 마티아스 플라치우스(Matthias Flacius, 1520-1575)였다. 물론 개혁교회에서 교회사 편찬에 관심을 가졌던 첫 인물은 멜랑히톤(Melanchton, 1497-1560)이었으나[9], 그가 교회사를 편찬하지는 않았다. 단지 그로부터 교회사는 독립된 신학의 한 분과(discipline)로 취급되었을 만큼 교회사의 중요성이 새롭게 인식되었던 것이다.

1544년 이래로 독일 비텐베르크대학의 히브리어 교수로서 라틴어식 이름인 일리리쿠스 플라치우스(Illyricus Flaccius)로 불리기도 했던 마티아스 플라치우스는 그의 『진리의 증인들의 목록』(Catalogus Testium Vertatis, 1556)에서 수세기 동안 교황권이 지배해 왔으나 끊임없이 진리의 증인들이 있어 왔음을 밝히고, 이들이야말로 당 시대에 참된 진리의 증인이며 교황과 교황청은 거짓과 오류의 역사를 더해왔다고 주장하였다. 이와 같은 역사인식은 교회사학사(敎會史學史)에 있어서 전혀 새로운 역사관의 출발이었다. 당시 로마 가톨릭의 역사편찬은 교황은 '지상에서의 그리스도의 대리자'로서 오류 없는 지상역사의 주관자라는 입장에서 이루어졌다. 그들의 역사란 천주교회 체제와 교황 중심이었기 때문에 14세기의 영국의 위클리프나 보헤미아의 후스 등 반(反) 교황적 교회 개혁 인사들은 로마 가톨릭 사가들에게는 아무런 주의를 끌지 못했다. 그러나 플라치우스는 이들에게 주의를 기울였으며, 이전 시대의 개혁자들, 특히 12세기 이태리의 왈도파(Waldensses) 신자들에 대해서도 높이 평가하였다.

---

[9] John F. Hurst, "Literary Development of Church History," *History of the Christian Church*, vol. I, (N. Y., 1901), 41.

특히 그는 1562-1572년에 쓴 『막덴부르크 세기사』(*Magdenburg Cenrties*)에서 위에서 언급한 바와 같은 종교개혁에 대한 개신교의 입장을 보여주었다. 6명의 루터교 신학자들의 도움을 받아 13권의 책(13 folio vols.)으로 엮은 이 책은 개혁주의 입장의 교회사서로서 프로테스탄트의 입장을 변호한 방대하고도 기념비적인 교회사였다. 플라치우스는 이 책에서 교황은 적그리스도며, 성경적 진리를 곡해하는 자라는 것을 나타내려고 시도하였다. 또한 교황중심의 교회가 의식이나 제도, 교리, 그리고 신학 등 여러 영역에서 부패가 심화되어 왔지만 시대 시대마다 진리의 증인들(testes Veritatis)이 계속 있어 왔음을 밝히고 있다. 이 책은 예수 그리스도로부터 13세기까지의 역사를 취급했지만 최초의 개혁주의 관점의 교회사로서 천주교 입장에 대한 논쟁적이고도 변증적인 성격을 띠고 있다.[10]

이 책에서 플라치우스는 16세기 교회개혁이란 어떤 새로운 운동이 아니라 사도적 교회가 견지했던 본래의 복음으로 돌아가려는 운동임을 강조했다.

이와 동일한 견해가 영국의 교회사가이자 유명한 『순교자열전』(*The Book of Martyrs*)의 저자인 존 폭스(J. Fox)에 의해 계승되었다. 그는 교회의 역사란 참 교회와 거짓된 무리들 간의 투쟁의 역사로 이해하고 16세기 이후의 역사는 참교회인 그리스도의 교회와 적그리스도인 로마교 간의 투쟁의 역사로 보았다. 그는 영국교회를 중심으로 전개된 순교자들의 역사와 생애를 기술하고, 그들이 잠시 고난과 순교의 길을 가지만 참된 그리스도의 교회의 궁극적인 승리를 확신하였다. 스코틀랜드의

---

[10] Earle E. Cairns, *God and Man in Time* (Baker Book House, 1979), 78.

위대한 교회사학자인 윌리엄 커닝햄(W. Cunningham, 1805-1861) 또한 플라치우스의 견해를 계승한 역사가였다. 그는 종교개혁을 교회를 개혁하시는 하나님의 역사로 보고, 이는 교회사의 전 시기에서 가장 위대한 사건으로 보았다.

루터파 계통의 학자들은 다른 개신교 역사가들의 해석에 동의하면서도, 대체적으로 개혁에 있어서 루터의 역할을 강조하는 경향이 짙다. 예컨대, 고든 랍(Gorden Rupp)은 그의 『하나님의 의』(The Righteous of God)에서 루터의 회심에 대한 심리적 변화를 강조하고, 개혁의 기원을 루터의 종교적 변화에서 취급하였다. 베인톤(Ronand H. Bainton)은 루터의 생애와 사상에 대한 전기적 저술인 『내가 여기 섰나이다』(Here I Stand)에서 루터의 역할의 독특성을 강조하였다.

반면에 칼빈주의 계통의 학자인 메릴 다비네(Merle d'Aubigne)는 그의 『16세기 종교개혁사』(History of the Reformation of the 16th Century)에서 종교개혁은 그리스도의 초림사건과 마찬가지로 하나님에 의해 준비된 교회사의 가장 중요한 사건이라고 보았다. 이런 점에 있어서는 다른 칼빈주의자들(Jean Cardier, Josef Bohatec)도 동일하다.

정리하면 교회는 항상 개혁을 필요로 하였다(Ecclesia semper reformanda)는 것이 종교개혁에 대한 개신교 역사가들의 일관된 주장이었고, 그 개혁은 하나님의 교회를 참되고 순수하게 회복하시는 쇄신의 역사였다고 보았다.

2. 천주교의 입장

앞서 언급했듯이 천주교 역사가들은 대체로 중세교회의 무오성을 주장하고 종교개혁을 하나의 이단운동 혹은 분리주의 전통으로 보고 있다. 이들은 중세시대를 역사상 가장 찬란한 시대였다고 보기 때문에 개혁 자체가 무의미한 것이었다고 주장한다. 이런 입장의 대표적인 인물이 16세기 천주교 역사가였던 카이자 바로니우스(Caesar Baronius, 1538-1607)였다.

추기경이기도 했던 바로니우스는 가톨릭측의 대표적인 교회사가로서 그의 『교회의 연대기』(*Annales Ecclesiastici*, 1588-1605)[11] 는 제목자체가 암시해 주듯이 플라치우스의 『막덴부르크 세기사』(*Magdenburg Centuries*)에 도전하기 위한 의도에서 저술된 것이다.

바로니우스는 1세기부터 1198년 곧 이노센트(Innocent) 3세까지 12세기까지의 교회 역사를 12권의 책으로 편찬하였는데, 이 책에서 그는 천주교의 입장을 변호하는 한편 로마 가톨릭의 정통성과 합법성을 변증하려고 노력하였다. 그는 이 책에서 역사적 문헌들(historical documents)은 로마 가톨릭이 복음으로부터 떠났다는 증거를 주지 않는다고 주장하고, 도리어 천주교의 가르침은 전 역사를 통하여 복음 자체와 동일한 것임을 보여준다고 주장했다. 그래서 그는 로마 가톨릭의 신

---

[11] Baronius는 12세기까지의 역사를 기술했지만(Rome, 1588) Bzovius, Spondanus 그리고 특별히 Raynoldus에 의해 1198-1565년까지의 역사가 9권의 책으로 첨가되었고(Rome, 1646), 18세기에 와서는 Ladechi에 의해 1566-1571년까지의 역사가, 그리고 19세기에 Augustus Theiner에 의해 1585년까지의 역사가 3권으로 각각 첨가되었다. 바로니우스의 이 책이 처음 출판되었을 때 프란시스칸 교단의 Anthony Pagi를 비롯한 천주교 내의 많은 이들의 비판을 받기도 했다. Pagi, *Critica historico-chronologica*, 4 Vols. (Antwep, 1705). 개혁주의 계통에서는 Issac Casoubon, Samuel Basnage, 그리고 Spanheim 등의 비판이 있었다.

앙과 교회는 "항상 하나였으며 동일했음"(always one and same)을 나타내려고 하였고 진리를 간직하고 있는 가톨릭교회는 결코 오류를 범할 수 없다는 전제에서 저술되었다.

특히 바로니우스는 이 책에서 종교개혁을 분리주의 운동으로 설명하였는데, 이것이 후일의 종교개혁에 대한 천주교의 입장에 대한 교과서적 논리가 되었다. 동시에 이 책은 로마 가톨릭의 교회관을 드러내고 있다. 플라치우스와 바로니우스의 저작을 통한 교리적인 논쟁은 고백주의적 교회사 연구를 진작시켰던 바 17세기에는 많은 논쟁적인 역사서들의 출간을 촉진시켰다.

바로니우스 외에도 다른 천주교 역사가들은 개혁자들의 개혁은 '종교적 요인'에 의한 것이라기보다는 민족주의적인 요인, 사회적 요인 등으로 설명하는 경향이 짙다. 그래서 개혁에 있어서의 종교적 의미를 약화시키든가 왜곡시키고 있다. 설사 중세시대의 부패를 인정하는 역사가들도 '개혁'(Reform)은 필요했으나 그것이 '종교개혁'으로 발전된 것은 잘못이었다고 주장한다. 또 개신교운동에 반대하여 일어난 천주교의 응전을 우리는 '반종교개혁'(Counter-Reformation)이라고 부르는데, 천주교는 이런 표현은 잘못이라고 주장한다. 천주교 자체의 개혁을 프로테스탄트에 대항하여 일어난 방어적, 부정적 운동으로 규정짓기 때문이라고 주장한다. 다시 말하면 천주교는 종교개혁의 의미 자체를 부정하고, 그것은 이단적 분리운동일 뿐이라고 규정한다.

종교개혁에 대한 이러한 비판적 입장은 19세기에도 그대로 계승되었는데, 미국 루이즈빌 지방 주교였던 마틴 스팔딩(Martin Spalding)은 개혁주의 사가인 메릴 다비네의 『종교개혁사』에 답하는 글인 『프로테스탄트의 개혁사』(The History of the Protestant Reformation, 1860)에서 종교개혁은 '개혁'이 아니라 '개악'이라고 비판하였다(제1권, 102-109). 그 외에도 윌리암슨(H. R. Williamson)은 그의 『영국 종교개혁의 시작』(The Beginnings of the England Reformation, 1957)에서 종교개혁은 탐심에서 기원했다고 보았다. 이와 유사한 입장이 타바드(George Tavard, Protestantism, 1919), 자넬(Pierre Janeile, Reformation, 1957) 그리고 로쯔(Joseph Lortz) 등 천주교 학자들에 의해 계승되었다.

로쯔는 1887년에 쓴 『루터의 종교개혁은 왜 일어났는가?』에서 종교개혁은 "서방 기독교의 연합을 파괴하였다. 종교개혁은 그 당시 사회 모든 문제에 대한 포괄적인 불만의 표시였다"고 말하므로 문제의 핵심을 호도하였다. 예수회 성직자로서 심리학자이기도 했던 하트만 그리자(Hartman Grisar)는 1911년에서 1912년에 걸쳐 출판한 그의 방대한 저술, 『루터』(Luther)에서 루터의 성장기와 심리상태를 분석하고 종교개혁의 원인을 루터의 심리적 이상 징후에서 찾았다. 즉 자기 도취증, 신경질적인 불안전한 감정상태가 그로 하여금 당시 교회에 불만을 갖게 하였고, 그것이 종교개혁이라는 열교행위를 초래하였다고 주장하였다. 그는 심지어 루터를 비난할 것이 아니라 정신질환자였던 루터에 대해 동정심을 가져야 하다고 했다.

도미니꼬 수도회 학자인 데비플(Heinrich Denifle)도 비슷한 주장을 했다. 그는 그의 『루터와 초기 루터교의 발전』(Luther und Luthertum in der ersten Entwicklung, 1904)에서 루터는 악마와 같이 그의 시대를 주름잡으면서 수세기 동안 평온하게 유지되어 온 질서를 파괴한 반동적 인물로 묘사하였다. 그는 사람들을 선동하여 이단에 빠지게 했고, 죄 가운데 생활을 한 거짓 예언자였으며, 모순에 가득 찬 설교자였다고 비판했다. 즉 프로탄티즘은 '그리스도인의 자유'라는 미명 아래 윤리적 통제선을 파괴함으로써 무죄한 이들을 죄악에 빠지게 한 사기꾼에 의해 시작된 종파이며, 결국 종교개혁 그 자체는 무의미한 열교행위였다고 간주한다.

연원적으로 말하면 이런 루터상과 개혁에 대한 이해는 루터와 동시대인이었던 코클레우스(J. Cochlaeus)의 주장을 계승하고 있다. 루터에 대해 최초의 연구를 시도한 인물이기도 한 코클레우스는 1549년에 쓴 『마르틴 루터의 활동과 저성에 대한 주해』[12]에서 루터에 대해 이렇게 썼다.

루터는 자만심과 질투심이 강하고 농담이나 즐기는 교활한 위선적 인물이며, 색욕과 짐승과 같은 행동을 하는 요물이다. 그의 교리는 오래 전부터 배척되어 온 이단적 학설들을 혼합한 쓰레기에 지나지 않는다. 그는 특히 상스러운 말이나 내뱉고 불결한 행위에 탐닉하며 모든 권위에 도전하여 저항하는 악마정신을 발산하면서 대중의 감정을 흥분시켰다. 루터는 마귀에게서 직접 내려왔으며 마귀와 유대를 맺고 있다.[13]

어떤 입장에 기초하고 있든 간에 '학문적 접근'은 견해 차이에서 오는 해석의 다양성으로 볼 수 있으나 인신공격적 일방적 비난은 학문적 평가가 아니라 감정적 비난이다. 이런 경향에 대해 이미 에라스무스는 루터를 비난하는 로마 가톨릭의 저서들이 "사랑이 결여되어 있다"고 개탄한 바 있다.

---

[12] 라틴어로 기술된 이 책의 원제는 다음과 같다. *Commentaria Ioannis Cochlaei de actis et scriptis Martini Lutheri saxonis, chronographici, ex ordini ab anno Domini MDXVII usque ad annum MDXLVI inclusive fideliter conscripta.*
[13] 김성태, 『역사 안의 교회』(분도출판사, 1985), 71-2.

3. 세속적 해석

종교개혁을 종교적인 배경에서 찾지 않고 당시의 사회, 경제적인 동기에서 이해하는 세속적 해석도 다양하다. 예를 들면 자본주의의 발생, 중산층의 형성 혹은 인쇄술의 발명, 광업, 조선술 등 기술의 혁명 등 사회구조의 변화에서 종교개혁의 동기를 찾는다. 예컨대, 스미스(Preserved Smith)는 그의 『종교개혁의 시대』(*Age of Reformation*, 1920)에서 종교개혁은 국가주의, 자본주의, 개인주의가 팽배하면서 일어난 운동이라고 주장하였다. 독일의 사학자 프리스터(Eva Priester)는 종교개혁은 사회 경제적 배경을 연구함으로써 이해할 수 있다고 주장하고, 종교개혁을 종교적인 동인에서 보지 않았다. 한편 펀 겔더(H. A. E. van Gelder)는 그의 저서(*The Two Reformations of the 16th Century*, 1961)에서 참된 종교개혁은 루터나 칼빈에 의해서 이루어 진 것이 아니라, 르네상스 전통을 계승한 계몽주의 시대의 인문주의자들에 의해 이루어진 것이라고 보았다.

종교개혁에 대한 일반 학자들의 해석 중 가장 흥미로운 것은 심리학자 에릭슨(Erik Erikson)의 해석이다. 그는 그의 『청년 루터』(*Young Martin Luther*, 1958)에서 심리학적 관찰 방법을 사용하여 루터의 정신, 심리상태를 분석하는 소위 정신분석학과 역사학의 접목을 모색하였다. 그는 루터가 수도원 입단한 1506년부터 시편을 강의하게 되는 1516년까지 겪은 자기 정체성의 위기를 중심으로 루터의 심리변화를 분석하고, 루터가 위기를 극복하는 승리의 결론이 바로 프로테스탄티즘이라고 하였다.

지성사가인 딜타이(Wilhelm Dilthey, 1833-1911)는 종교개혁을 이태리 문예부흥의 종교적 표현이며, 독일 인문주의 사상과 루터의 종교개혁이 상호 협력하여 중세 스콜라주의에서 탈피하여 근대적 이상주의와 자유주의 사상을 형성하였다고 보았다.

트뢸취(Ernst Troeltsch, 1865-1923)는 종교개혁을 그 성격상 현대적이기보다는 중세기에 가깝고, 현세적이라기보다는 초월적이고, 물질적이라기보다는 영적이라고 보았다. 이런 트뢸치와 다른 견해를 보인 학자가 천주교 학자이자 추기경인 리아(Henry Charles Lea)였다. 그는 종교개혁의 근본 동기는 영적이라기보다는 세속적인 동기를 지니고 있다고 보았다. 그리고 그는 종교개혁이 현대 시민사회 형성에 크게 기여하지 못했다고 비판적으로 해석하였다.

이상의 세속적인 해석들은 종교개혁을 둘러싸고 있는 다양한 환경의 어느 한 측면만을 강조하는 입장으로서, 종교개혁의 원인이나 과정, 결과 등에 대한 해석으로 적절치 못하다. 예컨대 종교개혁에 있어서 경제적 요인이 하나의 중요한 요인으로 작용한 것은 사실이지만 그것이 종교개혁의 절대적인 요인이라고 해석하는 것은 옳지 않다. 이런 해석은 자칫 종교개혁의 의미를 약화시키든가 왜곡시킬 위험이 높다.

이상에서 종교개혁 해석에 대한 3가지 유형에 대해 살펴보았다. 천주교의 해석은 종교개혁 자체를 부정하고, 열교행위로 간주하였고, 세속적 해석은 개혁의 동기나 과정 결과에 있어서 어느 한 측면을 강조하고 진정한 동기를 경시하는 오류를 범하고 있다. 사실 종교개혁의 가장 중요한 요인은 종교적 요인, 곧 하나님의 교회에 대한 관심이었고, 개혁자들의 개혁활동의 가장 중요한 목표는 종교적 동인, 곧 바른 교회의 회복이었다. 그 이외의 요인들은 이차적이고 부차적인 요인이었을 뿐이다.

지상의 교회가 잘못된 길로 가고, 영적인 흑암 가운데 있을 때 하나님은 신실한 사역자들을 세우시고 교회를 쇄신하는 역사를 시작했는데, 그것이 바로 종교개혁이었다. 따라서 종교개혁은 개혁(Reform)인 동시에 영적 부흥(Revival)이었다.

제3장

개신교와 16세기 문서운동

흔히 개신교를 '책의 종교'(Religion of Books)라고 불러왔다. 이것은 개신교가 인쇄술의 발명 이후 인쇄 매체를 적극적으로 활용하고, 그것을 복음주의 신학의 확산과 선교, 전도의 도구로 사용했기 때문에 붙여진 이름이다. 개신교운동은 문서운동을 통해 신앙정신의 외연을 이룰 수 있었고, 인쇄매체에 힘입어 그 영향력을 확산시켜 갔다. 1450년경 구텐베르크의 인쇄술의 발명은 문명사의 혁명적인 사건으로서, 일반대중들에게 집단적으로 대규모적으로 정보, 사상, 이념을 전달하고, 이를 광포하는데 중대한 역할을 해 왔다.

1. 인쇄술의 발명

구텐베르크(Johann Gutenberg, 1394/99-1468)의 인쇄술의 발명은 세계문명사의 획기적인 일로서, 그것은 군사(軍史)에 있어서 화약의 출현이나, 자연과학에 있어서는 뉴톤의 만유인력의 발견과도 비견될 수 있는 충격적인 사건이었다.[14] 지리상의 발견이 유럽인들의 시야를 대서양 너머 미지의 대륙으로까지 넓혀주었고, 지적 세계의 끝없는 가능성을 보여 주었다면, 인쇄술의 발명은 이 가능성을 실현시켜 주었다. 이런 점에서 오스왈드 스펭글러(Oswald Spengler)는 인쇄술의 발명과 더불어 유럽역사에서 "서적 및 독서문화(Book and Reading culture)"라고 부르는 새로운 세기가 전개되었다고 했다.

유럽역사상 최초의 인쇄물은 마인쯔의 구텐베르크의 인쇄소에서 1456년 출판된 라틴어성경이었다. 『구텐베르크 성경』(*Gutenberg Bible*) 혹은 『42행 성경』(*The 42-Lines Bible*)이라고 불리게 된 이 최초의 기독교 인쇄물은 그 이후 개신교 문서운동의 연원이 된다. 이듬해인 1467년에는 흔히 『마인쯔 시편』(*Mainz Psalter*)이라고 불리는 성경이 출판되었는데, 이 책은 출판일이 기재된 최초의 책으로서, 인쇄술의 위력을 보여준 첫 번째 사례로 꼽히고 있다. 『마인쯔 시편』 출판에서부터 책 표지에 인쇄인의 이름, 출판장소, 출판일 등이 기재되기 시작했다. 인쇄술은 곧 독일에서 이태리로(1464), 프랑스, 네덜란드, 영국으로(1476) 확산되어 갔다. 1500년에 이르렀을 때 이탈리아에는 73개 출판(인쇄)소가 있었고, 독일에는 51개, 프랑스에는 39개, 스페인에 24개, 저지대 국가에 해당하는 지금의 벨기에와 화란에 15개, 스위스에는 8개가 있었을 만큼 인쇄 매체는 급속도로 확산되었다.

1495년 알두스 마누티우스 로마누스(Aldus Manutius Romanus)에 의해 베니스에 설립된 알두스 출판사는 인쇄문화 발전에 두 가지 공헌을

---

[14] 구텐베르크의 인쇄술의 발명과 성경 등 출판에 대한 중요한 정보는 *Janet Ing, Johann Gutenberg and His Bible* (The Typophiles, 1988)을 참고할 것.

했는데, 첫째는 소문자 활자와 소위 이탤릭체의 개발이었다. 오늘 우리가 비스듬히 누운 활자체를 '이탤릭체'라고 부르게 된 것은 이 인쇄체를 개발한 출판사가 이태리에 있었기 때문이다.

2. 인쇄술이 16세기 개혁에 끼친 영향

16세기 개혁자들, 특히 루터는 인쇄술로부터 말로 다 할 수 없는 은덕을 입었다. 마인쯔 시편이 출판된 1457년부터 1500년 사이 약 100종 이상의 서로 다른 편집본 성경이 출판되어 이제는 성경을 일일이 필사하는 지루한 과정이 더 이상 필요치 않게 되었다. 대량공급과 함께 책의 가격은 그 이전보다 적어도 20배 이상 저렴해졌다. 종교개혁이 시작되기 20여년 전인 1500년경에는 이미 4만여 종의 서적들이 독일과 유럽 지역에 회람되고 있었다. 루이스 스피츠(Lewis W. Spitz)는 출판된 책의 총 수량은 천만 권 이상 될 것으로 추산했다. 1500년 이후 종교개혁 이전까지 한 인쇄업자가 연간 발행하던 서적의 종류는 평균 40여종에 불과했으나, 종교개혁의 물결이 밀려오자 이 숫자는 연간 5백여 종으로 급증했다. 이런 판국이었으니 개신교를 "책의 종교"라고 한 것은 지나치지 않다. 종교개혁은 이런 인쇄 문화를 효과적으로 이용할 수 있었다.

1517년 개혁이 시작되었을 때 이 소식은 불과 1주일 만에 전 독일에 퍼졌고, 채 한 달이 못되어 전 구라파에 알려진 것은 다름 아닌 인쇄술의 덕분이었다. 루터가 1518년에 출판했던 『면죄부와 은혜에 관한 설교』는 3년 만에 무려 23판까지 출판되었다. 루터의 다른 작품들도 비슷한 인기를 누렸다. 이 해에 독일에서 71종의 인쇄물이 출판되었는데, 그 중 20종은 루터의 작품이었다. 1520년에는 208종의 인쇄물이 출판되었는데, 루터의 작품이 133편 이상이었다고 한다. 1520년은 루터가 소위 종교개혁의 3대 작품을 발표한 해인데, 여러 도시에 이 작품을 보급하기 위해서 동시에 여러 출판사에서 인쇄해야 했을 만큼 공급이 수요를 따라가지 못했다고 한다.

쉬비베르트(E. G. Schwiebert)에 의하면 루터의 종교개혁이 시작된 1517년부터 1520년 사이에 루터의 책이 370판이나 출판되었고, 30만권 이상 판매되었다고 한다. 어떤 통계에 의하면 1524년까지 출판된 루터의 작품은 1백만 부에 달했다고 한다. 루터는 1516년부터 1546년까지 약 400여 편의 논문을 썼는데, 이는 평균 한 달에 1편 이상씩 집필한 셈이다. 루터는 다작하는 집필가였다. 루터가 1521년 보름스 제국의회에서 심문을 받을 때, 황제 찰스 5세와 보름스 국회에 파송되었던 교황사절 알레안더(Aleander)는 책상 위에 쌓아둔 모든 책들이 루터가 쓴 글들이라는 점을 의심할 정도였다.[15] 어떻든 루터의 이런 불온(?) 서적들은 인쇄술에 힘입어 국경의 경계망을 넘어서 유럽 각지로 전파되었다. 루터의 전기를 썼던 로란드 베인톤은 "종교개혁의 성공은 지금까지 그 어느 것으로도 비견될 수 없었던 인쇄 매체의 선전을 통해 이루어진 것"이라고 하고, "그 일차적인 도구가 소책자(tract)와 삽화였다. 1521년부터 1524년까지 4년간 독일에서 발행된 소책자(pamphlets)의 수는 지금까지 독일 역사의 다른 시기 4년 동안 발행된 양보다 훨씬 많았다."고 기록했다. 루터가 자신의 신학을 설명하기 위해 외국으로 가야 할 필요가 없었다.

비교적 후기에 개혁이 일어난 영국이나 프랑스의 초기 개혁자들은

---

[15] 루이스 스피츠, 『종교개혁사』, 70.

출신 배경과 관련해 볼 때 상류계층이 많았는데, 이들은 책을 읽을 수 있고, 또 수입된 책을 살 수 있는 경제적 여력이 있었기 때문이다. 프로테스탄티즘이 옥스퍼드보다는 캠브릿지에서 더 큰 영향력을 지녔던 것도 캠브릿지가 프로테스탄트 서적들을 불법적으로 수출하고 있던 대륙의 항구들과 지리적으로 인접해 있었기 때문이다.

독일의 역사가이자 현대역사비평의 위대한 창시자인 레오폴드 폰 랑케(Ranke)는 "종교개혁이야말로 사람들이 가장 짧은 시간 내에 가장 심오한 정신적 혁명을 거치게 된 경험"이라고 말했는데, 그것은 바로 인쇄술의 덕분이었다. 그래서 루터 자신은 "인쇄술이야 말로 복음의 전파를 위해 하나님이 내리신 최신의, 최대의 선물"이라고 했다.

그러나 당시 천주교는 이 선물을 이용하지 않았다. 천주교는 인쇄술이 발명된 후 무려 1백년이 지나기까지 인쇄술이라는 문명의 이기를 이용하지 않고, 여전히 수기본(手記本)을 고집했다. 1550년대의 로마교의 성무일과서(聖務日課書, Breviaries)가 여전히 수기본으로 제작되었다는 사실은 이 점을 잘 보여주고 있다. 로마 가톨릭이 당대의 문명의 이기를 적절하게 이용하지 못한 결과로 개신교운동을 효과적으로 제어하지 못했고, 반종교개혁의 효과를 극대화하지 못했다. 이런 점을 고려한다면 문서매체가 종교개혁에 끼친 영향은 결코 과소평가 될 수 없을 것이다.

3. 헬라어 성경과 어거스틴의 작품들

인쇄매체가 종교개혁은 물론 그 이후 개신교신학에 끼친 절대적인 힘(potentia absoluta)을 보여주는 다른 한 가지 사례는 어거스틴의 저작과 희랍어 신약성경의 출판이었다. 교부문서가 다 중요하고 개혁교회 전통에서 소중한 가치를 지니지만 특히 어거스틴은 개혁자들에게 가장 "사랑받는 교부"였다. 15세기 후반과 16세기 초 인문주의자들은 필사본으로 전수되던 교부문서를 찾기 위해 유럽의 도서관을 섭렵했는데, 그 결과 어거스틴의 수기본 작품들이 수집되었고, 1490년에서 1506년 어간의 편집과정을 거쳐 아머바하(Amerbach)에 의해 바젤에서 11권의 책으로 출판되었다. 비록 각권은 약 200여부 정도밖에 출판되지 않은 것으로 추산되지만 이 인쇄본이 수기본(手記本)에 대한 본문비평을 거쳐 이루어진 신뢰할만한 확정본으로 그 이후 교회사에서 중요한 의의를 지니게 된다. 오독(誤讀)과 오필(誤筆) 등 수기본이 가질 수 있는 약점을 극복할 수 있었을 뿐만 아니라, 대량공급의 가능성을 보여주었기 때문이다.

최초의 희랍어 신약성경은 1516년 에라스무스(Erasmus)에 의해 편집 출판되었는데, 이 책이 끼친 영향은 측량할 방법이 없다. 당시 교회는 제롬(Jerome)이라고 불리기도 하는 히에로니무스(Hieronymus)가 번역한 라틴어 벌게이트(Vulgate)역에 만족하고 있었다. 이 번역본이 중세기에 이르는 긴 기간 동안 신학의 유일한 전거였다. 대부분의 학자들이 원전(原典)에 대해서는 무관심했는데, 히브리어는 기독교가 아닌 유대인의 언어이며, 그리스어는 이단적인 동방교회의 언어라는 이유 때문이었다. 따라서 원전(原典)에 대한 관심 그 자체가 독신(瀆神)으로 간주되기까지 했다.

그러나 그리스어에 관심을 표명한 이는 인문주의자였는데, 특히 에라스무스였다. 에라스무스는 초기 인문주의자이자 문헌학자였던 로렌조 발라(Lorenzo Valla)의 필사본 그리스어 성경을 벌게이트역과 비교하는 과정에서 라틴어역의 명백한 오역을 발견하고 그리스어 성경 출판의 긴요성을 절감하게 된다. 그래서 그는 1516년 9월 바젤에서 서문과 주해(註解)를 포함한 최초의 헬라어 성경을 출판하게 된다. 1519년에는 약 400여 곳의 수정을 거친 수정판이, 또 1522년, 1527년, 1535년 잇따라 새로운 판을 출판했다. 이것은 에라스무스가 보다 정교하고 보다 정확한 헬라어 신약성경 본을 위해 꾸준히 노력해 왔다는 사실을 보여준다. 이 에라스무스의 헬라어 신약성경은 유럽의 여러 언어로 번역되었는데, 루터에 의해 독일어로 번역되기도 했다.

이런 기여에도 불구하고 중세적인 스콜라 신학자들의 에라스무스의 헬라어 신약성경에 대해 악담을 쏟기 시작했다. 에라스무스가 성경을 망쳐놓았으며, 그의 주해가 신앙을 해친다고 주장했고, 수세기에 걸쳐 거룩해진 벌게이트판이 더 월등히 우수한 번역이라고 주장하기도 했으나, 원전에 쏟아지는 관심은 끝이 없었다. 에라스무스의 이 성경은 어거스틴의 저작과 함께 종교개혁자들에게는 물론이지만, 그 이후 개혁교회 전통에 준 은덕은 "하늘과 같았는데," 그것은 바로 인쇄술이 가져온 문자혁명이었다.

4. 개혁사상의 확산과 문서

인쇄매체가 끼친 영향은 칼빈과 다른 개혁자들의 경우도 마찬가지였다. 칼빈은 문서가 그에게 준 의미와 역할을 임종을 앞둔 병상에서 한마디로 정리했다. "하나님은 나에게 글을 쓸 수 있는 힘을 주셨다." 칼빈은 불어와 라틴어에 능통했고, 1532년 4월 4일에는 인문주의 학자로서

명성을 얻으려는 커다란 기대를 안고 세네카(Seneca)의 『관용론』(De clementia) 주석을 출판했다. 특히 그에게는 에라스무스의 오류를 지적하겠다는 야심찬 의도가 있었다.[16] 에라스무스는 1521년부터 세네카의 작품들을 출판하기 시작했고, 1529년에는 보다 정교하게 편집된 새로운 판을 출간하기도 했던 당시로서는 고전어에 능통한 인문주의자였다. 비록 칼빈은 이 책으로 기대했던 명성을 얻지는 못했으나 그 후 30여 년간 라틴어와 불어, 그 양 언어의 세계를 넘나들면서 지칠 줄 모르는 열정으로 문필활동을 계속했다. 1552년 칼빈의 라틴어 작품이 처음으로 한 권의 책으로 출판된 이래 수많은 종류의 그의 저작전집이 출판되고 역간되었다.[17] 그의 작품들은 보다 발전된 인쇄술에 힘입어 유럽의 들판으로 스며들어갔다. 종교개혁자들은 문서운동을 강조했는데, 그 결과 피니스어(Finnish), 슬로비아어(Slovak), 로마니아어(Romanian)로는 최초의 인쇄된 문서가 출간되기도 했다.

후일 칼빈이 일했던 제네바는 여러 언어의 인쇄의 중심지가 됐다. 페랭(Perrin), 크레스펭(Crespin) 등 프랑스 인쇄업자들이 제네바로 이주하여 왔고, 이들은 불어만이 아니라 영문 소책자도 출판했는데, 대표적인 영문서적이 낙스(J. Knox)가 여성 통치를 비난하는 작품인 "괴물스런 여성 통치에 반대하는 첫 번째 나팔소리"(The First Blast of the Trumpet Against the Monstrous Regiment of Women)였다. 이태리어, 스페인어, 그리고 헬라어 서적도 제네바에서 출판되었다. 말하자면 제네바는 개혁운동의 중심지였고, 이 개혁은 문서, 곧 인쇄매체를 통해 수행되었음을 알 수 있다.

---

[16] W. de Greef, The Writings of John Calvin (Baker Book House, 1993), 85.
[17] 칼빈의 저작과 저술에 대한 자세한 문헌은 위의 W. de Greef, The Writings of John Calvin을 참고할 것.

『순교자 열전』의 저자인 조지 폭스(George Fox)는 인쇄술의 발명은 "하나님의 지혜가 이룩한 놀랄만한 업적"이라 했고, 이 인쇄술을 통해 "올바른 지식과 밝은 판단력이 자리 잡게 되고, 암흑이 물러가고, 무식은 폭로되고, 오류로부터 진리가, 미신으로부터 참된 종교가 구별된다"고 했다. 문서의 역할은 16세기 이후에는 보다 더 광범위하게 확대되었다. 이런 점을 고려해 볼 때 문서운동은 16세기 이후 오늘에 이르기까지 커다란 영향을 끼치고 있음을 알 수 있다.

제4장

칼빈과 교회연합운동

현대교회, 특히 20세기 세계교회의 가장 두드러진 관심사는 천주교와 개신교, 그리고 개신교의 여러 교파들 간의 화해와 협력, 그리고 대화를 강조하는 일련의 초교파적 연합 운동이었다. 이 같은 운동은 1910년 영국 에딘버러에서 열렸던 세계선교협의회(IMC)가 그 시발점 역할을 했다. 이 회의에서는 세계선교에 대한 에큐메니칼적인 접근이 강조되었고 그 후 계속된 협의회와 다른 모임들, 예컨대 '신앙과 직제'(Faith and Order)운동 등에 의해서 개최된 일련의 회합들이 마침내 1948년에는 세계교회협의회(WCC)라는 에큐메니칼운동의 열매로 나타났다.

그 이후로 동 협의회를 통하여 여러 교회들 간의 일치를 위한 대화가 여러 가지 측면에서 시작되었고 한국교회에도 상당한 영향을 끼쳐왔다. 캐나다의 경우 이미 1925년에 장로교와 감리교 그리고 회중교회가 저들의 고유한 교파명을 버리고 '캐나다 연합교회'(United Church of Canada)로 통합하였고, 호주는 캐나다 교회의 모범을 따라 1977년에 역시 장로교와 감리교 그리고 회중교회가 연합하여 '호주연합교회'(Uniting Church of Australia)를 구성하였다. 캐나다의 경우 '연합된 교회'(United Church)라는 과거형의 표현을 썼지만, 호주에서는 '연합하는 교회'(Uniting Church of Australia)라는 진행형의 표현을 씀으로써 장차 침례교나 성공회 등과도 연합하겠다는 의지를 보여주었다.

1960년대 이후 한국에서도 교회연합은 중요한 관심사로 대두되었다. 그것은 한국교회가 1950년대 이후 분열을 거듭해 왔기 때문이기도 하지만 앞서 언급한 바처럼 외국교회의 연합운동으로부터 영향을 받고 있기 때문이다.

이와 같은 오늘의 현실에서 교회연합에 대한 신학적 검토는 매우 유익할 것으로 생각된다. 이 글에서는 16세기 대표적인 에큐메니스트라고 일컬어지는 칼빈의 견해와 그 시대를 중심으로 교회연합의 문제를 살펴보고자 한다. 이것은 오늘의 한국교회에서의 연합운동에 대한 반성적 성찰이 될 것으로 판단되기 때문이다. 이 글에서는 연합이라는 단어와 하나됨, 일치라는 단어를 상호 교차적으로 사용하였다.

1. 칼빈과 교회연합

니엔호이스(Willem Nijenhuis)는, 칼빈은 개혁자들 가운데 교회일치 혹은 연합운동의 지도적 인물이었다는 점에서 그를 Calvinus Oecumenicus, 곧 '연합운동가 칼빈'이라고 호칭하였고, 연합운동가로서 칼빈에 관한 한 권의 책을 저술하였다.[18] 니엔호이스는 "칼빈은 그의

---

[18] Willem Nijenhuis, *Calvinus Oecumenicus* (the Hague, 1959).

교회론을 통해 유럽의 종교개혁에 아주 특별한 기여를 했다. 교회의 일치성과 보편성에 대한 신념은 그로 하여금 교회의 가견적 일치의 회복을 위해 지칠 줄 모르게 일하도록 하였다. 바로 이 점이 그로 하여금 개혁자들 중에 교회 연합운동의 선구자가 되게 했다."고 평했다.[19]

칼빈은 『기독교 강요』 4권 제1장에서는 교회의 하나됨이 무엇인가를 설명하고 있는데 "참된 교회는 모든 신자들의 어머니가 되기 때문에 우리는 그 교회와 더불어 하나됨을 유지해야 한다."고 하였다. 『기독교 강요』 4권 제1장의 29개 항목 중에서 19개항에 걸쳐서 신자들이 교회와 더불어 가져야 할 하나됨에 대하여 말하고 있는 것을 보면 연합에 대한 칼빈의 관심을 헤아릴 수 있다. 칼빈이 교회의 하나됨을 강조한 것은 참된 교회는 오직 하나라는 확신 때문이었다.

교회연합, 곧 교회의 하나 됨의 참된 근거는 그리스도의 몸의 동일한 권속이라는 사실에 기초한다. 칼빈은 이 점에 대하여 분명하였다. "교회의 연합이라는 말을 할 때, 우리가 이 연합된 교회에 확실히 접붙임을 받은 자라는 것을 확신하지 않는다면 선택받은 무리를 생각하고 이해하는 것만으로는 충분치 못하다. 이는 우리가 우리의 머리이신 그리스도 아래서 모든 다른 지체들과 연합되지 않는다면 우리에게는 장차 기업을 받으리라는 소망이 없기 때문이다."[20]

칼빈은 계속해서 다음과 같이 말한다. "만일 그들이 진심으로 하나님은 그들 모두의 하나님이시며 그리스도는 그들의 머리이시라는 사실을

---

[19] W. Nijenhuis, *Ecclesia Reformata, Studies on the Reformation*, Vol II (E. J. Brill, 1994), 50. 이와 동일한 견해에 대해서는 John T. McNeil & James H. Nichols (eds), *Ecumenical Testimony, The Concern for Christian Unity Within the Reformed and Presbyterian Churches* (Philadelphia, 1974), 13-26 참고할 것.

[20] 『기독교 강요』, 4권 1장 2절

확신하지 못한다면, 그들은 결단코 형제애적 사랑으로 연합될 수 없고 각자의 축복을 함께 나눌 수 없다."

칼빈의 후계자들도 이와 같은 입장을 견지하였다. 예컨대 존 오웬(John Owen)에 의하면 "주 예수 그리스도 자신은 이 연합의 시초이자 원천이다. 모든 개체 교회는 머리이신 그리스도에 연합되어 있다. 이와 같이 교회의 머리이신 그리스도에 대한 교회의 관계는 교회연합의 기초이자 원천임을 사도들은 분명하게 증거하고 있다(엡 4:15,16, 골 2:19)."[21]

찰스 하지(Charles Hodge)도 이와 유사한 말로 교회연합의 근거를 말했다. "모든 개신교회는 천상천하의 모든 교회들이 오직 하나라는 사실에 동의한다. 오직 하나의 권속, 한 왕국, 한 가족, 그리고 한 몸이 있을 뿐이다. 그들은 그리스도는 이 연합의 중심임을 인정한다. 신자들은 그리스도와의 연합을 통해서 그리스도 예수 안에서 한 몸이 되었다."[22]

연합에 대한 이와 같은 견해는 사실 신약성경 속에 다양한 방법으로 묘사되어 있다. 우리는 그리스도의 몸의 지체들이며(고전 12:13), 포도나무의 가지들이며(요 15:1), 하나님의 집의 동일한 권속들이다(엡 2:1). 우리는 성도들과 동일한 시민이며(엡 2:19), 그리스도께 주어져 있고(요 17:24), 성령으로 거듭난 자다(요 3:3).

칼빈은 교회연합의 근거를 특히 그리스도와의 연합에서 찾았다. 즉 칼빈의 교회론은 예수 그리스도 안에 있음, 곧 그리스도와의 연합(unio cum Christo) 혹은 그리스도에 접붙임(insistio in Christum)에서 찾았다.

---

[21] J. Owen, *Works*, Vol. XVI (London, The Banner of Truth Trust,1965), 189.
[22] C. Hodge, *The Church and Its Polity* (London,1879), 89.

그는 우리는 그리스도의 몸의 지체들로서 그와 한 몸을 이룬다는 말씀에 기초하여 그리스도와의 연합을 강조하였다. 이 연합을 통해 이루어진 그리스도의 몸이 곧 교회요 그 머리는 그리스도이시다. 그래서 칼빈은 "하늘나라가 나뉘어질 수 없듯이 하나님의 자녀들이 서로 분열할 수 없다는 것은 우리가 지켜야 할 법이다"[23] 라고 하였다.

칼빈은 루터와는 달리 교회를 성도들의 모임(communio sanctorum)인 동시에 하나님께서 제정하신 제도 혹은 기관(institution)으로 인식하였다. 그래서 그리스도와의 연합을 개인적인 차원에 국한하지 않고 교회를 이 연합에서 연유한 것으로 보았다. 이 그리스도와 연합된 그 하나의 교회를 그는 공교회(ecclesia catholica)라고 하였다.

2. 교회의 분열과 연합을 위한 칼빈의 노력

16세기 종교개혁은 보다 순수하고 거룩한 교회(pura et sancta ecclesia)를 위한 노력이었으나 결과적으로는 교회의 분열을 가져옴으로써 종교개혁 이후 교파주의 시대가 시작되었다고 할 수 있다. 교회개혁운동과 개신교 내의 구조를 보면 사실 종교개혁은 처음부터 다양했음을 알 수 있다. 그 결과 교회개혁운동은 루터파와 개혁파, 장로파와 성공회 그리고 다양한 재세례파운동 등으로 발전하였던 것이다. 그래서 교회연합의 문제는 주요한 과제로 인식되었고, 칼빈은 교회의 개혁과 함께 교회연합에 대해서도 깊은 관심을 가지고 구체적으로 노력한

---

[23] *Corpus Reformatorum*(이하 *CR*) 51, 191.

대표적인 인물이었다.

    종교개혁 이후 프로테스탄트들 간의 분열은 1529년의 마부르크회담이 결렬됨으로써 보다 분명히 나타나기 시작하였다. 이때의 성만찬에 대한 견해 차이로 독일의 개혁운동과 스위스의 개혁운동이 하나의 교회를 형성하지 못하고 프로테스탄트교회의 분열을 가져왔다. 이때의 분열이 점차 심화되면서 칼빈은 교회의 연합에 대한 관심을 갖기 시작하였다. 이 당시 개신교 진영의 가장 심각한 견해차는 성만찬관이었다. 이 이견 때문에 독일과 스위스의 개혁운동은 첨예한 대립을 보이고 있었던 것이다. 공동의 적인 천주교와의 싸움을 위해서는 공동전선을 형성해야만 했다. 그러나 이 연합은 결국 좌절되고 말았다.

    칼빈은 이러한 분열도 치유될 수 있다는 확신을 가지고 양 교회간의 재 연합을 추구하기 위한 동기에서 쓴 작품이『성만찬에 관한 소론』(Short Treatise on the Holy Supper of the Lord)이었다. 1540년 스트라스부르크에서 씌어진 이 논문은 칼빈 자신의 성만찬관을 보여주는 작품이지만, 이 글은 루터와 쯔빙글리 간의 견해를 중재함으로써 양자 간의 연합을 위한 시도로 씌어졌다. 루터가 이 글을 읽었을 때는 1545년이었으므로 비록 때늦은 시도이긴 했으나 그동안 연합을 위해 노력해 온 칼빈의 정신을 읽을 수 있다.

    칼빈은 성만찬관에 있어서 루터와 쯔빙글리 간의 중간적인 입장을 취했다. 루터는 "이것은 내 몸이다"(Hoc est corpus meum)는 성찬식사(聖餐式辭)의 '이다'(est)라는 말을 문자적으로 해석하여 떡과 포도즙이 어떤 형태로든지 그리스도의 몸과 관련이 되어야 한다고 보아 성찬의 상에 그리스도께서 육체적으로 함께 계신다고 하는 소위 공체설 (共

體說, consubstantiation)을 주장했다. 그러나 쯔빙글리는 "이것은 내 몸이다"라고 할 때 '이다'를 상징으로 해석하여 성만찬은 단순한 표지(mere sign)이며 단순한 기념(mere memorial)이라고 주장하였다. 말하자면 루터는 알렉산드리아학파의 기독론에 근거하여 부활하신 그리스도의 영적 몸은 두 본성의 결합(communicatio idiomatum)이므로 하늘 보좌 우편에도, 그리고 성찬 상에도 동시에 현존할 수 있다고 하는 임재설을 주장했지만, 쯔빙글리는 "이것은 내 몸이다"는 성찬식사를 예수님이 십자가에 달리기 전에 행하신 그의 죽음에 대한 단순한 상징으로 이해했던 것이다.

칼빈은 양자의 견해를 비판, 종합하면서도 중화적 입장의 영적 임재설을 말했는데, 이것은 루터와 쯔빙글리의 성찬관을 중도적 입장에서 종합하려는 의도였을 것이다. 칼빈은 그 후에도 양 진영 간의 연합을 포기하지 않고 멜랑히톤 등 루터파와 교제하면서 동시에 쯔빙글리의 후계자인 불링거(H. Bullinger)와도 계속적인 교제를 시도하였다.

칼빈이 3년간의 스트라스부르크 생활을 끝내고 다시 제네바로 돌아왔을 때도 그는 제네바에서의 교회건설만이 아니라 스위스 개혁교회들을 연합하는데 지대한 관심을 쏟았다. 1544년 루터는 성만찬 논쟁 이후 다시 스위스 개혁교회에 대하여 공격을 화살을 보냈다. 쯔빙글리의 후계자였던 불링거는 크게 당황하지 않을 수 없었다. 루터의 이 공격은 독일과 스위스의 연합을 추구하던 멜랑히톤이나 칼빈에게는 충격적인 일이었다. 그러나 칼빈은 1544년 11월 25일자로 불링거에게 보낸 편지에서 "우리 모두를 공격한 루터를 용납해야 한다"고 불링거에게 호소하였다. 그리고 칼빈은 자기 자신도 루터의 분노의 대상임을 인정하면서 그동안 루터가 적 그리스도 왕국과 줄기차게 싸워 왔던 점을 상기시키고 두 사람 사이를 중재하려고 하였다. 그것은 독일과 스위스의 프로테스탄트 교회간의 연합에 지장을 가져올 것을 우려했기 때문이다. 그로부터 두 달 후에는 멜랑히톤에게 편지하면서 개신교회 간의 대립은 교황주의자들에게 웃음거리를 제공하는 파괴적 싸움일 뿐이라고 지적하였다. 칼빈은 이 편지와 함께 멜랑히톤을 통해 루터에게 보내는 편지에서 루터를 "존경하는 사부(師父)"라고 호칭하고 "당신에게 속히 가서 단 몇 시간만이라도 대화를 나누고 싶다"고 하였다. 루터가 분노할 것을 두려워 한 멜랑히톤이 칼빈의 편지를 전달하지 않음으로써 비록 칼빈과 루터의 만남은 이루어지지 못했으나 이 점 또한 교회연합에 대한 칼빈의 관심을 보여주는 일 예가 아닐 수 없다.

칼빈은 스위스의 개혁파 교회들 간의 연합을 위해서도 구체적으로 노력하였음을 알 수 있다. 당시 스위스의 제네바, 베른 그리고 취리히 교회 간에는 약간의 상이점들이 있었고, 칼빈, 부써 그리고 불링거 간에도 성만찬 등 신학적 이견들이 노출되고 있었다. 우선 칼빈은 취리히와의 일치와 연합을 일차적인 목표로 하였다. 스위스 개혁교회들 간의 연합은 개신교 전체의 연합을 위해 보다 시급한 과제로 보았기 때문이다. 그래서 칼빈은 부써(M. Bucer, 1491-1551)와 불링거(H. Bullinger, 1504-1575)를 화해시키고자 노력하였다. 그러나 부써는 1549년 스트라스부르크에서 추방당함으로 영국에서 여생을 마쳤다.

칼빈은 성찬관에 있어서 불링거와 견해를 달리했는데 칼빈은 수년간의 대화와 서신 교환을 통해 신학적 접근을 시도하였다. 칼빈은 1548년 성만찬 문제와 관련된 24개항의 문서를 불링거에게 보내 의견 접근을 시도하였고, 베른의 개혁자들과도 동일한 노력을 경주하였다. 이듬해인 1549년 칼빈과 파렐은 스위스의 불어사용지역 신학자 대표로 취리히로 갔고, 스위스의 독일어 사용지역 대표인 불링거와 만나 약 두시간 회합하였다. 이와 같은 노력의 결과로 1549년에는 '취리히 협약'이라고 불리는 '티구리누스 협약'(Consensus Tigurinus)을 체결하는데 성공하였다. 1549년에 체결된 이 협약은 스위스 개혁교회, 특히 제네바와 취리히 교회의 연합을 이루는 역사적 문서였다. 26개항으로 된 이 협약문은 양측의 이해와 양보 가운데 이루어진 소위 '예양협정'이라고 할 수 있다. 스위스교회의 연합을 위한 칼빈의 구체적인 노력의 결과로 칼빈은 "세 개가 될 뻔한 개신교를 두 교회(곧 루터교와 개혁교회)로 만들었던 것이다."[24]

교회연합을 위한 칼빈의 노력에도 불구하고 루터파와의 연합은 이루지 못했다. 이것은 연합을 위한 노력이 얼마나 어려운 것인가를 가르쳐 주고 있다. 독일의 루터파 신학자들은 지금까지 칼빈이 자기들과 가까운, 자기편의 사람으로 이해하고 있었다. 그러나 이제 그들은 '티구리누스 협약'을 통해 칼빈은 쯔빙글리나 취리히 신학자들과 생각이 같은 '성례론자'로 간주하게 된 것이다. 당시 독일에서는 순수 루터주의자들(genesio Lutherans)이 득세하고 있었는데, 이들은 소위 '제2의 성만찬 논쟁'을 개시한 것이다. 함부르크의 엄격한 루터주의자 요아킴 베스트팔(Joachim Westphal, ?-1574)이 포문을 열었다. 베스트팔은 그의 책 『파라고』(Farrago)를 통해 칼빈과 티구리누스 협약을 험하게 공격하였다.

이런 와중에서도 칼빈은 런던에 있는 영국 피난민 교회를 염려하였다. 런던의 이 피난민 교회는 메리 치하에서 영국을 떠난 이들로 구성된 교회였으나 이들을 쯔빙글리와 같은 성례론자라고 보아 루터교회가 자기들의 영토 안에 영접하지 않았던 것이다. 베젤(Wesel)에 와 있는 영

---

[24] 이형기, 『세계교회의 분열과 일치추구의 역사』 (장신대 출판부, 1994), 142.

국 피난민들에게는 루터교회의 예배에 참여하라고 권고하였고, 프랑크푸르트에 있는 영국 피난민들 중 영국교회의 예배모범인 공동기도서(The Book of Common Prayer)를 거부하는 이들에게는 그것을 존중하라고 충고하기도 했다.[25] 칼빈은 교회의 하나됨이라는 과제를 위해 많이 망설였으나 베스트팔의 거듭된 공격에 침묵하고 있을 수는 없었다. "본인의 말을 정직한 고백으로 받아준다면, 본인은 15년간 불화를 피하기 위하여 혼신의 힘을 다해 왔다"고 술회하고 교회의 연합을 저해하는 논쟁에 처하게 된 점을 가슴 아파 했다.[26]

결국 루터교와의 연합이 이루어 지지 못함으로써 개신교가 루터교와 개혁교회로 분열되어 갔으나 칼빈은 두 교회간의 연합을 완전히 포기하지는 않았다. 칼빈은 두 교회간의 연합에 대해 기대하면서 그 과제를 자신의 후계자인 베자(Theodore Beza)에게 숙제로 넘겨주었다. 그러나 베자도 그 숙제를 풀어가기에는 여전히 역부족이었다.

칼빈의 교회 연합을 위한 노력은 영국에까지 펼쳐졌다. 칼빈은 '어린 요시야'로 불리던 에드워드 6세(Edward VI)를 비롯한 지도자들과 교회 연합을 위해 논의하였다. 특히 웨스트민스터의 대주교 토마스 크랜머(Thomas Cranmer)에게 보낸 편지에서 칼빈은 교회의 분열은 그 시대의 커다란 죄악이라고 지적했다. 이 당시의 분열이란 종교개혁 이후의 교파적 분열이었는데, 오늘 한국교회의 분열, 특히 1백여 개 교단으로 나뉘어진 한국장로교회의 교단분열을 보았다면 칼빈의 질책은 더욱 컸을 것이다. 어떻든 크랜머에게 보낸 편지는 교회연합에 대한 칼빈의 의지를 보여주고 있다.

---

[25] 이형기, 143.
[26] 오토 웨버(김영제 역), 『칼빈의 교회관』(풍만출판사, 1985), 124.

이 시대의 가장 큰 문제 중의 하나는 교회들이 서로 분리되어 있다는 점입니다. 교회들 간에는 현세적이거나 인간적인 교제가 이루어지지 않고 있습니다. 그리스도의 몸은 갈기갈기 찢어져 있습니다. 신자들이 분리되어 있기 때문입니다. 이렇게 교회가 찢겨 있다면 그 몸은 피를 흘리고 있는 것입니다. 이 일이 저에게 큰 관심거리이므로 제가 도움을 줄 수 있다면, 그리고 필요한 일로 여겨진다면 저는 이 일로 인해 열 개의 바다라도 건너기에 인색치 않을 것입니다. 지금 우리들의 목적이 모든 선한 지도자들의 마음을 하나로 합하는 것이므로 성경의 법칙에 따라 분리된 교회들을 하나로 만들기 위해서는 어떤 노력이나 수고도 아끼지 말아야 할 것입니다.[27]

칼빈은 영국교회(성공회)의 감독제에 대해서도 관용적이었으며, 감독들이 복음적인 경우에는 감독제가 개신교의 연합에 방해가 된다고 보지 않았다. 이상과 같은 점들만 보더라도 칼빈이 교회연합을 위해 얼마나 관용적이었던가를 알 수 있다. 말하자면 칼빈은 천주교와 극단적인 제세례파들을 제외하고는 연합을 시도했기 때문이다. 이렇게 볼 때 1546년 루터가 사망한 후 칼빈은 개신교 전체의 지도자로서 개신교회의 '교회연합'을 위해 노력하였다는 칼 홀(Karl Holl)의 말[28]은 진실이다.

3. 교회연합에 대한 칼빈의 견해

칼빈은 교회의 연합을 위해서 최선을 다했던 신학자였음은 이미 밝힌 바다. 그의 교회연합에 대한 관심은 『기독교 강요』에도 잘 나타나 있

---

[27] *Calvini Opera*, XIV, col.314.
[28] K. Holl, *Gesammelte Aufsatze zur Kirchengeschichte*, Bd. 3. 1929, 273.

다. 그는 "우리가 참된 교회와는 하나 됨을 유지해야 한다. 그것은 교회는 모든 신자의 어머니이기 때문이다"고 했다(4권 1장 제목). 교회는 하나님께서 우리를 그리스도와 연합하도록 초대하시는 외적 수단이며 도구라고 본 것이다.

이제 교회연합에 대한 칼빈의 입장을 정리해 두고자 한다.

첫째, 칼빈이 교회의 연합을 강조하였고 또 관용적인 견해를 보여주고 있지만 진리를 훼손하면서까지 연합을 추구한 것은 아니었다는 점이다. 칼빈에게 있어서 중요한 것은 참된 교회들 간의 연합이었고 그 연합은 진리를 훼손하지 않는 범위 안에서 연합이었다는 점이다. 이런 점에서 칼빈의 개혁활동과 교회연합을 위한 일련의 과정 속에서 볼 때 진리의 보존과 연합의 추구, 양자 간에는 긴장이 있다. 연합이 중요하지만 결코 진리가 훼손되어서는 안 된다고 보았다. 칼빈은 잘못된 교리와 잘못된 생활에 대항하는 싸움은 교회의 하나 됨에서 분리하는 행위가 아니라 교회의 하나됨을 보존하는 길이라고 보았다.

어떤 점에서 칼빈은 로마 가톨릭과 결별을 결정한 최초의 개혁자였다. 그가 로마교와 결별한 때는 트렌트회의(1545-1563)가 교리적인 문제를 천명한 1547년 이후라고 볼 수 있다. 트렌트회의는 개신교의 교회개혁 운동에 대항한 반(反) 종교개혁이라고 할 수 있는데, 로마교의 교리적 입장을 재천명한 회의였다. 이 회의에 대해 칼빈이 지대한 관심을 가졌던 것은 이 교회와의 화해의 가능성을 조금이라도 타진해 볼 수 있는 마지막 기회라고 보았기 때문이다. 그러나 이 회의에서는 성경(聖經)과 전통(傳統, tradition)과 칭의(稱義)의 문제 등에 대해 이전의 입장을 더욱 확고히 했기 때문에 이들과의 화해나 연합의 가능성은 완전히 소멸되었다고 보았다. 그래서 칼빈은 1547년 『트렌트회의 결정과 이에 반대하는 입장에서의 해설』(Acta Synodi Tridentinae cum Antidoto)을 썼는데 이것은 로마교와의 화해의 마지막 가능성마저 사라졌음을 확인한 저작이라고 볼 수 있다. 결국 그는 반(反) 반종교개혁자(反宗敎改革者)가 된 셈이다.

칼빈은 개신교회는 결코 로마교에서 분리되어 나온 교회가 아니라 가톨릭교회의 새로운 형태라고 이해하였다. 칼빈의 관심은 진리였다. 로마교회는 더 이상 진리를 간직한 교회라고 볼 수 없었고 따라서 참된 교회라고 할 수 없었다. 그래서 프로테스탄트의 로마(천주)교와의 분리는 사실상 분리가 아니라, 진리의 재정립을 위한 회복이었다. 칼빈은 진리의 재정립 없이는 교회의 하나됨이 불가능하다고 보았기 때문이다.[29]

다른 개혁자들과 마찬가지로 칼빈은 '로마에의 순종'(Romann obedientia)보다 말씀에의 순종을 절대시 했고, 잘못된 교리와 생활에 대항하는 싸움은 교회의 하나됨에서 분리가 아니라 하나됨을 보존하는 유일하고 바른 길이라고 보았다. 이와 같은 점은 추기경 사돌렛(Jakob Sadolet)에게 보낸 그의 편지에서도 분명히 나타나 있다. 개신교운동은 교회분리운동이라는 비난에 대해 "그것을 어떻게 교회를 분리시키는 것이라고 할 수 있는가? 모든 병사들이 자기 위치를 이탈했을 경우에 어느 누가 군기를 높이 들고 각자는 자기 위치로 돌아 오라고 소리친다면 그것을 분리운동이라고 볼 수 있겠는가?"[30] 라고 했다. 개신교운동이 그리스도의 신부인 교회를 파괴시키려는 것이라는 사돌렛의 비난에 대한 칼빈의 대답은 그의 진리에 대한 관심을 반영하고 있다.

---

[29] 오토 베버, 105.
[30] CR 5, 409ff.

그것이 만일 사실이라면 당신뿐 아니라 전 세계가 우리 개혁자들은 구원을 얻지 못할 자들이라고 여기는 것이 오히려 지당할 것입니다. 그러나 교회를 그리스도의 순결한 신부로 드리기 원하고, 그리스도를 위하여 교회를 흠 없이 보존하려는 거룩한 열망에 의해 고무되고, 비열한 유혹자들에 의해 오염되는 교회를 보면서 교회로 하여금 혼인의 정절을 상기하도록 만들고 그리고 교회의 순결을 더럽히는 모든 행악자들에 대항하여 주저함 없이 싸움을 벌이는 그러한 사람들에 의하여 그리스도의 신부인 교회가 파괴되고 있다는 사실을 당신이 증명하지 못하는 한 나는 개혁자들에 대하여 퍼붓는 당신의 비난을 용납하지 않을 것입니다.[31]

말하자면 칼빈은 무조건적인 연합을 추구한 인물이 아니다. 그는 연합을 우선시 한 것이 아니라 진리의 보존에 관심이 컸다. 칼빈은 교회의 하나됨을 추구하였으나 진리가 훼손되지 않는 범위 내에서 참된 교회들 간의 연합을 추구했을 뿐이다. 그것 없이는 진정한 하나됨이 불가능하기 때문이다.

둘째, 그는 참된 교회들(vera ecclesia) 간의 연합을 추구하였다는 점이다. 그는 교회의 연합을 추구하되 어디까지나 '참된 교회'들 간의 연합을 추구하였다. 그는 오늘의 세계교회협의회(WCC)와 같은 외형적 일치를 추구한 에큐메니스트가 아니었다. 그러면 무엇이 참된 교회인가? 교회라는 어떤 집단을 '참되다'고 할 수 있는 근거는 무엇인가? 칼빈의 교회연합에 있어서 현존하는 교회가 참된 교회인가 아닌가에 대한 관심은 그의 연합에 대한 관심보다 우선하였다.[32]

---

[31] 『사도렛토의 답신』, 박건택 편역 (바실레, 1989), 81.
[32] 종교개혁 당시 현존하는 교회가 참된 교회냐 아니냐 하는 것은 중요한 문제였다. 이러

칼빈은 참된 교회의 표지(natae ecclesiae)로 두 가지, 곧 말씀의 신실한 선포와 성례의 올바른 시행을 들었다. "말씀을 순수하게 선포하고 성례를 순수하게 집행한다면 이런 표지가 있는 단체를 교회로 인정해도 된다는 충분한 보장이 된다. 이 원칙에 의해서 우리는 다음과 같이 주장할 수 있다. 이 표지를 보존하고 있는 한 다른 결점이 많더라도 우리는 그 공동체를 배척해서는 안 된다." 그리고 이 두 가지 표지가 없는 교회는 참다운 교회로 볼 수 없고 멸망이 있을 뿐이라고 했다.[33] 이것이 참된 교회의 기초라고 보았기 때문이다. 그래서 칼빈은 "만일 이 기초를 누가 제거한다면 어떻게 건물이 설 수 있을까?"라고 반문한다.[34]

칼빈은 교회는 하나이고 가톨릭적(보편적)이어야 한다고 보았다. 그는 그 가톨릭교회를 개신교 안에서 발견했던 것이다. 그래서 그는 개신교회 내의 보다 나은 일치를 위해 진력하는 것을 의무로 여기게 된 것이다. 교회의 일치 혹은 연합은 칼빈에게 있어서 일종의 신앙의 문제였다. 그러나 일치를 유지해야 할 교회는 참된 교회여야 했다.

한 관심 때문에 참된 교회의 표지에 대한 교리가 나오게 되었다. 아우구스부르크 고백서(Confessio Augustana)에서는 교회론을 취급하는 제7장과 8장에서 이 문제를 취급하였고, 루터는 1530년 아우구스부르크에서 모인 신학자들에게 보낸 그의 편지와 1539년에 출판한 『공의회와 교회들』(*Von den Konzilis und Kirchen*)에서 이 문제를 취급하였다. 루터와 칼빈을 비롯한 이 당시 개혁자들은 하나님의 말씀의 신실한 증거와 성례전의 합당한 시행을 참된 교회의 표지로 이해하였다. 그러나 스코틀랜드 신앙고백서(Confessio Scotia, 1560) 제18조와 벨기에 신앙고백서(Confessio Belgica) 제29조에서는 참된 교회의 표지로 말씀과 성례에 권징을 첨가하여 3가지 표지를 말하고 있다. 이것은 새로운 발전이라고 말할 수는 없다. 칼빈은 권징을 참된 교회의 독자적인 징표로 보지 않고 말씀과 성례 속에 포함된 것으로 보았기 때문이다. 또 웨스트민스터 신앙고백서에서는 '참되게 드려지는 공적 예배'(public worship, performed, more or less, purely)를 참된 교회의 표지로 첨가하였다. 이상과 같은 점들에 대한 보다 자세한 논구는 D. Macleod, "The Basis of Christian Unity," *Evangel* (Autumn, 1985), 2ff.를 참고할 것.

[33] 『기독교 강요』, IV. 2. 1.
[34] 앞의 책.

칼빈은 천주교회에는 '신자들의 모임'만 있을 뿐 하나인 교회는 없다고 보았다. 그래서 이 점이 명백해 진 이후에 이들과의 연합은 사실상 고려의 대상이 아니었다. 그는 로마 가톨릭이나 소위 '완전한 교회'를 주장하는 극단적인 분리주의 재침례파와의 연합을 시도한 것은 아니었다. 그것은 참된 교회라고 보지 않았기 때문이다. 칼빈에게 있어서 교회의 하나됨은 참된 교회의 하나됨을 의미했다.

셋째, 칼빈은 참된 교회의 연합에 있어서 개신교회들 간의 차이점은 인정했다는 점이다. 칼빈은 보편적인 교회와 지역교회를 구분하는데 보편교회는 지역교회들로 구성되어 있다. 지역교회는 이름 그대로 여러 지역에 흩어져 있는 교회를 의미한다. 그런데 이 지역교회들 간에는 근본적 교리의 차이는 있을 수 없으나 다소의 차이는 있을 수 있다는 점을 인정하였다. 예컨대 칼빈은 성경에 대하여 제네바 교회와는 달리 해석하는 교회가 있을 수 있고 또 그런 차이가 정죄될 수 없다고 보았다. 칼빈은 지역교회들은 치명적인 손상을 끼치지 않는 한 보편적인 신앙고백의 테두리 안에서 서로 다른 가르침을 따를 수 있고 서로 관용해야 한다고 보았다.[35] 당시 칼빈은 루터나 멜랑히톤이 여러 가지 면에서 자신과 다른 교리를 주장했지만 이들과 연합하려고 시도했던 점은 좋은 예라고 할 수 있다.

넷째, 칼빈은 교회연합에서 기본적인 신앙교리에 대한 동의를 중시하였다는 점이다. 개별적인 교리가 다 동일해야 한다고 가르치지 않고 "모든 점에서 확실하고 의심할 필요 없이 잘 알아야 할 교리들에 대한

---

[35] 오토 베버, 115.

공통적인 동의가 있어야 한다"고 보았다.[36] 다시 말하면 칼빈은 기독교의 기본교리(funtamenta christianismi) 사상에 근거하여 교회일치를 위해 노력하였다. 칼빈이 루터교와 일치를 시도했던 것은 기독교신앙의 중요한 원리에 대하여 기본적 일치가 있었기 때문이다. 반대로 반(反)삼위일체론자였던 마테오 그리발트(Matteo Gribald)에 반대했던 것은 그는 가장 기본적인 신앙원리를 파괴하였다고 보았기 때문이다.[37]

그러면 기독교의 기본교리란 무엇인가? 이 점에 대해 칼빈은 분명하게 말하지 않았다.[38] 그러나 그 대강의 개요는 감지할 수 있는 자료들이 있다. 오토 베버는 그 중의 한 가지 예를 칼빈이 베스트팔에 대항하여 쓴 글의 서문에서 찾고 있다.[39] 즉 이 글에서는 하나님께 드리는 참된 예배, 부패한 인간, 은혜로 주시는 구원, 의롭다함을 얻음, 그리스도의 직분과 사역, 개인의 회개와 실천, 복음에 약속된 구원의 확실성 등을 말하고 있다. 그러나 이 목록들은 기독교신앙의 근본 교리에 대한 완전한 목록이라고 볼 수는 없다. 왜냐하면 여기에는 그리스도의 인격이나 성령에 관한 교리, 성례, 종말에 관한 조항들이 없기 때문이다. 칼빈의 『기독교 강요』 등 다른 글들을 종합해 볼 때 아마도 사도신경에 언급된 기본적인 교리에 기초한 종교개혁 운동의 중요한 공통된 교리들을 칭하지 않았나 생각된다.

칼빈은 근본적으로 사도신경에 근거한 교회일치를 모색하였음은 분명하다. 그는 그의 요리문답(Catechism)에서 사도신경은 모든 기독교

---

[36] 『기독교 강요』, IV. 1. 12.
[37] CR, 16, 456.
[38] 오토 베버, 210.
[39] 오토 베버, 119-210.

교리의 요약이며, 모든 신자들의 공동의 고백이라고 하였다. 그는 또 그의 기독교 강요의 구조를 사도신경에 따라 배열하였다. 이와 같은 점에서는 루터나 쯔빙글리도 칼빈과 동일했다. 칼빈은 사도신경에 나타난 '가톨릭(보편적) 교회'와 '성도들의 교제'가 동일한 내용을 가리키는 것으로 보았다. "교회는 가톨릭 혹은 보편적이라고 불린다. 우리는 교회를 둘 혹은 셋 교회들이라고 말할 수 없기 때문이다. 그렇게 되면 그리스도께서 나뉘시기 때문이다. 그래서 '성도들의 교제'라는 말이 첨가되었다. 그것은 교회의 본성을 보다 완전하게 나타낸다. 이들 성도들은 모두 그리스도와 연합하는 동시에 하나님으로부터 받은 모든 은혜와 은사들을 다른 성도들과 함께 나눈다."[40]

근본적인 신앙조항에 대해 칼빈이 분명하게 규정하지 않는 것은 교회일치를 위하여 의도적으로 회피했을지도 모른다는 오토 베버의 견해는 타당성이 있다. 베버는 신앙조항들에 대해 일일이 규정하고 열거함으로써 신자들로 하여금 중심교리를 받아들이는 것이 바로 신앙인 것으로 착각케 할 수도 있고, 결과적으로 예수 그리스도를 개인적으로 믿는 것이 신앙이라는 사실을 흐리게 할 수 있다는 점을 들었다.[41] 그러나 이 당시의 신학적, 교리적 차이로 인한 대립과 토론, 칼빈 자신의 명료한 신학적 견해들을 고려해 볼 때 칼빈이 교회의 하나됨의 기초로서의 기본적 신앙조항에 대해 분명히 언급하지 않았다는 사실은 이해하기 어려운 점이 없지 않다. 어떻든 칼빈은 교회연합에 있어서 신앙적 기초를 강조하였다는 점은 신앙고백적 일치보다는 외형적 연합을 우선시하는 에큐메니칼 운동에 교훈적 경고를 주고 있다.

---

[40] 『기독교 강요』, IV. 1. 2-3.
[41] 오토 베버, 122.

맺는 말

　16세기 종교개혁은 보다 순수하고 거룩한 교회(pura et sancta ecclesia)를 위한 노력이었으나 결과적으로는 교회의 분열을 가져옴으로써 종교개혁 이후 교파주의 시대가 시작되었다고 할 수 있다. 개신교 내의 구조를 보면 사실 종교개혁은 처음부터 다양했음을 알 수 있다. 그 결과 교회개혁운동은 루터파와 개혁파, 장로파와 성공회 그리고 다양한 재세례파운동으로 발전하였고, 또 18세기 이후에는 신앙고백과 사회적 요인으로 더욱 다양한 교파가 생성되었다. 특히 한국에서의 경우 장로교회만 하더라도 100여 개를 상회하는 교단으로 나뉘어져 있으므로 교회일치를 위한 노력은 현대교회의 중요한 과제임이 분명하다.

　칼빈은 마틴 부써 등과 같이 교회의 개혁과 함께 교회연합에 대해서도 누구보다 깊은 관심을 가지고 구체적으로 노력한 대표적인 인물이었다. 교회는 그리스도에 의해 세상으로부터 불러냄을 받은 공동체로서 각 구성원들은 한 몸의 지체이므로 연합에 대한 관심은 교회론적 입장의 당연한 요구였다. 칼빈은 1539년 프랑크푸르트회의(이 회의에서 멜랑히톤을 처음 만났음), 1540년 하게나우(Hagenau)회의, 1540-1541년의 보름스(Worms)회의, 라티스본(Ratisbon)회의, 1541년 레겐스버그(Regensburg)회의에 참석했던 것은 독일의 개신교운동과의 연합은 물론 로마 가톨릭과의 화해와 재결합의 가능성을 타진하기 위한 목적이 있었다.

　그러나 로마 가톨릭은 트렌트회의를 통해 이전의 입장, 곧 성경과 전통은 진리의 두 원천(two sources of authority)이라고 주장하고 전통이 단순히 성경에 대한 해석이 아니라, 성경과 독립된 또 하나의 진리의 원천이라는 주장 등 칭의, 성례전, 교회구조 등에 있어서 이전의 입장을 더욱 확고하게 규정하였으므로 로마교와의 화해의 가능성은 완전히 소멸되었다고 보았다. 그래서 칼빈은 기본적 신앙교리에 동의하는 참된 교회와의 연합을 추구했던 것이다.

칼빈에게 있어서 교회일치는 진리를 훼손하는 것이 아니었다. 그는 진리 안에서의 일치야말로 진정한 의미에서의 하나됨이라고 보았다. 따라서 그 일치는 참된 교회들 간의 일치여야 했다.

이상과 같은 교회연합에 대한 칼빈의 견해는 진리의 보존과 함께 교회일치를 위한 노력, 양자 간의 문제에 대한 동시적 성찰이 얼마나 소중한 것인지를 일깨워 주고 있다. 기독교의 기본진리와 교회의 순결을 문제시 하지 않는 연합운동은 진정한 연합일 수 없으며, 진리문제와 관계 없는 교회분열은 그리스도의 몸을 찢는 심각한 범죄임을 동시에 가르쳐 주고 있다. 이런 점에서 칼빈의 교회의 하나됨에 대한 견해는 오늘의 한국교회에 교훈과 함께 심각한 경고를 주고 있다. 동일한 신학과 신앙고백, 그리고 신앙을 공유하면서도 연합에 대해 무관심한 것은 그 자체가 분리주의이기 때문이다.

제5장

노동과 직업에 대한 개혁자들의 이해

　직업과 직장은 단순히 우리의 섭생을 위한 방편이 아니라, 하나님을 섬기는 또 하나의 삶의 영역이다. 따라서 우리는 무엇을 하며 생애를 보내며 어떠한 생애를 살 것인가 하는 문제는 직장, 직업과 깊이 관련되어 있다. 그래서 노동과 직업에 대한 바른 이해를 필요로 한다. 우리는 우리 생애의 가장 많은 시간인 약 40%를 직장에서 보내며 그 직업과 관련하여 생을 누리게 된다. 그러므로 일(노동)과 직업에서 의미와 보람을 누리지 못한다면 매우 불행한 일이 아닐 수 없다.

　오늘의 많은 그리스도인들에게도 소위 3D 기피현상이 있고, 인기 있고 안정된 고소득 직장을 선호하고 있으며, 직업을 통한 하나님과 이웃에 대한 봉사나, 사회적 기여에 대한 관심은 상대적으로 빈약하다. 특히 직업(직장)은 돈을 버는 수단과 방법일 뿐이며 노동의 목표는 더 많은 소비를 향유하는 것이라고 믿는 소위 터널이론이 지배적이다. 즉 직장에서 노동이라는 고통스러운 터널을 통과하면 그 번 돈으로 생을 즐길 수 있다는 생각이 그것이다.

이와 같은 오늘의 세속적인 노동, 직업관에 대해서 기독교적 노동-직업관을 살펴보고 또 개혁자들의 견해를 고찰하는 일은 오늘을 사는 우리들에게 직업에의 소명의식을 확인하는 기회가 될 것이다. 우리들에게 있어서 성경적인 혹은 기독교적인 노동, 직업관을 갖는 일은 우리들의 일과 봉사의 의미를 새롭게 하고, 생의 의미를 일신하는데 필요하기 때문이다.

1. 노동에 대한 기독교적 이해

그리스와 로마세계에서는 노동에 대한 부정적인 생각과 함께 직업의 귀천의식을 가졌다. 즉 노동은 노예들이나 노동자들의 의무로 보아 일에 대한 부정적이었다. 또 이들은 정신노동을 육체노동보다 우월하다고 했고, 여가와 자유, 제한 없이 활동할 수 있는 자유로움, 곧 '독자성' (αὐταρκεία)을 미덕으로 생각했다. 그래서 자유를 누릴 독자성이 없는 노예들이나 계약기간 동안 제한된 활동을 하는 장인(匠人)들을 천시했고, 이보다 농사짓는 일이나 양 치는 일을 다른 직업보다 좋은 직업으로 간주했다.[42] 말하자면 헬라-로마세계에서는 직업의 귀천의식이 강했다. 예를 들면, 세네카는 가장 좋은 삶은 철학하는 삶이라고 보았고, "플라톤이 귀족이었기 때문에 철학을 한 것이 아니라, 철학이 플라톤을 귀족으로 만들었다"고 했다.

그러나 이런 구별은 예수 그리스도의 하나님의 나라에서는 일소되었다. 예수 그리스도의 오심으로 이루어지는 하나님의 나라에서는 성과

---

[42] 오성춘 편, 『직업과 영성』, 121.

속, 정함과 부정함, 귀함과 천함의 구별이 없다. 예수님은 세리와 창기, 죄인들과 함께 하시면서 그들에 대한 사회적 관념의 벽을 넘어가셨다. 이제 예수 그리스도 안에서는 자유자나 종이나, 유대인이나 이방인이나 구별이 없다(갈 3:28). 따라서 어떤 종류의 직업이든 그것이 하나님의 영광을 드러낸다면 다 거룩하고 귀한 것이다. 예수님은 그의 비유 가운데 다양한 직업과 신분에 대해 언급하셨으나 어떤 것이 더 가치 있고, 어떤 것이 덜 가치 있는 지에 대해서는 아무런 판단이나 언급이 없다. 직업은 단지 인간의 생계수단이 아니라 하나님과 이웃을 섬기는 수단이며, 따라서 직업 간의 차등이나 귀천은 없다. 즉 기독교 공동체에서는 노동 혹은 직업은 새로운 의미를 지니게 되었다.[43]

헬라-로마사회의 노동에 대한 경시 풍조와는 달리 바울은 노동의 가치와 의의를 강조했다. 바울은 "이 손으로 나와 내 동행들의 쓰는 것을 당하여 범사에 모본을 보였다"(행 20:34-35)고 했고, "…이같이 힘든 일(hard work, 한글 개역성경에서는 "수고하여"로 번역됨)을 통하여 약한 사람들을 돕고…"라고 했다. 뿐만 아니라 자신을 "그리스도의 일꾼"(롬 15:16, 고전 4:1, 고후 6:4, 고후 11:23, 엡 3:7, 딤전 4:6)이라고 했다. 바울은 일과 노동을 경시하지 않았다. 그래서 바울은 "모든 일에 육신의 상

---

[43] 한글 개역성경에는 '직업' 이란 단어는 한 번도 나오지 않는다. 단지 구약에는 이와 비슷한 낱말인 '업' 혹은 '생업' 이란 단어는 몇 번 나온다. 에굽으로 이주해 온 요셉의 형들에게 바로왕이 "너희 생업이 무엇이냐"고 물었는데(창 47:3), 이 때 '생업' 을 의미하는 히브리어 '마아새' 는 '일하다,' '무엇을 하다' 라는 뜻의 동사 '아사' 에서 온 명사로서, '일하는 바,' '하고 있는 일' 이란 의미인데 이것이 '직업' 으로 번역될 수 있다. 영어성경에서 이 단어는 주로 '직업'(occupation)으로 번역되었다. 또 요나의 불순종으로 바다에 폭풍이 일게 되었을 때 요나에게 "네 생업이 무엇이냐"고 물었는데(욘 1:8), 이 때 '생업' 을 뜻하는 히브리어 '믈라이카' 는 '아이크' 에서 유래한 명사로서 '직업' 으로 번역될 수 있다. 영어성경에서는 주로 '직업'(occupation)으로 번역했다. 신약에서 일 혹은 직업을 칭하는 단어로는 '에르곤'(막 13:34, 요 4:37, 17:4, 행 5:38 등), '테크네'(행 18:3, 계 18:22), '메로스'(행 19:27) 등이 있으나 가장 빈번하게 사용된 단어는 '에르곤' 이다.

전들에게 순종하되 사람을 기쁘게 하는 자와 같이 눈가림만 하지 말고 오직 주를 두려워하여 성실한 마음으로 하라. 무슨 일을 하든지 마음을 다하여 주께 하듯 하고 사람에게 하듯 하지 말라"고 했다(골 3:22-23).

앞에서 언급한 바처럼 그리스도께서 노동과 직업에 대한 의미를 본래적인 것으로 회복했기 때문에 일과 직업은 새로운 의미를 지니게 되었고, 그것은 신앙과 무관한 것이 아니라 그것 또한 하나님을 섬기는 수단이다.

노동에 대한 바른 이해는 도대체 왜 일해야 하는가에 대한 근본적인 질문과 깊이 관련되어 있다.[44] 자본주의적인 노동관은, 노동은 사적 이익(self-interested)을 추구하게 되어 결국 '공동선'에 기여하게 된다는 입장이다. 이런 입장은 아담 스미스의 『국부론』에까지 소급될 수 있는데, 이런 자본주의적 노동관은 노동의 가치는 소비의 극대화를 가능하게 한다는 소위 터널이론의 기초가 된다. 다시 말하면 이런 입장에서 사적 이익과 물질적 추구라는 최상의 가치로 여기게 되었다.

일반적으로 '노동' 혹은 '노동자'라는 말은 부정적으로 사용되었다. 특히 전통적인 한국사회에서 육체 노동은 천시되었고, 노동의 성격과 신분의 차등이 구분되었다는 사실은 사농공상(士農工商)의 서열에서도 잘 나타난다. 노동에 대한 천시와 차별은 노동의 참 의미를 희석시켜 왔다. 이런 한국의 부정적인 노동관은 유가적(儒家的) 가치관과 무관하지 않다고 본다. 유교는 그 시원(始原)에서부터 노동을 천시했던 것이다.

그러나 성경은 일 혹은 노동의 가치에 대해 전혀 새로운 의미를 가르치고 있다. 구약성경에서 노동이란 말은 근로, 노역, 노력, 봉사, 예배라

---

[44] 김재영 편, 『직업과 소명』(IVP, 1989), 11ff.

는 뜻으로 사용되었는데, 창세기 1장 28절에서는 "땅에 충만하라", "땅을 정복하라"는 명령이 있는데, 여기에는 노동이 수반되어 있다. 구약은 결코 노동을 천시하거나 경시하지 않는다, 신약에서도 이 점은 동일하다. 에베소서 4장 28절에서는 노동은 자기 자신을 위해서만이 아니라 남을 섬기기 위해서 해야 한다는 점을 강조했다. 성경은 노동을 하나님의 명령이요, 하나님에 의해서 주어진 의무요, 인간 생활에 필요불가결한 요소로 보고 있는 것이다. 정리하면, 일(노동)은 창조명령 혹은 문화명령에 속하며, 예수님의 가르침과 바울의 가르침에서 볼 때, 하나님과 이웃을 섬기는 행위이다.

2. 루터의 소명론: 직업에 대한 신학적 이해

중세의 직업관은 성(聖)-속(俗) 이원론적인 직업관이었다. 성직은 거룩한 신분으로 보았으나, 다른 모든 직업은 세속적인 직업으로 보아 이를 이원론적으로 파악했다. 이런 이원론적인 구조는 아리스토텔레스의 철학에 그 시원이 있지만, 자연과 은총, 이성과 계시, 철학과 신학, 국가와 교회라는 이원론적인 세계관은 중세사회 모든 영역에 편만했다. 그래서 직업에 있어서도 수도원적인 삶은 이 세속 가운데서의 생활보다 더 고상한 가치가 있다고 보아 수도사나 성직자만이 소명(vocatio)을 받았다고 보았다. 그 외의 직업은 소명과 관계없는 세속적 삶의 방편에 지나지 않았다. 말하자면 수도원은 소명에 대하여 무관심하게 만들었던 것이다. 그래서 중세 기독교에서 직접적으로 교회와 관계된 성직 외에는 의미가 없었다.

이런 협의의 소명관을 극복하고 모든 직업에서의 소명론(召命論)을 주창한 이가 루터(Martin Luther, 1483-1546)였다. 루터는 그 이전이나 이후 그 누구보다도 서구 기독교의 행방을 일신한 인물이다. 그는 신학과 교리, 교회적 개혁만이 아니라 그리스도인의 삶의 의미에 대해서도 새로운 빛을 던져 주었다. 그는 중세의 성속의 이원론적 구조를 극복하여 성직만이 하나님의 영광을 이루는 길이라는 잘못된 가치를 바로잡아 주었다. 그는 우리가 무엇을 하든지 그것은 하나님의 영광을 위한 것이며, 하나님의 영광을 위한 것이어야 한다고 보았다.[45] 이 점은 서구 기독교회만이 아니라 서구 사회에 광범위한 영향을 끼쳤다.

그는 1521년에 쓴 『수도원 맹세에 관하여』(*De votis monaticis*)라는 글을 통해 수도원적인 삶만이 고상하고 보다 거룩하고 보다 가치 있는 삶이라는 주장을 반박하고, 사람이 무슨 일에 종사하던 간에 다 유의미한 것임을 석명함으로써 삶과 직업의 의미를 새롭게 조망하였다. 이 점이 그의 직업에서의 '소명론'(召命論)[46]인데, 그에 의하면 모든 직업은 위로 하나님을 섬기는 행위이고, 아래로 이웃을 섬기는 행위로 봄으로써 모든 직업은 다 동등하게 의미를 지닌다고 보았다.[47]

그래서 루터는 당시 교회가 가르치는 기도, 금식, 구제 같은 일들은 선한 일, 곧 선행이고, 걷고 일어서고 먹고 마시며 잠자는 일이나 사고

---

[45] Hans Schwarz, "The Significance of Martin Luther and His Views of Vocation," 4.
[46] 칼 홀(Karl Holl)의 "소명이란 말의 역사"라는 논문에 의하면 라틴어로 소명이란 의미의 vocatio나 독일어의 Beruf 라는 말은 1522년 이전의 루터의 작품에서는 나타나지 않는다고 한다. 수도원적인 삶을 비판한 1521년의 『수도원 맹세에 관하여』(*De votis monasticis*) 이후에 나타난다고 한다. Karl Holl, "Die Geschichte des Wortes Bwruf," *Gesammelte Aufsätze* III (1928), 212. 그러나 Arvid Runestam은 루터가 1520년 그의 논문 『그리스도인의 자유에 관하여』에서 '소명'이란 말의 개념을 아직 사용하고 있지는 않으나 기본 사상은 이미 그 글 속에서 표명되고 있었다고 지적했다. 그 사상은 루터가 같은 해에 쓴 『선행론』에서 더욱 분명하게 나타나지만, 칼 홀이 지적한 바대로 소명의 개념은 1522년의 『설교집』(*Kirchenpostille*)에서 처음으로 분명하게 나타난다.
[47] Ibid.

파는 일 등은 세속적인 일이라는 성속의 이중구조를 극복할 수 있었다. 루터는 다음과 같이 말한다.

> 교황, 주교, 사제, 그리고 수도승들만이 영적 신분을 가졌고, 왕과 영주, 농부와 기능공들은 세속적인 신분을 지녔다는 생각은 잘못된 생각이다… 모든 기독교인들은 진정으로 영적 신분을 확보하였다. 이들은 상호간에 아무런 차이가 없다. 다만 직분이 다를 뿐이다.[48]
>
> 구두 수선하는 사람, 대장쟁이, 농부 등은 각각 자기의 직업과 직책을 수행한다. 그러나 이들은 모두가 거룩한 사제요 주교들이다. 더욱이 한 몸의 여러 지체들이 상호 섬기듯이 각 사람은 자신의 직업과 직책을 통하여 서로를 섬김으로써 한 공동체의 영적이고 물질적인 복지를 위하여야 한다.[49]

특히 루터는 자신이 쓴 『수도원 맹세에 관하여』에서 수도원적인 삶만이 이상적인 삶으로 성스런 과업이라는 주장을 반박했다. 흔히 순결(chastity), 사도적 청빈(apostolic poverty), 순종(obedience)은 수도원적인 삶의 이상으로 간주되어 왔는데, 루터는 이 세 가지는 구원과 무관하며, 그것만이 거룩한 삶의 길일 수 없다고 했다.

루터는 다양한 직업 활동을 통한 세속에서의 활동도 무의미하지 않다고 봄으로써 이원론적 구조를 극복했다. 루터가 종교적 직업이 흔히 말하는 세속적인 직업보다 더 가치 있다는 생각을 반대한 것은 모든 사람이 하나님을 믿고 의지함으로 의롭게 되는 것이지, 하나님 앞에서 어떤 선한 일, 곧 직업을 통하여 의롭게 되는 것이 아니라는 그의 확신에 기초한다. 의롭게 됨의 문제, 곧 이신칭의(以信稱義)는 루터의 성경이

---

[48] Luther, "To the Christian nobility of the German Nation," in *Luther's Work*, vol. 44, 127f.

[49] Ibid., 130.

해의 열쇠이며, 모든 신학적 주제들의 초석이다. 이신칭의는 단순히 여러 교리들 중의 하나가 아니라 교회의 생사가 걸린 시금석으로 이해했을 정도였고, "모든 종류의 교리들을 판단하고 모든 교회의 가르침들을 보존하고 지배한다"고 이해했다. 이 점을 직업관과 관련지어 볼 때 루터에게 있어서 어떤 일을 하며, 어떤 직업을 갖고 있느냐 하는 문제는 구원과 아무런 상관이 없었다. 하나님의 의는 인간의 일(勞動)이나 직업 활동, 직업 활동을 통한 결과, 예컨대 문화적, 사회적, 경제적, 정치적 업적이나 결과와는 아무런 상관이 없다. 구원문제에 있어서 어떤 류의 '직업'이냐 하는 점은 설 자리가 없다. 그래서 루터에게 있어서 종교적인 것은 거룩한 것이고, 세속적인 것은 속된 것이라는 구분이 무의미했다. 인간은 하나님을 믿고 의지함으로 의롭게 되는 것이지 그가 하는 일이나 직업이 무엇인가 하는 점은 고려의 대상이 될 수 없었다.

그래서 그는 성직이나 독신적 삶이나 수도원에서의 삶이 보다 거룩하고 고상한 것이라는 중세적 가치를 넘어 설 수 있었던 것이다. 바로 이런 점에서 루터는 독신적 '순결'을 반대하여 남녀가 결혼하여 부부생활을 하고, 노동을 하면서 가정 공동체를 세워갈 것을 역설했다. 또 수도원 안에서 자급자족하는 일이나 탁발수도사들의 소위 '사도적 청빈'에 반대하여 세상 나라에서의 직업 활동에도 신학적인 의미를 부여하였다. 루터는 수도원 울타리를 넘어서는 경제활동 혹은 직업을 통해 가난한 이웃을 도와야 한다고 보았다. 루터는 『군인도 구원 얻을 수 있을까?』(1526)[50]와 『터키에 대항하는 전쟁』(1529)에서 군인의 직업이나, 심지어는 사형집행인의 직업까지도 하나님의 거룩한 소명으로 간주했다.[51] 그 근거는 고린도전서 7장 20-24절이었다.

---

[50] 구스타프 빙그렌(맹용길 역), 『크리스챤의 소명』(컨콜디아사, 1992), 13-14. 군인의 복

각 사람이 부르심을 받은 그 부르심 그대로 지내라. 네가 종으로 있을 때에 부르심을 받았느냐? 염려하지 말라. 그러나 자유할 수 있거든 차라리 사용하라. 주 안에서 부르심을 받은 자는 종이라도 주께 속한 자유자요 또 이와 같이 자유자로 있을 때에 부르심을 받은 자는 그리스도의 종이니라. 너희는 값으로 사신 것이니 사람들의 종이 되지 말라. 형제들아 각각 부르심을 받은 그대로 하나님과 함께 거하라.[52]

결국 루터는 중세말기까지 수도원과 교회에 갇혀있던 '성화'의 삶(vita contemplativa)을 이 세상 한복판으로(vita activa) 끌어내는 데 성공했다고 할 수 있다.[53] 이런 그의 입장은 서구에서 '전통적인' 신자들과 종교개혁의 추종자들로 구분 짓도록 이끌어 갔다.

루터의 소명론에서 한 가지 더 생각해 볼 수 있는 것은 직업과 사회적 신분(social status)의 문제이다. 현대사회에서 직업과 신분은 깊은 관련이 있다. 그 사람의 직업이 무엇인가 하는 점이 그 사람의 신분을 반영한다. 따라서 직업의 귀천 의식은 한 사람의 신분과의 관계에서 불가분의 관계가 있다고 보고 있다. 그런데 루터는 이런 생각은 옳지 않다고 보고 있다. 루터에게 있어서 한 사람의 지위(stand) 혹은 신분(station)은

무도 소명이라는 점을 말하는 루터는 다음과 같이 말한다. "군인이 전투에 합당하게 되는 것은 하나님으로부터 온 것이기 때문에 그는 그것으로 봉사할 수 있고, 그 봉사를 원하는 자가 누구이든지 간에 그의 기술로 봉사한다. 그리고 그는 노동의 대가를 받을 수 있다. 왜냐하면 그의 노동 역시 사랑의 법으로부터 나오는 하나의 소명이기 때문이다." (WA, 19, 657).
[51] Luther, "Whether Soldiers Too Can Saved?," in *Luther's Work*, vol. 46, 95.
[52] 고전 7장 20절의 '부르심'은 루터의 의견처럼 '직업'으로의 부름이 아니라 구원으로의 부르심을 의미한다는 주장은 설득력이 있다. 7장 21절의 "네가 종으로 있을 때에 부르심을 받았느냐?"(δοῦλος ἐκκλήθης)에서 '종'은 단수 주격으로 되어 있다는 점에서 부르심을 다양한 직업에로의 부르심으로 볼 수 없다는 점을 암시한다.
[53] 이형기, "중세사회의 직업관과 루터신학에 있어서 직업의 의미," 『직업과 영성』, 178.

현대적 의미의 계급(class)의 개념과 동일시 될 수 없다.[54] 루터에게 있어서 한 개인의 직업과 관련된 지위는 공통적인 것을 공유한 사람들을 다른 사람들과 구별케 하는 집단으로 묶어 줄 수 있는 '질서'의 일반적 개념일 뿐이라고 말한다. 이는 마치, 사회 계층으로서 '젊은 여성들,' 혹은 농업이라는 공통적인 일에 종사하는 이들을 '농부'라고 하고, 교회의 일에 직접적으로 관여하는 이들을 '수도사들' 집단이라고 부르는 것과 같이 동일한 일에 종사하는 이들을 다른 집단과 구별해 주는 것에 지나지 않는다는 것이다.

그런데 루터는 성직자들과 농부가 다른 것은 신분(status)이 아니라 직책(amt)일 뿐이라고 말한다. 루터는 우리와 마찬가지로 여러 가지 신분을 보았다. 그러나 그런 것들은 하나님께서 우리로 하여금 그 일을 하도록 신분을 정해주셨다는 점에서 우리의 자의적인 결정을 넘어서는 것이라고 보았다. 그래서 직업이 갖는 신분은 사회를 안정시키는 기능(stabilizing function)을 갖지만 그것은 폐쇄된 조직으로서 계급이나, 다른 신분으로의 변화나 이동이 금지된 계급일 수 없다고 말한다. 직업의 차이는 신분이나 지위의 차이가 아니라 단지 직책일 뿐이라고 보아 루터는 계층구조를 무너뜨렸다. 마치 루터의 직업에서의 성속 개념의 부당성이 이신칭의 교리에 기초하듯이, 직업의 차이가 신분의 차이가 아니라는 점은 만인사제직(萬人司祭職) 교리에 기초한다. 만인사제직은 종교개혁자들이 가르친 중요한 교리인데, 루터가 1520년에 발표한 소위 종교개혁의 3대 작품은 근본적으로 만인사제직 교리 위에서 기술된 것이다.

---

[54] Schwarz, 6.

루터는 1520년 8월에 발표한 『독일 그리스도인 귀족들에게 그리스도교 상태의 개선에 대하여』(An den christlichen Adel deutscher Nation von des christlichen Standes Besserung)에서 3가지 담을 허물어야 한다고 주장했다. 복음 안에서 은혜와 믿음으로 이신칭의를 얻은 모든 믿는 자들은 하나님의 존전에서 하나님의 자녀가 되었다는 동일한 신분을 지녔기 때문에 성직자들이 평신도보다 우월할 수 없고, 교황만이 성경을 해석할 수 있다는 주장은 옳지 않으며, 교황만이 교회회의를 소집할 수 있다는 주장은 옳지 않다고 주장했다. 설사 교황이라 할지라도 지방의 한 농부와 다른 것은 신분이 아니라 직책일 뿐이라고 본 것이다. 루터는 모든 그리스도인들이 여러 직책을 가질 수 있으나 하나님 앞에서 동일한 영적 신분을 지녔다고 보았다.[55]

3. 칼빈: 하나님의 영광을 위한 도구로서의 직업

개혁주의 신학 전통에서 직업은 '문화명령'(cultural mandate)이라는 측면에서 이해되어 왔다. 이 문화명령은 '창조명령'이라고도 하는데, 기독교적 청지기직이라고 할 수 있다. 칼빈이 자신의 창세기 주석에서 말했듯이 하나님께서는 자신이 창조하신 세상에서 인간을 대리 통치자로 세워 세상을 다스리게 하셨다. 직업은 바로 이 사명을 수행하는 하나의 방편이다. 칼빈은 이 세상의 모든 것은 궁극적으로 하나님의 영광을 위한 것으로 이해했다. 그의 신학은 신 중심적이며, 직업 또한 자신의 이기적 삶을 위한 수단이 아니라 하나님을 섬기는 행위로 이해한 점에

---

[55] WA, 44, 129.

서 루터와 다르지 않다. 칼빈주의자들은 흔히 '하나님 중심주의,' 그리고 '하나님의 절대주권'을 말하는데, 이것은 창조주 하나님과 피조물 인간을 엄격하게 구별해 준다. 동시에 인간은 누구나 할 것 없이 하나님의 주권 하에 있고, 어떤 특권층도 있을 수 없다는 점을 말한다.

칼빈의 신학전통에서 하나님 중심이란 말은 '인간이 중심일 수 없다'는 뜻이며, 이 말은 교황을 비롯한 성직자들이 특별한 신분일 수 없다는 뜻이다. 즉 모든 피조물은 하나님의 주권 하에서 동일하다는 것이다. 그래서 특별한 위치에 있는 성직자만이 하나님의 영광을 위한 삶이 아니라, 인간이 하는 모든 직업을 통해서도 궁극적으로 하나님을 영화롭게 할 수 있다는 점을 강조한다. 모든 것이 하나님의 영광을 위한 도구라는 점이 신자들의 왕적 직분의 출발점이다. 이런 점에서 어거스틴은 "이 세상의 모든 것을 수단으로 이용하고, 궁극적인 존재로서 하나님을 즐거워하라"(Use every things as instrumental enjoy God as ultimate)고 했던 것이다.

삶의 모든 영역에서 하나님의 영광을 추구했던 칼빈주의는 자본주의 형성에도 커다란 기여를 했다는 주장이 막스 베버(Max Weber)를 비롯하여 트뢸취(Troeltsch), 쇼아지(Choisy), 좀바르트(Sombart), 브렌타노(Brentano), 레비(Levy) 등의 학자들에 의해 제기되었다. 특히 막스 베버는 그의 『프로테스탄트의 윤리와 자본주의정신』(*Die Protestantische Ethik unt der Geist des Kapitalismus*)에서 칼빈주의의 근로윤리와 직업관이 자본주의 발달에 영향을 끼쳤고, 산업혁명에 영향을 끼쳤다고 주장했다.

베버의 주장을 쉽게 설명해 보면, 기업주(사용자)들은 사업을 통해 자신의 이기적 이윤만을 추구하지 않고, 그 일을 통해 하나님의 영광을 추구하다보니 이윤을 노동자들에게 돌려주고, 또 효율적 사업을 위해 분업화 현상을 가져왔다. 또 노동자들은 저노동, 고임금만을 추구하지 않고 자신의 노동(일)을 통해서도 어떻게 하나님의 영광을 위해 일할 것인가를 추구하다 보니 더 좋은 제품을 생산하게 되었고, 이런 일련의 직업관이 결국 자본주의의 발전을 가져왔다고 해석했다. 결국 칼빈주의적인 노동관, 직업관은 노동과 직업의 의미를 새롭게 이해하게 했다는 점을 알 수 있다.

청교도들 또한 중세적인 성속 이분법적 직업관을 배격했다. 또 그들은 16세기 칼빈주의 전통을 계승하여 일과 노동을 중시했고, 근로윤리(work-ethic)를 강조했다. 이런 생각은 근본적으로 "엿새 동안 힘써 네 모든 일을 하고"라는 성경의 명령에 기초한 삶의 자세였다. 16세기 이전 유럽에서는 로마 가톨릭이 수없이 많은 성자(聖者)의 날을 지정하여 휴일을 선포하였는데, 여기에 연 52주의 주일을 포함하면 노동하지 않는 날이 수없이 많았다. 라인랜드(Rhineland)에서는 심지어는 연중 90-130일은 쉬는 날이었다고 한다. 이런 상황에서 16세기 칼빈주의자들은 근면한 삶을 강조했고, 17세기 청교도들은 천주교적 잔재들, 곧 불필요한 의식과 성일, 축일들을 폐지하고 순수한 초대교회로의 회복을 강조했는데, 이것은 결국 사회의 생산성을 높여주고 노동의 신성한 가치를 일깨워 주는 결과를 가져왔다.[56]

17세기 청교도들도 직업을 소명으로 이해했고, 그 일을 통해서도 하나님의 영광을 추구해야 한다는 점에서는 근본적으로 다르지 않다. 윌리엄 퍼킨스(William Perkins)는 이렇게 말했다.

---

[56] 청교도들의 노동, 직업윤리에 대해서는 I. D. E. 토마스(오태용), 『퓨리탄의 힘』(바른신앙사, 1991), 102ff 이하를 참고할 것.

양을 지키는 목자의 행동은… 판결을 내리는 재판관이나 다스리는 행정관이나, 설교하는 목사의 행동과 마찬가지로 하나님 앞에서 똑같이 선한 일이다.[57]

청교도인 리차드 스틸(Richard Steele)은 "너희가 하나님의 임재와 축복을 가장 확실히 기대할 수 있는 곳은 바로 가게(shop)이다."라고 했고, 존 코튼(John Cotton)은 "나의 영적 생활뿐 아니라 이 세상의 생활까지도 나는 주님에 대한 신앙으로 살아간다. 그 분은 그를 신앙하는 자로부터 어떠한 삶의 일부분도 제외시키지 않으신다"고 했다. 일이나 직업은 단순한 섭생의 수단이 아니라 하나님을 섬기는 신앙적 삶이다.

4. 맺는 말: 일과 직업의 새로운 의미

칼빈이 우리의 모든 삶의 영역에서 하나님의 영광을 위해 살아야 한다고 했을 때, 그 주장은 우리 삶의 의미를 새롭게 해석해 준다. 거룩한 성화의 삶은 세속으로부터 격리된 수도원에서의 삶이 아니다. 어쩌면 세속화될 수 있는 위험마저 있지만 이 세상 속에서 악과 불의와 맞서 믿음의 선한 싸움을 하는 것이 진정한 거룩임을 일깨워 주었다. 예수님께서 "너희는 세상 빛이요, 소금이라"고 했을 때 이 말은 우리가 이 세상 가운데 있다는 사실을 전제로 한 말이었다. 이러한 삶의 방식은 우리의 삶 전반에 영향을 끼쳤다. 노동과 직업에 대한 이해도 그 중의 하나이다.

직업은 루터의 설명과 같이 섭생의 수단이나 개인의 이기적인 삶을

---

[57] 토마스, 104.

위한 방편이 아니다. 또 직업은 더 좋고, 더 나은 신분으로의 부름이 아니라 지금 하고 있는 그 일에로의 부름으로서 그것은 근본적으로 위로 하나님을 섬기는 행위였다. 동시에 나의 직업은 아래로 이웃을 섬기는 행위였다.

우리가 이 땅에서 일을 한다는 사실은 우리의 동료 인간들이 우리의 도움, 곧 우리의 직업을 통한 결과들을 필요로 한다는 사실을 의미한다. 따라서 직업의 의미는 종교개혁자들, 특히 개신교 전통에서 새롭게 이해되었다. 그래서 직업은 단순한 삶의 수단으로서가 아니라 창조적 개인의 책임적 활동이라는 고상하고도 가치 있는 활동으로 인식되었다. 이것은 직업관에 실로 커다란 변혁을 가져왔다.

우리가 우리 직업에 충실한 것은 기업주나 고용주를 위한 봉사나 충성이 아니라, 일차적으로 그리고 근본적으로는 하나님을 섬기는 행위였고, 그리고는 이웃을 섬기는 행위로서 의의를 확인하게 된 것이다.[58] 다시 말하면 직업은 특정한 목적을 위한 하나님의 부르심이라고 보아 이를 '소명'(召命)으로 이해한다.

---

[58] Schwarz, 4.

제2부

교회개혁과 비폭력 평화주의 전통

제6장

재세례파의 개혁운동

　종교개혁이라는 거대한 역사적 변혁을 통해 오랜 세월동안 신성불가침한 존재로 군림해 왔던 수많은 체제들이 붕괴되는 과정에서 루터나 쯔빙글리, 칼빈 등 비교적 온건한 개혁자들과는 구별되는 보다 급진적인, 그리고 보다 철저한 개혁운동이 있었는데, 그 대표적인 예가 재세례파였다. 재세례파는 루터의 개혁운동, 쯔빙글리와 칼빈의 개혁운동과 더불어 또 하나의 중요한 개혁운동이었으나 '종교개혁의 서자' 혹은 '좌경 개혁운동'(Left-wing Reformation)으로 불렸고,[59] 종교개혁 이후 20세기 초엽까지 거의 무시되거나 경시되어 왔다. 적어도 1930년대까지만 하더라도 교회사 관련 서적에서 재세례파가 독립된 별장으로 취급된 경우가 거의 없었을 정도였다. 침례교 교회사가인 윌리엄 이스텝

---

　[59] 베인톤은 로마 가톨릭을 우경(right wing), 루터를 중간(the center)으로 말한 반면 재세례파 집단을 좌경으로 불렀는데, 재세례파의 특징으로, 강력한 윤리적 관심, 초대교회 모형으로 돌아가려는 원시주의(primitivism), 종말론에 대한 강조, 비지성주의, 국가와 교회의 완전한 분리를 들었다. Bainton, "The Left Wing of the Reformation," *Studies in the Reformation* (Boston: Beacon Press, 1963), 119ff.

(Willian Estep)은 "16세기 재세례파처럼 부당한 평가를 받아 온 종파는 일찍이 없었고 이들은 잘못 이해되었다기보다는 차라리 무시되어 왔다"고 평가했다. 1960년대 이래로 이들에 대한 새로운 연구와 재평가가 일고 있지만 지난 400여 년 간의 무시나 오해 그리고 부당한 평가를 불식하기에는 여전히 미흡하다고 볼 수 있다. 특히 한국에서는 재세례파에 대한 체계적인 연구는 미미한 형편이다.[60]

재세례파 운동은 현대적 관점에서 볼 때 몇 가지 주목할 만한 의의를 지니고 있는데, 국가교회로부터 자유하려고 했던 자유교회 운동,[61] 어느 한 집단만이 옳고 진리이며, 다른 집단은 모두 이단이라는 중세적 사고에서 벗어난 종교적 진리의 복수주의(pluralism), 그리고 폭력과 분쟁과 전쟁의 와중에서도 절대평화주의를 지향한 점이 그것이다. 물론 재세례파 집단 중에도 폭력이나 전쟁을 수용한 경우도 없지 않으나 특히 메노나이트 파는 비폭력, 반전의 절대평화주의를 견지하였다. 이런 고상한 가치는 오늘 우리에게 잔잔한 감동을 주고 있다.

---

[60] 한국에서 재세례파를 포함한 급진적 개혁에 대해 연구한 학자로는 서영호, 심창섭, 이상규, 홍지훈, 홍치모 등이 있다. 이 분야에 대한 출판된 단행본으로는 홍치모 편, 『급진종교개혁사론』(느티나무, 1992)과 홍지훈, 『마르틴 루터와 아나뱁티즘』(한들출판사, 2000) 등이 있다. 또 William R. Estep, *The Anabaptist Story*가 정수영에 의해 『재침례교도의 역사』(요단출판사, 1985)라는 제목으로 역간되었다.

[61] 프랭클린 리텔(Frinklin H. Littell)은 1954년에 행한 '메노 사이먼스 강좌'에서 이들 집단을 '자유교회'(Free Church)라고 불렀다. 그러나 리텔이 '자유교회'(Free Church)라는 용어를 처음 사용한 것은 아니다. 이미 헤롤드 벤더(Harold Bender, 1897-1962)는 이 용어를 사용했고, 콘라드 그레벨 등이 쯔빙글리와 결별한 사건을 '자유교회 운동'의 기원으로 보아야 한다고 주장한바 있다. W. R. Estep, 18 참고. '자유교회'의 개념, 용례, 기원에 대해서는 D. F. Durnbaugh, *The Believers' Church*, 4-22 참고할 것.

1. 재세례파의 유형

미국 하버드 대학교 신학부의 교회사 교수였던 윌리암스(George H. Williams)는 16세기 종교개혁 운동을 크게 두 유형으로 구분했다.

첫째는 루터, 쯔빙글리, 칼빈 등에 의해 이루어진 온건한 개혁운동인데, 이 개혁운동을 '행정적 개혁' 혹은 '관료적 개혁'(Magisterial Reformation)이라고 불렀다. 이들은 콘스탄틴 황제 이후 형성되어 온 소위 국가교회(state church), 곧 제도화된 교회(established church) 안에서 관헌(국가 혹은 정부)의 지원이나 보호를 배제하지 않았다는 점에서 '메지스티어리얼'(magisterial)이라는 형용사로 개혁운동의 성격을 규정하였다. 종교개혁운동의 주류였던 이들을 윌리암스 교수는 '고전적 개혁'(Classical Reformation)이라고 부르기도 했다.

두 번째로는 온건한 개혁과는 달리 다소 과격하거나 급진적이었던 여러 형태의 재세례파(Anabaptists), 신령파(Spiritualists) 그리고 복음주의적 합리론자들(Evangelical Rationalists)들을 통칭하여 '급진적 개혁'(Radical Reformation)이라고 불렀다. 이들은 유럽의 오랜 국교회 전통을 거부하고 콘스탄틴 이전의 고대교회로의 복귀를 근간으로 하여 보다 철저하고도 급진적인 개혁을 주장했다는 점에서 '래디칼'(radical)한 개혁운동으로 분류하였다. 윌리암스 교수의 이러한 분류방식은 그 이후의 교회개혁사 연구에 큰 영향을 끼쳤다.

교회개혁 운동사에 있어서 이 양자를 구별하는 윌리암스 교수의 표준은 일차적으로 개혁자들의 교회론 혹은 교회와 국가와의 관계에 대한 견해이다. 다시 말하면 로마 가톨릭에 반대하여 개혁운동을 전개해가는 과정에 있어서 국가나 정부 등 세속권력집단과 어떤 관계를 유지해 왔느냐에 따라 분류한 것이다. 즉 전자는 교회개혁 운동에 있어서 제도화된 교회 안에서 세속권력과 제휴 혹은 지원을 얻으며 개혁을 추진하는 경향이 있었던 반면에, 후자는 서구의 오랜 국가교회 전통을 거부하고 콘스탄틴 이전의 교회에로의 복귀를 근간으로 하여 교회를 국가로부터 엄격하게 분리시키고자 하였다. 이들에게는 국가나 세속 사회로부터 완전한 분리를 주장하여 분리주의적 성격이 있었다. 이런 이유 때문에 이들은 종파주의자들(sectrians)로 불렸다.

재세례파 운동은 한 지역에서 어느 한 사람을 중심으로 일어난 단수 운동이 아니라 스위스, 독일, 모라비아, 화란 등지에서 산발적으로 일어난 복수 운동으로서 이 운동 또한 몇 가지 유형과 분파로 나눌 수 있다. 예컨대, 종교개혁자인 하인리히 불링거는 16개 집단으로 보았고, 16세기 독일의 역사가 에르하두스(M. Christoff Erhardus)는 그 분파를 40가지로 산정한 일이 있다. 그러나 화란 암스테르담대학교의 발크(Willem Balke)는 재세례파를 7개 분파로 분류하였다.[62] 또 조지 윌리암스는 3가지 유형으로 나누었으나,[63] 오웬 차드윅(Owen Chadwick)의 분류를 따라[64] 다음의 4가지로 구분하는 것이 합당하다고 본다.

첫째, 쯔빙글리의 개혁운동 당시 콘라드 그레벨(Conrad Grebel), 펠

---

[62] W. Balke, *Calvin and Anabaptists Radicals* (Grand Rapids: Eerdmans, 1981), 2-3 참고.

[63] G. H. Williams는 재세례파를 3분파로 구분한다. 즉, a. 혁명적 재세례파(Revolutionary Anabaptist: Melchior Hoffmann), b. 정숙 재세례파(Contemplative Anabaptist: John Denck), c. 복음적 재세례파(Evangelical Anabaptist: Conrad Grebel, Menno Simons 등)가 그것이다. Williams는 Thomas Müntzer를 재세례파가 아니라 신령파로 분류하고 있다. 또 H. Fast는 그의 *Der linke Flügel der Reformation* 서론에서 Thomas Müntzer와 그의 추종자들뿐만 아니라 Melchior Hoffman과 뮌스터의 재세례파까지도 순수한 재세례파 공동체에 포함시키지 않고 열광주의자들(Fanatics)로 취급하고 있다(Balke, 2, note II).

[64] O. Chadwick, *The Reformation* (Grand Rapids: Eerdmans, 1965), 191.

릭스 만쯔(Felix Manz)를 중심으로 시작된 '스위스 형제단', 둘째, 발타샤 휘브마이어(Balthasar Hubmaier)와 한스 뎅크(Hamns Denk), 그리고 필그림 마르펙(Pilgrim Marpeck)을 중심한 남부 독일에서의 재세례파운동, 셋째, 모라비아의 훗터 공동체, 넷째, 화란과 북부독일에서의 메노나이트(Mennonite) 등이 그것이다. 물론 이들 간에는 일치점과 상이점이 있고 거의 유사한 시기에 여러 지역에서 일어났지만 스위스 취리히에서 일어난 '스위스 형제단'이 재세례파의 연원이라고 할 수 있다.

이들이 재세례파로 불리게 된 것은 유아세례를 인정치 않고 '신자의 세례'(believers' baptism)를 주장하였기 때문이다. '신자의 세례'라는 말은 당연한 말처럼 생각되겠지만 이들이 말하는 '신자의 세례'란 성인이 된 후 스스로 신앙을 고백한 후 받는 세례를 의미한다. 즉 유아세례를 부인하는 의미이다. 이들이 '재세례파'라고 불린 것은 유아세례를 받았다 할지라도 (이를 인정하지 않았으므로) 재 세례를 요구하였기 때문이다. 재세례파를 칭하는 아나밥티스트(Anabaptist)라는 말은 희랍어 '아나밥티모스' 곧 '다시 세례를 받는 자'라는 의미에서 온 말이다. 이들이 유아세례를 반대하는 것은 앞서 말한 바이지만 국교회로부터의 분리의 논리적 결론이었다. 다시 말하면 유아세례를 받으므로 자동적으로 속했던 국교회 제도에서 떠나 재세례를 받은 이들로 구성되는 별도의 교회를 지향하였다.

재세례파의 개혁의 이념이나 교회관, 국가관, 세례관 등은 개혁교회와는 매우 달랐다. 따라서 이들 재세례파는 당시 국가권력으로부터 만이 아니라 루터, 칼빈, 쯔빙글리 등 온건한 개혁자들, 그리고 로마 가톨릭으로부터도 끊임없는 탄압을 받았다. 국가권력으로부터는 무정부적인 반란집단으로, 다른 개혁자들로부터는 이단으로 취급받아 왔다. 특히 칼빈은 재세례파를 천주교와 동일하게 이단적 집단으로 간주하고, 이들의 교리를 비판하였다. 칼빈은 『기독교 강요』에서 한편으로는 로마 천주교회를, 다른 한편으로는 재세례파를 공격하였다.

2. 재세례파의 기원

앞에서 살펴 본 바대로 스위스 취리히에서는 쯔빙글리의 지도력 하에서 1523년 1월 29일 제1차 공개토론회가 개최되면서 교회 개혁이 추진되고 있었다. 1523년 6월의 제2차 토론, 1524년 1월의 제3차 토론이 있은 후 개혁은 크게 진전되었다. 취리히에서 개혁운동이 진행되는 동안 쯔빙글리와 함께 이 개혁운동에 참여한 일단의 무리들이 있었는데 그 중의 한 사람이 콘라드 그레벨(Conrad Grebel, 1448-1526)이었다. 이때가 1521년 11월이었다. 콘라드 그레벨 외에도 펠릭스 만쯔(Felix Manz), 안드류 카스텔베르거(Andrew Castelberger) 등 쯔빙글리의 신약성경 원리에 기초한 개혁정신에 찬동하는 이들이 모여 들었다. 이들은 서로를 형제라고 불렀고, 이들은 곧 '형제단'으로 불렸다. 이것이 소위 '스위스 형제단'(Swiss Brethren)의 시작이었고, 동시에 재세례파 운동의 연원이 된다. 이들의 개혁의지는 불과 3년이 못되어 쯔빙글리를 능가하였다.

스위스 형제단은 쯔빙글리의 개혁이 너무 보수적이었고 지나치게 점진적이라고 생각하여 쯔빙글리의 개혁운동에 만족하지 못했다. 1523년 10월에 있었던 제2차 토론 때부터 그레벨 등 스위스 형제단과 쯔빙글리 사이에는 견해차가 나타나기 시작하였다. 그 견해차란 교회의 본질 및 유아세례 문제에 대한 이견이었다. 미사 및 성상들에 있어서도 점진적인 개혁을 주장하는 쯔빙글리나 시의회와는 달리 스위스 형제단은 철저하고도 즉각적인 개혁을 주장하였다. 여기서부터 쯔빙글리와 스위스 형제단 사이의 분열의 조짐이 나타났다. 그해 12월 29일 쯔빙글리는 시의회의 점진적이고 타협적인 개혁을 지지했는데, 스위스 형제단은 쯔빙글리가 시 당국의 정치적 권위를 옹호하기 위하여 진리를 유보하고 타협하는 것으로 보았다. 이것은 결국 쯔빙글리와 스위스 형제단 사이의 결별을 가져왔다. 블랭크(Fritz Blanke)에 의하면 콘라드 그레벨과 그 무리들은 이미 1524년에 신약성경을 기초로 하여 세례는 회개가 전제되어야 하고 회개하지 않는 사람은 세례를 받아서는 안 된다는 확신에 이르렀다는 점이 확인되었다고 했다.

쯔빙글리는 유아 세례를 찬동하고 이를 시행했는데 그 근거는 구약의 할례를 통한 부모의 언약을 기초로 한 것이었다. 그러나 스위스 형제단 지도자들은 이것이 못마땅했다. 그들은 성경에 유아 세례에 대한 근거가 없으며, 8일 만에 행하는 수동적인 할례는 유아 세례와는 근본적으로 동일시 할 수 없다고 보았기 때문이다. 1525년 1월 그레벨과 만쯔, 그리고 스템프(Simon Stumpf) 등은 저들의 주장에 동조하는 이들로만 은밀한 회합을 가졌는데 이것이 스위스에서 일어난 재세례파 운동의 시작이라고 할 수 있다.

그들이 즐겨 모이던 장소는 노이스탓트(Neustadt) 거리에 있던 펠릭스 만쯔의 집이었다. 여기서 유아 세례의 타당성에 관한 진지한 의문이 제기되었고, 결국 유아 세례의 부당성을 주장하고 이를 설교하게 되었다.

쯔빙글리는 이러한 사태의 발전을 보고 한편 놀라고 당황하여 재세례파를 비난하는 격렬한 설교를 시작하였다. 저들은 유아 세례를 반대하고 세속정부에 대한 견해도 온당치 않는 것으로 보았기 때문이다. 취리히 시의회는 스위스 형제단의 재세례 요구는 법질서를 교란시키는 행위로 보았고, 결국 법적 조치를 강구하게 되었다.

    1525년 1월 취리히 시의회는 신자의 세례문제 때문에 공개 토론회를 열었다. 1월 10일에서 17일까지 그레벨, 만쯔, 로이블린(Reublin), 블라우록(Blaurock) 등은 쯔빙글리와 불링거에 대항하여 세례문제에 관한 토론을 벌였다. 이 토론의 결과와 관계없이 시의회는 1월 18일 쯔빙글리의 승리를 선언하고 유아세례의 시행을 명했다. 따라서 재세례는 엄격히 금지되었다. 이로부터 사흘 뒤인 1월 21일 시의회는 로이블린, 해쩌(Haetzer), 볼티(John Bolti), 카스텔베르거 등을 추방하고 그레벨과 만쯔에게는 어떤 학교나 모임에 참석하는 것과 가르치는 것을 금지시켰다. 바로 그 날, 즉 1525년 1월 21일 저녁, 10여 명의 스위스 형제단들은 펠릭스 만쯔 집에 모였다. 이들은 취리히 시의회의 결정이 하나님의 말씀을 반하는 속권(俗權)의 발동으로 확신하고 이날 콘라드 그레벨은 게오르게(George of the House of Jacob)에게 처음으로 재세례를 베풀었다. 이것이 최초의 재세례였다. 그레벨이 직접 재세례를 베푼 후 블라우록은 그곳에 있던 다른 사람들에게도 재세례를 베풀었다. 이렇게 하여 스위스 형제단들로부터 소위 재세례파가 출현한 것이다.
    이것은 교회개혁 운동사에서 급진적 행동이었다. 로마 가톨릭 뿐만 아니라 루터와 쯔빙글리와의 결별을 상징하고 있는 사건 가운데 이보다 더 분명한 것은 없었다. 개혁자들이 성경에 의해서(by) 로마 가톨릭을 개혁하려 한 것에서 진일보하여, 성경으로부터(from) 얻은 진리로 새로운 교회 건설을 시도한 것이다. 이들은 국가 권력과 교회가 결합한 형태인 당시 교회로부터 떠나 개혁의 개혁을 지향한 것이다.

3. 주요 인물들

이렇게 시작된 재세례파는 4세기 이전의 고대교회로의 복귀(restitution)를 개혁의 이념으로 삼았다. 이들은 중세교회는 아무런 가치가 없다고 보아 그 의미를 완전히 부정하는 역사의 비연속성(discontinuity)을 주장한 것이다. 그러므로 그들에게 있어서 개혁의 목표는 313년 이전의 기독교로 돌아가는 것이었다. 재세례파 운동의 초기 지도자 중 대표적인 몇 사람은 다음과 같다.

콘라드 그레벨(Conrad Grebel, 1448-1526)

스위스 형제단 운동의 중심인물이었던 그가 재세례교도로 활동한 기간은 겨우 1년 8개월 정도였지만 그의 기여와 역할은 과소평가 될 수 없다. 1498년 취리히 시의회 의원이었던 야콥 그레벨의 아들로 태어난 그는 그로스뮌스터에서 6년간 기초교육을 받고, 1514년 바젤 대학에 입학하였다. 여기서 그는 글라레안(Glarean)이라고 알려진 인문주의자인 하인리히 로리티(Heinrich Loriti)에게 교육을 받고, 비엔나 대학으로 옮겨가 4년간 공부하였다. 그 후에는 파리대학과 바젤에서 공부하기도 했다. 그러던 그가 쯔빙글리를 만남으로써 생의 전환점을 맞게 되었다. 방황하던 인문주의자가 복음에 심취하게 되었고, 쯔빙글리 지도하에서 헬라고전들을 연구하기 시작하였다.

그레벨은 1522년 7월 이전에 개종하였고, 이 회심을 통하여 그에게 내적 변화가 일어났다. 이때부터 그레벨은 개혁의 열정에 사로잡히게 되었다. 연약한 한 젊은 인문주의자는 회심을 통하여 열정적인 성경학도가 되었고 성령으로 거듭난 새로운 피조물이 되었다고 고백하고 있다. 그러나 그는 1523년부터 교회개혁에 있어서 쯔빙글리와 견해를 달리하였고, 1524년에는 불화가 생겼음이 분명하다. 쯔빙글리는 성상이나 미사의 폐기를 시의회와 타협하려 했으나 그레벨은 관헌들이 교회를 지배해서는 안 된다고 믿고 있었다. 여기서부터 국가관, 교회관 등에서 분명한 차이가 나타났다. 그레벨과 그의 동료들은 중생한 신자들로 구성된 참된 교회를 세워야 한다고 주장하고 유아세례를 반대하였다. 이러한 과정에서 그레벨을 중심으로 소위 '스위스 형제단'이라고 알려진 모임이 시작된 것이다.

그레벨은 1525년 1월 유아세례는 성경적 근거가 없다며 이를 반대하고 믿는 자의 세례를 주장하며 재세례를 행했다. 그는 만쯔와 블라우록과 더불어 재세례파 개혁운동의 중심인물이 되었다. 반면 쯔빙글리는 그레벨의 주장을 반박하고 유아세례와 계약신학을 옹호하는 4편의 글을 썼다. 그 대표적인 소책자가 『세례, 재세례와 유아세례에 관하여』(Concerning Baptism, Rebaptism, and Infant Baptism)와 『재세례파의 간교함에 대한 논박』(A Refutation of the tricks of the Katabaptizers)이다. 그레벨은 쯔빙글리의 비판을 받아들이지 않았다. 도리어 그는 그 후 수없이 많은 투옥과 건강의 악화에도 불구하고 재세례를 베풀었고 성례를 집행하였다. 1525년 4월부터 6월 사이에는 투옥을 피하여 은거하던 그레벨은 그로닝겐으로 옮겨가서 활동하던 중 10월 8일 체포되었고, 3주일 후에 체포된 펠릭스 만쯔와 더불어 1525년 11월 18일 무기형을 선고받았다. 그가 구속된 지 5개월 후에 감옥에서 쓴 원고를 출판토록 요청한 것이 화근이 되어 1526년 3월 6일 제2차 재판을 받고 종신형이 선고되었다. 그로부터 14일 후 어떤 사람의 호의로 다른 수감자들과 함께 탈옥했으나 건강이 좋지 못한 그는 1526년 여름 당시 유행하던 페스트로 사망하였다. 그는 여러 편의 편지들과 설교들, 그리고 또 한편의 소품(pamphlet)을 남겨두었다.

펠릭스 만쯔(Felix Manz, 1498-1527)

만쯔는 그레벨과 더불어 초기 재세례파 운동의 지도적 인물로서 신교도에 의해 순교당한 최초의 재세례교도였다. 쯔빙글리는 만약 그레벨이 재세례교도들의 코리피어스(헬라의 합창극에서 주창자를 의미한다)라고 한다면 만쯔는 아폴로(Apolo)이고, 블라우록은 헤라클레스(Hercules)라고 하였다.[65] 1498년경 취리히에서 출생한 만쯔는 에라스무스, 레오 쥬드(Leo Zud), 그리고 하인리히 불링거(H. Bullinger)와 마찬가지로 가톨릭 사제의 사생아였다. 그는 어려서부터 특권 계층의 자녀들에게 부여된 교육적인 혜택을 받아 헬라어, 히브리어, 라틴어 등에 능통하였다. 1522년경에는 쯔빙글리가 주도하는 신약 연구 모임에 참여하였고 그를 통해 개종하였다. 1523년 10월 논쟁 이후 쯔빙글리의 개혁 프로그램에 불만을 갖게 된 그는 그레벨과 블라우록과 함께 재세례파 운동의 중심인물이 되었다. 그는 웅변에 있어서는 그레벨을 능가하였는데 그로닝겐, 취리히, 쫄리콘(Zollicon) 등지에서 유아세례를 비난하고 재세례를 베풀다가 투옥되었다. "그리스도교의 질서와 관습에 반대하고 재세례교 운동을 전개했다"는 이유로 사형선고를 받은 그는 1527년 1월 5일 토요일 익사 당하였다. 그리고 그의 재산은 몰수되었다.

만쯔는 자신의 믿음에 대한 간증문과 18편의 찬송시를 남겨놓았다. 또 익사 당하기 2년 전 취리히 법정에 제출한 문서인 『항의와 변호』(*Protestation und Schutzschrift*)가 남아 있다. 이 글은 재세례교도들의 주장을 변호한 글이었다.

---

[65] Estep, 30.

게오르게 블라우록(George Blaurock, 1491-1529)

블라우록은 그레벨이 병사하고 만쯔가 순교 당한 후 그 뒤를 이어 약 2년 6개월 간 재세례운동의 지도자로 활동했다. 그는 1491년 보나두츠(Bonaduz)에서 태어나 라이프찌히 대학에서 수학하였다. 로마 가톨릭교의 사제로서 1516년에서 1518년까지는 추르(Chur)교구에서 활동했는데, 1524년 취리히에 올 때 그는 이미 결혼하고 있었던 것으로 보아 그 이전에 개종한 것으로 보인다. 그는 쯔빙글리와 많은 토론을 가졌고 교회개혁에 대한 열정을 보여 주었지만 쯔빙글리의 개혁에는 전적으로 동의하지 않았다. 쯔빙글리에게 만족하지 못했던 그는 쯔빙글리보다 더 철저한 개혁자들이 있다는 소문을 듣고 스위스 형제단을 찾아가 그 일원이 되어 1525년 1월에 그레벨에게 재세례를 받았다.

그는 이 형제단에서 "제2의 바울"이라는 별명으로 불렸을 만큼 대단한 활동가였다. 1525년 2월 7일 블라우록은 만쯔와 재세례를 받은 24명과 함께 체포되어 취리히에 있는 어거스틴파 수도원에 감금되기도 했다. 그는 만쯔가 1527년 1월 사형을 당하기까지 그와 함께 일하였다. 만쯔가 사형 당하는 날 블라우록은 태장을 맞고 취리히에서 추방되어 베른(Bern)으로 갔다. 그러나 여기서도 추방되어 다시 비엘(Biel), 그리손스(Grisons), 아펜첼(Appenzel) 등에서 활동했다. 그는 다시 체포되어 4월 21일 추방되었다.

그는 다시 티롤(Tyrol)로 가서 목회하는 동안 많은 지지자를 얻기도 했으나 1529년 8월 14일 인스부르크 당국에 의해 체포되었고 이때로부터 3주일 후인 9월 6일 화형을 당했다. 교황이 내려 주신 사제직을 버리고 새로운 세례를 설교하고 가톨릭교회의 신앙과 의식을 거부했다는 이유였다. 그는 옥중서신의 형식으로 된 한 편의 설교와 두 편의 찬송가사 그리고 간략한 권고문을 남기고 있다.

펠릭스 만쯔가 참수 당하고 게오르게 블라우록이 추방되고 콘라드 그레벨이 병사하자 스위스 형제단은 지도자를 상실하고 말았다. 결과적으로 이 운동이 시작된 지 불과 2년이 못되어 지도자들은 완전히 사라지고 만 셈이다. 이렇게 되자 재세례파 운동은 취리히에서 인접한 다른 지역으로 옮겨가지 않을 수 없었다. 재세례 교도들은 남부 독일, 모라비아, 폴란드, 독일 북부 그리고 화란 등지로 확산되어 갔다. 이들은 계속하여 탄압과 순교를 당하였으므로 이들은 '순교의 순례자들'(Martyr's Pilgrims)로 불리기도 했다.

발타사르 휘브마이어(Balthasar Hubmaier, 1480?-1528)

휘브마이어는 훈련된 신학자로서 재세례파 운동의 뛰어난 이론가요 지도자였다. 1480년경 남부 독일 아우구스버그에 가까운 프라이베르크(Friedberg)에서 출생한 그는 프라이브르크 대학에서 수학한 후 학위를 받았고 당시 유명한 학자였던 엑크(John Eck)의 제자가 되었다. 엑크가 프라이브르크를 떠나 잉골슈탓트 대학으로 가게 되자 그도 그곳으로 따라 갔고, 1512년 9월 29일에는 신학박사 학위를 받았다. 이미 신부이기도 했던 휘브마이어는 대학교회인 비르긴(Virgin)교회의 설교자요 교목으로 임명되었고 3년 후인 1515년에는 대학의 부총장에 임명되었다. 그러나 1년도 못되어 1516년 1월 25일 잉골슈탓트 대학을 떠나 레겐스부르크(Regensburg), 발트슈트(Waldshut) 등에서 교구 신부로 봉사하였다. 그러던 중 1522년부터 바울서신을 연구하기 시작하면서 바젤을 비롯하여 스위스의 여러 도시를 방문하였다. 이런 지역에서 개혁운동을 목격하고 복음적인 신앙을 갖게 되었는데, 루터와 쯔빙글리의 작품을 통해 많은 영향을 받았다. 휘브마이어는 1523년 3월 이전에 쯔빙글리와 접촉한 것으로 보이는데, 쯔빙글리의 개혁에 만족하지 못했고 특히 유아세례는 수용할 수 없는 국가교회적 제도로 보았다.

1523년 5월 그는 취리히에서 쯔빙글리와 유아세례 문제에 대해 토론하였는데 이때만 해도 쯔빙글리와 크게 다르지 않았다. 1523년 10월에는 취리히에서의 성상과 미사 문제에 관한 토론에 참가하였고 성경적 원리를 자신의 신앙으로 확립하였다. 10월 논쟁 후 발트슈트로 돌아온 그는 1524년 봄 '18개 조항'(Achtzehn Schlussreden)을 작성했는데, 이 문서는 그의 최초의 저술로 알려져 있다. 그에게도 오스트리아의 페르디난트 1세의 탄압의 손길이 뻗쳐 오자 은거하는 도리밖에 없었다. 이 기간 동안에 쓴 『이단자들과 그들을 화형한 자들에 대하여』(*Von Ketzern und ihren Verbrennern*, 1925)라는 글은 재세례파 운동의 중요한 이념인 자유의 개념과 통치자의 권력의 한계 등을 언급한 가치 있는 논문이다. 이 글에서 휘브마이어는 하나님만이 누가 이단자인지를 판단할 수 있고, 하나님은 세속 권력자에게 이단이건 아니건 간에 어떤 이를 화형시킬 권리를 부여하신 적이 없다고 주장하였다.

적어도 그는 1525년 1월 이전에 유아세례는 실제성이 없는 헛된 것이라는 확신에 도달하였다. 루이스 W. 스피츠는 휘브마이어가 1525년 1월 어느 날 갑자기 "자기가 하나님으로부터 유아세례를 폐지하라는 계시를 받았다고 주장함으로써 신자들을 경악하게 했다."고 쓰고 있다. 1525년 7월에는 『신자들에 대한 기독교 세례』(*Vom Christlichen Tauf der Glaubigen*)라는 책을 썼는데, 이 글은 유아세례의 부당성을 지적하고 성인 세례의 정당성을 변호한 재세례파의 고전적인 작품이 되었다. 그 해 11월에 쯔빙글리가 『세례에 대한 휘브마이어의 저서에 대한 참되고 철저한 응답』이라는 반박서를 출판하고 양자 사이에 논쟁이 있었던 것을 보면 휘브마이어의 저서가 상당한 영향력을 가지고 있었던 것 같다. 탄압과 투옥 가운데서 자신의 주장을 철회하도록 강요받았던 그는 취리히를 떠나 모라비아 지방의 니콜스브르크(Nikolsburg)로 갔고 이곳에서 1년간 사역하는 동안 약 6,000명에게 재세례를 베풀었다고 한다.

그는 설교와 저술을 통해 정부의 합법성을 인정하고 정부만이 무력을 행사할 권위를 가졌으나, 영적인 문제는 교회의 고유한 권리라고 주장하였다. 그는 무정부주의를 배격했다. 이와 같은 그의 입장이 반영된 저서가 『무력에 관하여』(*Von dem Schwert*, 1527)이다. 그는 무저항원리를 주장하지 않았다는 점에서 만쯔 등 스위스 형제단과 다르며, 재산의 공유(Community of goods)나 무정부주의의 원리를 배격한 점에서 훗트(Hans Hut)나 비데만(Jacob Wiedemann)과도 다르다.

휘브마이어는 1527년 체포되었는데, 자신의 입장에서 후퇴하여 일종의 타협을 시도하기도 했으나 1528년 3월 10일 비엔나 교회에서 화형에 처해졌다. 그리고 그의 아내는 다뉴브강에서 익사 당했다. 곧 그의 저서는 금서로 규정되었다.

이런 박해에도 불구하고 재세례파 운동은 여러 지역으로 확산되어 간 것은 나름대로의 교회개혁 의지와 신앙적 열정이 있었기 때문이다.

4. 재세례파의 교의와 사상

지금까지 우리는 재세례파의 역사와 지도적 인물들에 대해 살펴보았다. 재세례파는 삼위일체교리, 유아세례 등에 있어서 개혁주의와 견해를 달리하지만 다음과 같은 몇 가지 교의는 재세례파의 이념 혹은 개혁정신을 반영하고 있다.

근본적인 문제

재세례파의 근본이념은 16세기 당시의 국가교회(State church)는 신약교회 원리에서 떠난 타락한 제도로 보고 성경의 가르침을 따라 원시교회로 돌아가야 한다는 복귀개념 속에 함축되어 있다. 그래서 베인톤은 "리포메이션(Reformation)이란 말은 루터의 개혁운동을 지칭하는 말이라면, 개혁파(Reformed)란 말은 쯔빙글리나 칼빈의 개혁운동을 지칭하고, 회복(Restored)이란 말은 재세례파의 이념과 사상에 대한 포괄적인 표현"이라고 했다. 그들은 신약성경으로 돌아가기를 원했으며 그런 의미에서 복귀주의자들이었다. 그들은 원시교회는 오직 진실된 신자들로 구성되었고, 교회는 국가와 결탁한 것이 아니라 도리어 박해받고 거부당했던 순교자의 교회로 파악하였다. 그래서 저들은 교회는 국가로부터 완전히 분리되어야 한다고 보았는데, 이것은 국가교회 혹은 제도교회(Established church)로부터 독립을 이루려는 일종의 자유교회 운동이었다. 재세례파가 유아세례를 반대하고 재세례를 주장한 것도 국교회로부터의 분리의 논리적 결론이었다. 이들은 성인 세례 혹은 신자의 세례를 실시함으로써 국가교회 체제를 극복하려 했던 것이다.

교회관

이들은 신약성경 시대와 콘스탄틴 이전 시대의 교회를 참되고 순수한 교회로 보고 이 시대적 교회에로의 회복을 개혁의 과제로 보았다. 그래서 리텔(Franklin Littell)은 이를 '원시주의'(Primitivism)라고 명명하였다. 재세례파는 교회의 타락은 교회가 국가와 타협, 야합하여 교회의 독립성을 누리지 못한 국가교회제도에 기인한다고 보았다. 이들은 루터나 쯔빙글리나 칼빈이 비록 교회와 국가 간의 분리를 주장한다 할지라도 그것은 개념상의 분리이지 실질적 분리라고 할 수 없기 때문에 저들은 여전히 중세적이며 로마가톨릭과의 연속성을 지니고 있다고 보았다. 재세례파는 콘스탄틴 황제 이후의 교회와 국가 간의 타협을 교회 타락의 가장 중요한 징표로 보았기 때문에 교회의 타락은 4세기 곧 콘스탄틴 시대로부터 시작된 것으로 보고 있다. 그래서 저들은 교회와 국가의 엄격한 분리를 주장했던 것이다. 세바스치안 프랑크(Sabastian Franck)나 카스파 쉬웬크펠트(Caspar Schwenkfeld)는 바로 이런 이유에서 황제권의 개입의 결과로 영적 자유가 침해되었다고 보았다.

재세례파가 말하는 타락한 교회의 두 번째 표징은 기독교의 이름으로 수행된 전쟁이었다. 폭력은 어떤 이유를 막론하고 신약성경의 가르침과 위배되며 또 무력을 사용하여 종교적 자유를 통제하는 것은 분명한 타락의 징표로 보았다. 그래서 저들은 무저항주의와 절대평화주의를 견지했던 것이다.

재세례파가 이해한 교회 타락의 세 번째 징표는 삶과 예배에 있어서 형식주의(dead formalism)였다. 내적 진실성보다는 의식, 외적 웅장함 등 제도화된 교권체제는 교회가 타락한 증거라고 보았다. 그래서 저들은 단순한 의식과 간략한 성찬식 거행을 시행했다.

정리하면 재세례파는 성경에 대한 문자적 순종을 강조하며, 교회는 자의에 의한 '믿는 자의 세례'(believers' baptism)를 통해 구성된 모임으로서 국가 권력의 통제나 간섭으로부터 철저하게 독립해야 한다고 강조하였다.

세례관

중생된 자의 모임으로서의 교회는 신자의 세례관에 기초한다. 세례는 그리스도의 제자됨을 공적으로 선언하는 것이며, 하나님의 계명에 순종하여 새로운 생활을 할 것을 약속하는 의식이다. 개혁주의와 로마 가톨릭 사이의 가장 명확한 경계선이 '성경의 권위'라고 한다면 재세례파와 개혁주의자들 간의 경계선은 '신자의 세례'라 할 수 있다.

앞에서도 말했지만 이들은 유아세례를 거부한다. 흔히 할례에서 유아세례를 유추하지만 이것은 부당하다고 보았다. 이들은 성경에서 유아세례의 근거를 찾을 수 없고, 이것은 교황에 의해 창안된 것으로 보았다. 유아세례란 국가와 교회가 결합한 상태에서 국가적 의식으로 행해졌으며, 모든 유아들이 교회에서 세례를 받도록 규정되어 있었기 때문이다. 그래서 저들은 재세례를 요구한 것이다. 세례는 교육, 믿음, 회심을 거쳐야 하는데 이런 것은 유아에게는 불가능하다는 것이다. 그래서 본인의 결단 없이 이루어지는 유아세례는 무효라고 주장한 것이다. 유아세례에 대한 거부는 시민적 종교에 대한 거부와 결합되었다.

재세례파는 세례는 구원의 필수조건이라는 주장을 거부하고, 유아는 물세례와 관계없이 그리스도의 피로 구원받게 된다고 주장하였다. 그러나 '믿는 자의 세례'는 회심의 표로서 교회 회중이 되는데 필수조건으로 보았다. 어떤 점에서 이들을 '재세례파'(Wiedertaufer)라고 말하는 것은 옳지 않다. 왜냐하면 이들은 유아세례 자체를 인정하지 않기 때문이다. 스위스 형제단에게 있어 세례란 전통적 의미에 있어서의 성례라기보다 제자로서의 순종의 상징이었다. 그들은 세례는 하나님의 말씀에 의해 회개하고 그의 마음이 변화하며, 그 결과로 새로운 생을 살아가기 열망하는 자에게 시행되어야 한다고 보았다.

국가관

재세례파는 국가는 "이 세상 나라"(kingdom of this world)에 속했다고 보아 이 세상과의 관계에서 분리주의적 입장을 취했다. 이들이 교회와 국가를 분리하는 것은 소위 그리스도의 나라와 이 세상 나라를 구분하는 두 왕국 개념에 기초한 것이다. 이런 견해는 교회와 국가를 대립의 관계로 보고 있음을 의미한다.

재세례파는 로마서 13장에 근거하여 세속정부가 하나님께 복종하는 데 반대하지 않는 한 그리스도인들은 세속정부에 복종해야 한다고 주장했다. 그러나 세속정부가 이들을 탄압, 박해하고 양심의 자유를 유린할 때 이들은 보다 높은 소명(higher calling)에 순종하기 위해 세속정부에 불순종할 수밖에 없다고 하였다. 이들은 개인의 신앙과 양심이 국가에 의해 속박될 수 없고 하나님 아래서 자유로워야 한다고 주장하여 국가의 권위를 하나님의 말씀에 대한 종속적 권위로서 인정한 것이다.

이들의 대표적인 신앙고백서인 '슐라이트하임 신앙고백서' (Schleitheim Confession, 1527)는 국가관의 문제에 대해 3가지를 말하고 있다. 즉 첫째, 선을 방어하고 보호하기 위하여 그리스도인은 악한 자에 대항하여 검을 사용할 수 있는가? 둘째, 그리스도인들이 세속적인 일에 대해 불신 법정에 설 수 있는가? 셋째, 그리스도인이 세속정부의 위정자가 될 수 있는가 하는 문제를 제기하였다. 이 세 질문에 대하여 "그리스도께서 그렇게 하지 않으셨다… 그러므로 우리도 그렇게 해야 한다"고 하여 세 질문에 대해 부정적인 해답을 제시했다. 즉 그리스도인은 이 세상에 있으나 이 세상의 시민이 아니요 하늘의 시민이라는 점이 이 해답을 함축해 준다.

이들은 중생한 자가 '신자의 세례'를 통해 교회의 회원이 되고, 회원이 된 자는 산상수훈을 문자적으로 지켜야 한다고 보았다. 뿐만 아니라 이들은 무저항적이고 평화주의적인 삶을 지향하였다. 로마의 탄압과 박해 하에서 비폭력적 입장을 견지했던 초대교회의 전례를 따르려고 했다. '슐라이트하임 고백서'와 훗터파의 '대 신조서'에는 검을 사용해서는 안 된다고 선언하고 있다.

메노 사이먼스(Meno Simons)는 진일보하여 중생한 신자는 싸움으로 남을 속박하거나 전쟁에 참가해서는 안 된다고 보아 메노나이트파는 집총과 병력의무를 기피하였다. 이런 점에서 이들은 평화주의 (Pacifism)와 반전사상의 근대적 선구자들이라고 할 수 있다.[66]

---

[66] H. S. Bender, "The Pacifism of the Sixteenth Century Anabaptist," *Church History*, xxiv (1955), 119-131.

제7장

지상의 평화를 꿈꾼 이상주의자들:
메노 사이먼스와 메노나이트 교회

앞에서 언급했지만 재세례파는 각기 다른 역사적 배경을 지닌 여러 부류로 형성되었지만 대체적으로 무저항적인 비폭력 평화주의자들이었다. 그 대표적인 종파가 메노나이트였다.

메노 사이먼스로부터 시작된 메노나이트(Mennonite)들은 어떤 상황에서도 폭력이나 전쟁을 반대하는 절대 평화주의자들이었다. 그래서 윌리엄스 교수는 메노나이트를 혁명적이었던 멜키오르 호프만이나, 정숙주의적인 존 뎅크(John Denk) 등과는 달리 '복음적인 재세례파'로 분류했다. 메노나이트는 산상수훈의 가르침을 문자적으로 따르려는 제자도를 강조하면서 어떤 형식의 긴장이나 불화, 대결이나 폭력, 혹은 전쟁을 반대한다.

평화사상은 크게 두 가지로 분류되는데 상대평화주의와 절대평화주의가 그것이다. 상대평화주의는 평화를 애호하고 평화를 지향하지만 적(敵)이 선제공격을 감행하였을 경우에는 인명과 재산을 지키기 위해 불가피하게 응전할 수밖에 없다는 입장이다. 이럴 경우 그 응전은 정당성을 지닌다는 입장이었다. 그러나 절대평화주의는 설사 적이 선제공격을 감행한다 할지라도 폭력으로 응전하지 않고 무저항적인 길을 가는 입장을 말한다.

메노나이트교회와 그 신도들은 절대평화주의 사상의 신봉자들로서 이 신념을 지키기 위해 집총과 군복무를 반대했고, 바로 이런 이유 때문에 박해를 피할 수 없었다. 따라서 이들은 모든 것을 포기하고 오직 한 가지, 곧 저들의 양심을 지키기 위해 이민의 길을 택했다. 이들의 삶의 방식은 오늘과 같은 끊임없는 미움과 시기, 대립과 갈등, 폭력과 전쟁의 와중에서 우리의 관심을 끌고 있다.

그렇다면 메노 사이먼스는 어떤 인물이었으며, 그로부터 시작된 메노나이트 교회는 어떤 교회일까? 그리고 저들의 중요한 교의는 무엇이며 그들의 주된 활동은 무엇이었을까? 이런 관심을 가지고 우선 메노 사이먼스의 생애 여정을 정리해 두고자 한다.

1. 메노 사이먼스의 생애 여정

이스텝은 16세기 재세례파 인물 중에 메노 사이먼스 만큼 위대한 인물이 없었다고 평가했다.[67] 화란에서의 재세례파의 역사를 말할 때 메노 이전과 메노의 활동기, 메노 이후 시기로 나눌 만큼 그의 영향력은 지대했다. 이렇게 본다면 화란의 재세례파가 메노파, 곧 메노나이트로 불린 것은 결코 우연이 아니다. 메노 이전에도 화란에 재세례파들이 있었지

---

[67] Estep, 114.

만 메노가 재세례파에 가담한 것은 화란의 재세례파의 신기원을 이루는 일이었다.

메노 사이먼스(1496-1561)는 컬럼부스에 의해 북미 대륙이 발견된 지 4년 후인 1496년[68] 북해에서 멀지 않은 유럽대륙의 북서쪽 끝에 위치한 네델란드 북부지역인 서 프리즈란드(West Friesland)주 위트마르슴(Witmarsum)의 농부의 아들로 출생했다. 그의 초기 생활에 대해서는 별로 알려진 것이 없다. 그의 아버지 사이먼스는 아들의 이름을 메노라 하여 메노 사이먼스로 불렀는데, 그 당시의 관습으로 말하면 사이먼스의 아들(Simon's son)이라는 뜻이었다. 아버지는 그가 신부가 되길 원했으므로 아들을 인접한 도시 볼스워드(Bolsward)의 프란체스코(Franciscan) 수도원에 보냈다. 메노는 이곳에서 수도사가 되는 데 필요한 훈련을 받았고, 이 기간 동안 라틴어와 헬라어를 배웠다. 그는 특히 터툴리안, 키프리안 등과 같은 라틴교부들의 작품과 유세비우스의 작품들을 접했다. 이런 작품들이 그의 사상적 형성에 영향을 준 것은 사실이지만 가장 큰 영향을 준 것은 성경이었다. 그가 신부로 임직된 후 2년이 되기까지 성경을 읽는 것이 금지되어 있었다. 그가 아는 것이라고는 겨우 미사를 집례하는 데 필요한 정도에 불과했다.

---

[68] 메노의 출생연도에 대해서는 이견을 보여 왔다. de Hoop Scheffer는 메노의 딸의 언급에 기초한 연대 산정을 통해 메노의 출생연대를 1492년으로 보았다(*Doopsgezinde Bijdragen* 1864, 124-134). 그래서 화란의 메노나이트들은 메노 출생 400주년 기념행사를 1892년에 시행한 바 있다. 그의 출생연도에 대한 논의는 20세기 초엽까지도 확정되지 못했다. K. Vos는 그의 *Menno Simons*, 1496-1561 (Leiden, 1914, 166-188)와 *Doopsgezinde Bijdragen*, (1912, 14-30)에서 메노의 출생연대를 1496년으로 보았는데, 후자의 견해가 대부분의 학자들, 예컨대, Kuehler, Horsch, Krahn 등에 의해 보다 정확한 것으로 인식되어 왔다. 그러다가 1914년에 와서 메노의 최초의 진정한 전기 작가인 Karel Vos에 의해 메노의 출생연도가 1496년인 것으로 확증되었다. Krahn은 G. Faber에 대한 메노의 논쟁적인 작품의 초판본이 발견되면 출생연도의 정확성을 확인할 수 있을 것으로 보았다(Krahn, *Menno Simons*, 16).

메노는 28세가 되던 1524년 3월 화란 우트레히트에서 신부로 임직했다. 그의 첫 사역지는 그의 고향 위트마르슘 옆의 도시인 핑즘(Pingjum)의 교구신부였다. 메노가 신부로서의 삶을 시작하는 1525년은 콘라드 그레벨(Conrad Grebel)이 그의 동료들과 함께 취리히에서 재세례파운동을 시작할 때였다. 그가 비록 신부로서 미사를 집례하고 교회적 의식을 주도하며 가르쳤으나 내면적으로는 '화체설' 교리에 의문을 가지기 시작했다. 아마도 이 때 그는 루터나 다른 개혁자들의 가르침을 접했던 것으로 보인다. 화란인 호엔(Hoeen)이 이미 1521년에 천주교의 '화체설'을 부인하고 '상징설'을 말했던 것을 보면 메노가 개혁자들의 사상을 접했을 가능성이 높다. 메노가 호엔의 글을 읽었는지에 대해서는 분명하게 알 수 없으나 이미 이때 벌써 개혁자들의 영향력이 화란 북부지역에까지 미치고 있었음을 알 수 있다. 어떻든 메노 사이먼스는 핑즘에서 7년간(1524-1531) 일했다. 그 후 그의 고향 위트마르슘에서 로마교의 사슬에서 분연히 떠날 때까지 5년간 일했다. 곧 그는 12년간 로마 가톨릭의 사제로 일했다.

로마교 신부로서 12년의 기간은 그의 외적인 삶에서 볼 때 평범한 신부로서 종교적 의식과 관행을 수행하는 것에 불과했다. 자신이 고백했듯이 "그 당시의 풍조에 따라 카드놀이를 즐기고, 술을 마시고, 여러 종류의 경건치 못한 일"에 탐닉해 있었다.[69] 그러나 그의 내면의 세계에는 로마교의 교리와 그 가르침, 그리고 그 종교적 의식과 관행이 정당한 것인가에 대해 심각한 갈등을 겪었고, 양심의 채찍에 시달리고 있었다.

---

[69] John Horsch, *Menno Simons's Life and Writings* (Scottdale: Mennonite Publishing House, 1936), 2. 메노 사이먼스의 생애 여정에 대한 정보는 주로 이 자료에 근거하였다.

메노는 교리문제, 특히 미사의 부당성에 대해 고심하다가 신약성경 연구를 통해 이를 해결하려고 결심했다. 이런 결심은 메노의 생애의 커다란 발전이었다. 왜냐하면 이 성경연구가 그로 하여금 천주교의 사슬에서 홀연히 떠나게 했고, 또 종교개혁의 근본원리인 하나님의 말씀의 유일한 권위를 깨닫게 했기 때문이다. 메노가 의문시되던 문제를 해결하기 위해서 성경을 연구하기로 했다고 해서 그가 처음부터 로마교회의 권위를 부인하고자 한 것은 아니었다. 도리어 교회가 가르치는 주장을 스스로 확인해 보고자 했을 뿐이다.

그러나 그의 진지한 성경 연구는 미사에 대한 성경적 근거를 찾을 수 없었다는 점이다. 미사의 부당성을 깨닫게 된 그에게 있어서 문제는 자명해졌다. 그는 신앙문제에 있어서 궁극적으로 교회의 가르침을 받아들일 것인가, 아니면 성경의 가르침을 따를 것인가를 결정하지 않으면 안 되었다. 당시 로마교는 교리에 대한 불신은 영원한 형벌이라고 가르쳤으나, 사람이 만든 계명에 대한 불순종이 인간을 영원한 형벌을 줄 수 없다는 루터의 가르침은 메노에게 큰 위안이 되었다. 실지로 메노가 루터의 어떤 글을 접했는가는 불확실하지만 대체로 루터가 1518년에 썼던 소책자 『몇 가지 조항에 대한 교훈』(Instruction on Several Articles)이나 1520년에 썼던 『기독자의 자유』(On the Freedom of Christians) 중의 하나로 알려져 있다.[70] 이제 메노는 루터의 가르침을 받아들이고 화체설을 부인하게 되었다. 그러나 미사에 대해서는 루터의 입장을 받아들이지 않고 자신의 고유한 성만찬관을 발전시켰다. 이런 점에서 그는 루터파(Lutheran)가 되지 않았다.

---

[70] John Horsch, *Menno Simons' Life and Writings* (Scottdale: Mennonite Publishing House, 1936), 4.

메노가 성경의 가르침을 따르기로 결심하게 이른 것은 1528년으로 짐작된다. 비록 메노가 미사에 대한 새로운 견해를 가졌다 해도 즉각적으로 로마교회를 떠나고자 하지는 않았다. 그는 다른 개혁자들이 그러했던 것처럼 로마교회의 충직한 사제로 남아 있으면서 미사에 대해서만은 자신의 견해를 가르칠 수 있을 것으로 보았던 것이다. 메노는 아직 당시의 보장된 지위를 버릴 만큼 영적으로 선명하지는 못했던 것으로 보인다. 그러나 1528년에서 1531년 어간에 그의 삶에 분명한 변화가 나타났다. 그는 이 기간 동안에 자신의 표현처럼 "주의 조명과 자비하심 가운데서 성경에 대한 이해가 깊어 갔고, 점차 복음적인 설교자로 간주되기 시작하였다."[71]

미사와 더불어 또 한 가지 중요한 문제가 유아세례의 문제였다. 자신은 이미 유아세례를 집례했으나 성경을 연구하는 중에 유아세례 또한 성경적 근거가 없다는 확신을 갖게 되었다. 이런 그의 유아세례에 대한 관심에 영향을 준 것은 루바르덴(Leeuwarden)에서 발생했던 직 스나이더(Sicke Snyder)의 처형사건이었다. 직 스나이더는 유아세례를 받았던 인물이지만 이를 부인하고 재세례를 받았다는 이유만으로 참수형을 당했던 것이다. 당시 유아세례는 의무였고, 이것을 구원의 필수조건으로 가르치고 있었다. 라틴어 성경을 처음부터 꼼꼼하게 읽던 그는 "어린아이들이 내게 오는 것을 금하지 말라. 천국은 이런 자의 것이니라"는 말씀을 통해 세례와 관계없이 천국은 선물로 주어지는 것임을 확인하게 되었다. 무엇보다도 메노는 신약성경에서 유아세례를 준 경우나 이를 구체적으로 명한 사실이 없다는 점에 유의하게 되었다.

---

[71] Ibid, 6.

이런 과정을 거쳐 메노는 그 자신이 속했던 천주교회의 가르침이 성경에서 떠나 있다는 분명한 확신을 갖게 되었고 1536년 1월 로마 가톨릭을 떠났다. 그는 박해를 피해 그로닝겐(Groningen)으로 도피했고 이곳에서 은거해 있으면서 오베 필립스(Obbe Philips, c. 1500-1568)에게 재세례를 받았다. 그래서 1536년 1월은 그의 생애 여정에서 중요한 전환기였다. 메노는 오베 필립스에게 세례를 받은 후 재세례파 혹은 오베파(Obbenites)로 알려진 오베 필립스의 모임에 가담하기 시작했다. 오베 필립스는 그의 동생 덕 필립스(Dirk Philips)와 함께 네덜란드의 재세례파 지도자로서 온건하고도 평화주의적인 인물이었다.

참고로 설명한다면 네덜란드에서 최초로 재세례교 신앙을 공개적으로 소개한 인물은 멜키오르 호프만(Melchior Hofmann)이었다. 모피상인 출신인 그는 루터의 열성적인 지지자였고 루터의 후원을 입기도 했으나 그의 과격한 종말사상은 루터의 신임을 얻지 못했고 결국 그는 1530년 루터파와 결별했다. 그 후에는 스트라스부르크에 있는 쯔빙글리파에 가담했으나 여기서도 곧 결별하고 엠덴, 스트라스부르크, 네덜란드, 북부 독일 지방을 순례하며 성경에 대한 환상적인 해석과 종말론적 천년왕국 사상을 전파하고 다녔다.

그는 1533년 재림의 임박성에 대한 확신을 갖게 되었는데, 한 재세례 신도의 거짓 예언을 듣게 되었다. 즉 그가 반년 간 투옥되어 있다가 석방되어 그리스도의 재림에 있어서 엘리야와 같은 역할을 할 것이라는 예언이었다. 호프만은 이것을 주님께서 주시는 예언으로 받아들였다. 그런데 그가 투옥되지 않자 일부러 소요를 일으켜 스트라스부르크의 감옥에 갇히게 되었다. 예언과는 달리 투옥기간이 길어졌고 그는 결국 그 감옥에서 죽었다. 이때가 1543년, 곧 육 개월이 지나면 감옥에서 풀려 나와 위대한 일을 감당하리라는 기대를 안고 기쁨으로 감옥에 들어간 지 10년이 지난 때였다.

그가 투옥되어 있는 동안 그의 영향을 받은 열광주의자 얀 마티스(Jan Matthys)와 라이덴의 얀에 의해 뮌스터에서는 엄청난 소요가 일어났고 폭력이 난무하였다. 이곳에서 대 학살이 빚어졌고, 결국 뮌스터 사건은 재세례파에 대한 부정적인 선입견을 갖게 하는 비극적인 사건이었다.

바로 이런 경험 때문에 오베 필립스는 비폭력적, 반 뮌스터적인 재세례파를 지향하는 대표적인 인물이 되었다. 말하자면 오베와 동생 덕 필립스는 혁명적인 인물들과는 달리 온건하고도 평화를 사랑하는 성경적인 재세례파 집단을 이끌어 갔던 것이다. 바로 이런 시점에서 메노는 재세례를 받았고 그의 인격과 목회자적 능력, 그리고 온화한 지도력에 의해 화란에서 재세례 교도들의 지도적 인물로 성장해 갔다. 특히 그는 뮌스터의 광란 집단과는 분명히 다른 바른 신앙의 수호자라는 평판을 얻어가고 있었던 것이다.

메노는 주로 화란과 독일 북부지방에서 활동했고, 이곳에서 메노파의 교회가 설립되었는데, 그 중심지는 화란 북부의 그로닝겐(Groningen)과 독일의 서북부 엠덴(Emden) 및 레어(Leer) 등지였다. 이 지역은 프리즈란드에 속한 지역이었다. 메노 사이먼스에 의해 시작된 메노나이트들은 화란에서는 doopsgezinden(baptism-minded)라고 불렀다. 메노는 수배를 받으며 도피하는 생애를 살았으나 후일 독일에서 안식처를 얻어 재세례 신앙을 가르치며 저술하다가 그의 나이 65세 때인 1561년 1월 31일 세상을 떠났다.

2. 저작과 사상, 메노나이트 교회의 정신

메노는 1539년 『기독교의 침례』(Christian Baptism), 1540년에는 『기독교 교리의 기초』(Foundation of Christian Doctrine), 1951년에는 『진정한 그리스도교 신앙』(The Christian Faith)를 썼다. 이 3 작품은 그가 북부화란에서 활동하던 기간에 쓴 책들이다. 이 책들은 재세례교도들의 신앙을 해명한 작품으로서 특히 저들의 교회관과 세례관을 헤아릴 수 있는 귀중한 문헌이다. 특히 『기독교 교리의 기초』는 광범위하게 읽혀진 작품인데, 메노가 가르치는 교의는 뮌스터의 재세례 집단과는 다르다는 점을 지적하고, 성경에 대한 바른 교리를 가르치려는 의도에서 저술되었다. 이 책은 성경에 대한 메노의 해박한 지식을 보여주고 있고, 동시에 그가 교부들과 유세비우스의 작품에 대해서도 상당한 지식을 소유하고 있었음을 보여준다.

1554년 위스마(Wismar)에서 『겔리우스 파버에 대한 반박문』[72]을 썼다. 로마 가톨릭 신부였던 파버(Gellius Faber)는 메노와 같은 해에 로마교를 떠난 인물인데, 2년 전에 쓴 책에서 재세례파를 혹독하게 비판했던 인물이다. 메노가 회심한 지 18년 후에 쓴 이 책은 자신의 신앙여정과 제세례교도의 교의를 언급한 변증적인 기록이라고 할 수 있다.

메노에게 있어서도 중요한 한 가지는 사도적인 본래의 기독교, 아니 산상수훈에서 가르쳤던 그 진정한 기독교에로 복귀였다. 휘브마이어의 방식으로 표현하면 메노는 "인간이 만든 교리의 진흙 구덩이와 시궁창

---

[72] 원제는 Een klare beantwoordinge, over een schrift Gellii Fabri (A Clear Reply to Gellius Faber) 이다.

에서 벗어나 신앙과 교회질서의 진정한 뿌리인 신약성경으로 돌아가고자 했다." 일반적으로 메노나이트 교도들은 성경에 기초한 평화주의자들(Bible-centered pacifists), 예수 그리스도의 용기 있는 추종자들, 순교하기까지 종교적인 양심을 소중히 여기는 자들로 알려져 왔다.

이들의 이념 혹은 정신이라 할 수 있는 점을 필자 나름대로 세 가지로 정리해 보고자 한다. 첫째, 신교(信敎)와 양심의 자유를 고양했다는 점이다. 이것은 근대적 의미의 자유교회(Free church) 운동의 기원이 된다고 할 수 있다. 메노나이트들은 신교의 자유는 물론 양심의 자유를 강조하였는데, 이는 어떤 국가권력으로도 재제할 수 없다고 보았다.

사실 어거스틴은 누가복음 14장 23절, "길과 산울가로 나가서 사람을 강권하여 데려다가 내 집을 채우라"는 말씀에 근거하여 국가권력이 이단을 억제할 수 있다는 이론(*Compelle intrare*)을 폈는데, 이 이론이 남용되어 중세기에 무수한 이단색출과 종교재판의 이론적 근거가 되기도 했지만, 메노나이트들은 이런 국가권력이 신교(信敎)나 양심의 자유를 억제해서는 안 된다고 보았다. 이들로부터 소위 플루랄리즘(pluralism), 곧 종교적 진리의 복수주의 사상이 발현했다고 볼 수 있다. 이 말은 기독교 신앙문제에 있어서 한 주장만이 아니라, 다른 주장도 동시에 옳을 수 있다는 점을 승인하는 것으로서, 이는 어느 한 기독교 종파만이 절대적인 진리이고 다른 모든 것은 이단이라는 중세기적 사고유형에 변화를 가져왔다. 이것은 현대의 '자유' 개념 형성에도 크게 기여했다. 뿐만 아니라 한 지역 주민 개개인의 의지와 관계없이 유아세례를 통해 자동적으로 포함되는 국가교회 체제와는 달리 '신자의 세례'를 통해 회원이 되는 구별된 교회를 주장했다. 그래서 이들은 국가와 종교의 분리라는 현대적 개념을 고양하는 데 기여했다고 평가할 수 있다.

둘째, 비폭력 평화사상이다. 호프만(Melchior Hoffmann)이나 토마스 뮌쩌(Thomas Müntzer) 등은 폭력을 용인하고 과격한 혁명사상을 주창했으나 메노나이트는 세계의 평화를 꿈꾸는 이상주의자들이었다. 그들은 산상수훈을 문자적으로 지키려고 힘썼고, 그 숱한 박해와 탄압에도 무력이나 폭력으로 대항하지 않고 비폭력을 지향했다. 때리면 맞고, 박해하면 피했지 박해자와 분쟁하거나 다투지 않았다. 메노 사이몬즈는 1550년에 이렇게 말했다. "성령으로 다시 태어난 사람들은 전쟁에 참여하지 않고 분쟁하지 않는다. 그들은 칼을 보습으로, 창을 낫으로 만드는 평화의 자녀들이다. 그리고 그들은 어떠한 전쟁도 알지 못한다. 아! 슬프다! 인간의 피를 돼지의 피와 동등한 가치라고 생각하는 사람들에게 우리는 창과 칼을 남겨두고 간다."

메노의 평화사상은 예수님의 가르침과 사도시대 교회의 가르침에 대한 복종이었다. 그들은 살상의 도구인 집총을 거부하였고, 출정을 거부하는 절대평화주의자들이었다. 어거스틴에서 루터, 칼빈으로 연결되는 주류의 교회 혹은 종교개혁자들은 선재공격은 반대하지만, 방어적 전쟁은 불가피하다는 상대 평화주의자들이었다. 그러나 메노나이트들은 어떤 경우에도 전쟁을 반대하고, 방어적 전쟁이나 소위 평화정착이란 이름의 불가피한 전쟁도 반대했다. 그들은 이 신념을 지키기 위해 화란에서 러시아로 그리고 북미 대륙으로 이주했고, 미국의 케네디행정부 하에서는 '평화봉사단' 운동을 지원했다.

존 호시(Jonh Horsch)는 이 시대의 비폭력정신을 고양한 중심인물이다. 충실한 메노나이트 신자였던 그는 당시 독일정부가 요구하는 군 복무에 응할 수 없었다. 이것이 19세였던 그가 독일을 떠나 미국으로 이주하게 된 이유였다. 말하자면 메노나이트들은 평화를 향한 먼 길을 향해 인내하며 자기 희생의 길을 갔던 것이다. 그들의 반전(反戰) 평화사상은 오늘의 국제적인 분쟁의 와중에서 숭고한 감동을 주고 있다.

셋째, 사랑과 봉사이다. 사랑과 구제를 강조하는 이들이 즐겨 인용하는 성경은 요한일서 3장 16-18절이다. "그가 우리를 위하여 목숨을 버리셨으니 우리가 이로써 사랑을 알고 우리도 형제들을 위하여 목숨을 버리는 것이 마땅하니라 누가 이 세상 재물을 가지고 형제의 궁핍함을 보고도 도와줄 마음을 막으면 하나님의 사랑이 어찌 그 속에 거할까 보냐 자녀들아 우리가 말과 혀로만 사랑하지 말고 오직 행함과 진실함으로 하자."

메노나이트 교회는 사랑의 실천을 강조한다. 그것은 특별한 선행이 아니라 그리스도인의 당연한 의무라고 생각한다. 그들은 남을 돕는데 인색하지 않고, 필요로 하는 사람을 돕는데 있어서는 피아(彼我)의 구별이 없다. 비록 적(敵)이라 할지라도 주린 자에게는 먹을 것을 주고, 헐벗은 자에게는 입을 것을 주는 국경 없는 봉사와 실천을 강조한다.

16세기의 덕 필립스(Dirk Philips, 1502-1568)의 경우는 메노나이트의 정신을 간명하게 보여주는 감동적인 사건이다. 화란의 신부 아들로 출생한 필립스는 라틴어와 헬라어 히브리어에 능통했고, 초기 메노나이트 신학자였다. 그는 형인 오베나 메노 사이먼스처럼 뮌스터파의 폭력적이고 혁명적인 사상을 강하게 반대하는 평화주의자였다.

재세례교도라는 이유로 투옥되어 있던 그가 탈출하여 간신히 얼음 덮인 강을 건너가고 있었다. 이 때 관헌이 그를 추적해왔다. 그러나 뒤따라오던 관헌은 얼음이 깨지면서 강에 빠지게 되자 살려달라고 소리쳤다. 도망가던 덕 필립스는 돌아와서 그를 구해 주었다. 자신의 위험을 무릅쓰고 익사 위기에 있던 관헌을 구해 주었던 것은 원수까지도 사랑해야 한다는 예수님의 가르침을 실천하기 위해서였다. 그 관헌은 자신을 체포하기 위해 쫓아오는 자였으나 위험한 그를 외면하지 않았던 것이다. 그러나 적에게 사랑을 베푼 대가로 그는 다시 체포되었고, 그는 결국 화형에 처해졌다. 이때가 1568년이었다. 그가 재세례를 베풀었다는 한 가지 이유 때문이었다.

메노나이트 교도들은 남을 돕고, 섬기는 일을 그리스도인의 기본적 사명으로 여긴다. 이들은 남을 돕기 위해 자신은 검소한 삶을 지향한다. 자신에 대해서는 인색하게 살면서도 가난하고 핍절된 이웃을 위해 봉사하기를 기뻐한다. 그래서 그들은 세계 각국에 구호물자와 봉사인력을 파송하고 있다. 이들은 한국전쟁 이후 1960년대 말까지 약 20여 년간 대구, 경북지방에서 구호사업과 교육 사업을 수행했고, 지금은 북한을 비롯한 여러 나라에 구호물자를 보내고 있다.

3. 자유의 나라로

메노파 교도들은 재세례를 주장한다는 이유 때문에 로마 가톨릭이나, 루터, 쯔빙글리, 그리고 칼빈 등 주류의 개혁자와 그 집단으로부터 끊임없는 탄압을 받았고, 집총을 거부하고 전쟁을 반대한다는 이유로 수많은 박해를 받았다. 이들은 배신자들(traitors)이며, 이단적(heretical)인 반역(rebellious) 집단으로 간주되기도 했다. 1529년 제2차 스파이에르 제국의회(Diet of Speier)가 모든 메노파 신자들은 심문의 과정 없이 처단토록 했을 때 상황은 더욱 심각했다. 코렐(Correll)에 의하면 16세기에만 약 5천명이 죽임을 당했다. 메노파가 집총을 거부하고 맹세치 않는 것은 거듭된 오해와 탄압의 요인이었다.

결국 저들의 신앙과 양심을 지킬 수 있는 나라로의 이민은 불가피 했다. 탄압받던 화란의 메노나이트들은 폴란드 비스툴라 델타(Vistula Delta)에 안식처를 찾고 그리고 이주하였다. 그러나 그곳도 그들의 안전한 삶을 보장해 주지 못해 그들은 다시 러시아의 우크라이나로 갔고, 그곳 역시 안식을 누릴 수 없게 되자 다시 미국과 캐나다로 이주하게 된 것이다.

스위스의 메노나이트들도 마찬가지였다. 이들은 얼마동안 팔라티나테(Palatinate)와 알사스 로렌(Alsace-Lorraine) 지방에 살다가 이들은 남부독일의 메노나이트들과 함께 펜실바니아로 이주하였다.[73] 이 양 이민자 그룹들은 이곳에서 미국과 캐나다로, 그리고 멕시코, 파라과이 그리고 브라질로 신앙의 자유를 찾아 순례자의 길을 갔다.

메노나이트들의 미국으로의 첫 이민은 1683년과 미국혁명 사이에 시작되어 첫 이주지가 펜실베니아 저먼 타운(Germantown)과 몽고메리(Montgomery), 체스터(Chester), 란카스터(Lancaster), 그리고 벅스(Bucks) 등 지역이었다. 두 번째 시기가 1820-1860년대인데, 이 기간 동안 남부 독일과 스위스에서 온 메노파들은 오하이오, 인디에나, 일리노이스, 아이오와, 그리고 캐나다 온타리오에 정착했다. 세 번째 기간이 1873-1880년대인데, 푸르시아(Prussia)와 러시아에서 온 메노파들이 미

---

[73] 17세기 말 스위스와 알사스(Alsace) 지방 메노파 사이에는 견해차가 제기되어 결국 교회분리로 나타났다. 문제는 교회의 치리(church discipline)와 일반적인 자유 경향(liberal tendence)이었다. 제이콥 암만(Jacob Amman)은 보수적 그룹의 지도자였고, 한스 라이스트(Hans Reist)는 반대측의 지도자였다. 보수적 그룹은 1693년 메노나이트에서 분리하여 지도자인 암만의 이름을 따라 아미쉬라고 불리게 되었다. 스위스와 알사스 지방의 아미쉬들은 점차 로레인, 남부독일, 그리고 다른 유럽의 나라로 옮겨갔고, 후일 미국으로 이주하여 1727-1750년대에 펜실베니아주 Berks, Chester, Lancaster 지방에 정착하였다. 이곳에서 점차 오하이오, 인디아나 주로 이주하였다. 1820-1860년대에는 더 많은 아미쉬들이 알사스-로렌 지방, 바바리아(Bavaria), 헤세-담스탓트(Hesse-Darmstadt)에서 이주하여 오하이오주의 Butler, Fulton, Wayne 지방을, 그리고 아이오와와 일리노이스 지방으로 이주하였다.

네소타, 다코다, 네브라스카, 캔자스 주에 정착했다. 캐나다의 경우 마니토바(Manitoba)에 정착했다. 마지막 이주가 1917년부터 시작되었는데, 러시아에서 온 메노파들은 주로 캐나다에 정착했다. 저들은 삶의 터전과 재산을 포기하고 신앙과 자유를 선택해 빈손으로 북미대륙으로 갔던 것이다.

과거나 지금이나 메노나이트들이 묻는 질문은 두 가지였다. 첫째는 우리가 가진 신앙을 지킬 수 있도록 우리를 받아 줄 것인가 하는 질문이었고, 다른 한 가지는 우리를 용인하는 그 사회를 우리가 받아들일 수 있을 것인가?(Will we be accepted as we are and can we accept the society that tolerates us?) 하는 질문이었다.

4. 맺는 말

1960년대 이후 메노파를 비롯한 급진적인 개혁운동에 대해 새로운 평가가 일고 있다. 이들에 대해 긍정적으로 보는 이들은 말할 것도 없이 이들의 역사와 신학을 계승하고 있는 후예들, 곧 메노나이트 학자들과 또 역사적 배경을 공유하는 침례교 학자들이다. 그 대표적인 인물이 월터 클라센(Walter Klaasen)이나 오스터반(J. A. Oosterbaan), 헐시베르거(Guy F. Hershberger)과 같은 이들이다. 이들은 재세례파의 개혁을 '우익' 이나 혹은 '좌익' 이라고 말하는 것은 어느 한 '날개' 를 강조하는 극단적인 형태로서 정당하지 않다고 본다. 도리어 이 개혁운동은 "새로운 형태의 기독교 신앙 혹은 기독교적인 삶을 보여주는 운동" 으로서 "종교개혁의 개혁" 이며, "로마교에 대한 개혁의 개혁" 이라고 이해한다.[74] 최

---

[74] Walter Klaasen, *Anabaptism: Neither Catholic Nor Protestant* (Walter: Conrad Grebel

근에는 윌리엄 에스텝(William Estep), 아놀드 스나이더(C. Arnold Snyder) 등에 의해 보다 진전된 연구서가 출판되었다.

재세례교도가 아니지만 조지 윌리암스(George Williams), 프랭클린 리텔(F. Littell), 로날드 베인톤(R. Bainton) 등과 같은 저명한 학자들은 이들의 역사와 이념에 대해 호의적인 입장을 보여주는 논저들을 출판했다.

메노나이트 교회는 비록 교리적인 문제에 있어서는 장로교회를 비롯한 다른 개신교회와 차이점이 있다. 구약보다는 신약을 중시하고, 삼위일체에 대해서도 견해를 달리한다. 국가와 교회의 완전한 분리, 평화주의 이념도 저들의 특징이다. 특히 이들이 유아세례를 반대한다는 이유 때문에 이들은 로마 가톨릭과 개혁자들, 그리고 국가권력으로부터 끊임없는 탄압과 박해를 받아왔고, 지난 4백여 년 동안 무시되거나 경시되어 왔다. 그러나 그들의 가르침은 오늘까지 계속되고 있고, 이들이 보여준 고귀한 비폭력 평화사상은 끊임없는 전쟁과 폭력의 와중에서 공존(共存)과 상생(相生)의 가치를 일깨워주고 있다.

메노 사이먼스와 그 후예들이 그리스도인들의 삶의 양식을 이처럼 진지하게 문제시하고, 저들 나름대로 이해한 원시교회의 이념을 굳게 지키며, 신앙과 양심의 자유를 위해 순교자적 삶을 추구한 점은 오늘 우리에게도 진한 감동을 준다.

현재 전 세계적으로 흩어져 있는 메노나이트 교도들은 약 100만 명으로 추산되는데, 약 60개국에 산재해 있다. 이중 미국에 30만, 콩고에 18

---

ress, 1973), J. A. Oosterbaan, "The Reformation of the Reformation: Foundamentals of Anabaptist Theology," *The Mennonite Quarterly Review* 51(1977), 176.

만, 캐나다에 13만, 인도에 9만, 인도네시아에 6만, 에디오피아에 6만 7천, 독일에 4만 명이 살고 있다.[75]

---

[75] Merle Good ed., *What Mennonites Are Thinking* (Intercourse: Good Books, 1998), 29.

제8장

기독교와 평화, 평화교육

평화(平和, peace)는 인류가 추구해 온 가장 고상한 가치였다. 그러나 그것은 지상에서 실현할 수 없는 가장 난해한 과제였다. 인류는 거듭된 전쟁과 폭력, 인명 살상과 상실, 자연의 파괴와 같은 엄청난 재난을 경험했다. 1차 대전과 같은 대규모의 국제적인 전쟁을 경험한 이후 서구에서는 반전(反戰)운동과 반전사상이 일어났고, 평화에 대한 학문적 연구가 시작되었다. 이것은 기독교권에서 계속되어 왔던 평화주의(Pacifism) 사상과 더불어 1920년대 이후 서구사회에서 중요한 사회과학의 한 분야로 발전했다. 그 후 평화학(Peaceology)은 학제간 연구의 주제가 되기도 했다. 제2차 대전 이후 세계 평화에 대한 갈망은 국제연합, UN과 같은 국제기구 창립의 동기가 되었고, 세계교회 협의회(WCC) 또한 평화에 대한 염원에서 발의된 세계교회의 협의체였다. 2차 대전 이후 서구학계에서 평화에 대한 연구는 상당한 발전을 가져왔고, 수많은 연구물들이 출판되었으며, 주요 대학에는 평화연구소나 유관 기관과 기구들이 창립되기도 했다.

특히 2002년 9월 11일의 미국무역센터에 대한 테러사건 이후 폭력의 종식과 평화에 대한 소망은 우리 시대의 더욱 긴박한 요구가 되었다. "우리에게 평화를 주옵소서!"(Dona nobis Pacem). 이것은 우리시대의 갈망이다. 이러한 현실에서 기독교와 평화의 문제를 정리해 보고자 한다.

1. 성경에서 본 평화

'평화'를 칭하는 구약의 중심 어휘는 샬롬(Shalom)이다. 이 샬롬이라는 히브리어는 단순히 전쟁이 없는 상태만을 의미하지 않고, 보다 포괄적인 의미를 포함하고 있다. 즉 건강, 온전한 상태, 질서, 복지, 안녕, 축복, 해방 등 개인과 공동체에서 갈등이나 긴장이 없는 보다 완전한 상태를 의미한다. 그래서 평화는 한마디로 개인과 공동체에 있어서의 최상의 복지와 안녕(wellbeing)의 상태를 의미한다. 구약에서 말하는 평화는 '사회정의'를 포함한다. 불의는 긴장을 유발하고 대립을 일으키며, 결국은 폭력이나 전쟁을 가져오기 때문이다. 그래서 평화와 정의는 함께 가는 동행자이다(시 85:8, 10-11).

신약에서 평화를 칭하는 주요개념은 에이레네(εἰρήνη)인데, 구약의 샬롬처럼 복합적인 의미로 사용되지는 않았다. '연합'이라는 어근에서 나온 이 말의 어의는 전쟁이 없고, 적대관계나 갈등이 해소됨으로써 이루어지는 질서와 조화의 상태를 의미하는 것이었다. 즉 전쟁이나 분쟁의 반대개념(눅 14:32, 행 12:20)으로서 인간 공동체 내의 화합(마 19:34, 눅 12:51, 고전 7:15)으로 이해되기도 한다. 그래서 에이레네는 샬롬처럼 그 의미가 포괄적이지는 않지만 구약의 샬롬과 크게 다르지 않다. 히브리어 구약성경의 헬라어역인 70인역에서는 샬롬이 거의 에이레네로 번역되었다.

이상을 총괄해 볼 때 성경에서 평화는 단순히 전쟁이나 폭력이 없는 소극적 개념이라기보다는 안녕과 복지의 추구라는 보다 적극적인 의미를 지니고 있다고 할 수 있다. 이 평화의 개념을 현실화하고 이를 조직적으로 전개하는 일을 평화운동이라고 부른다.

2. 서구 기독교에서의 평화

서구에서의 평화사상, 혹은 평화운동은 근원적으로 기독교 사상에서 시원(始原)하였고, 발전하였다. "화평케 하는 자는 복이 있나니"의 화평케 하는 자(peacemaker)란 라틴어 pacifici 인데, 이 말은 넓은 의미로 평화를 위해 일하고 투쟁이나 피흘림, 그리고 전쟁을 없애기 위해 싸우는 이들을 의미하지만, 좁은 의미는 군복무를 반대하는 이들을 의미했다. 그런데 이런 반전 이념을 예수님의 가르침에 근거하여 가르치고 실천하는 이들을 기독교 평화주의자라고 부른다.

초기 기독교 공동체는 비폭력 평화주의를 지향했다. 이 점은 하르낙(Harnack), 캐둑스(Cadoux), 헤링(Heering), 헐스버그(Hershberger) 등의 연구를 통해 분명히 제시되었다. 폴리갑(155년경)은 빌립보인들에게 악에게 대항하지 말라는 베드로의 말씀(벧전 2:23)에 순복하라고 했고, 180년경 변증가 아데나고라스는 동일한 취지의 기록을 남겼다. 분명한 증거는 174년 테르툴리아누스의 그리스도인들은 군복무를 할 수 없다는 보다 강력한 권면 속에 나타나 있다. 군인이 신자가 되었을 경우 즉각적으로 군복무를 그만두던지, 순교자가 될 각오를 해야 한다고 보았다. 실지로 신자가 된 이들이 군복무를 포기했다고 했다. 2세기 후반기 이교도 셀수스(Celsus)는 기독교도를 비판하면서 비전(非戰)은 제국의 멸망을 가져올 것이라고 했다. 258년에 순교한 키푸리아누스는 "사람을 죽이는 살인은 범죄로 간주되지만 국가라는 이름으로 행하는 살인은 용기로 간주된다"며 국가의 이름으로 행해지는 폭력이나 전쟁을 비판했다. 4세기 역사가 유세비우스는 기독교인이 군복무를 거부했던 사례를 소개하고 있는데, 막시밀리안(Maximilian)이라는 21살의 누미디아 출신의 청년은 군복무를 거절한 이유로 295년 3월 12일 사형에 처해졌다.

이러한 비전, 반전 전통과는 달리 콘스탄틴의 개종(312년)과 기독교의 공인(313) 이후 기독교는 제국의 종교로 화하면서 엄청난 변화를 겪게 된다. 반전, 평화사상은 힘을 잃기 시작한다. 곧 그 반응이 나타났다. 350년 경 아다나시우스는 "살인은 허용되지 않는다. 그러나 전쟁에서 적군을 죽이는 일은 합법적이며, 칭송받을 일이다"라고 했다. 25년 이후 암브로스는 "야만인들에 대항하여 고향을 지키고, 가정에서 약자를 방어하고, 약탈자로부터 자국인을 구하는 싸움은 의로운 행위"라고 보았다. 이런 과정을 거쳐 어거스틴(354-430) 때 와서 그리스도인의 참전권은 의로운 전쟁론으로 조직적으로 정당화되었다. 기독교가 380년 국가종교가 된 후 기독교의 비저항적 태도는 416년에 와서 완전히 전위되었다. 황제는 모든 군인들은 기독교신자가 되어야 한다고 공표했던 것이다. 이제 군복무와 기독교 신앙 간에는 아무런 충돌도 없었다. 불과 1세기만에 기독교의 입장은 완전히 변화된 것이다. 이것을 헤링은 '기독교의 타락'(fall)이라고 불렀다.

그 후 16세기 종교개혁기에 재세례파 그룹들을 통해 평화사상이 다시 일어나기 시작했다. 313년 이전으로 돌아가는 복귀(restitutio)를 개혁의 이념으로 여겼던 재세례파는 콘스탄틴 이전의 고대교회의 비폭력, 비전사상을 제자적 삶의 당연한 태도로 간주하였는데, 오늘날의 평화운동의 기독교적 전통이 되었다. 북미나 유럽의 경우, 메노나이트, 퀘이커(Quaker), 그리고 형제교회(Brethren Church) 등 '평화를 지향하는 교회들'(Historic Peace Churches)은 평화연구를 보다 근원적으로 성경의 가르침에서 찾는다. 동시에 초대교회의 실천을 근거로 비폭력(non-violence), 화해(reconciliation), 앙 갚지 않음(un-retaliation), 그리고 기독교적 사랑(Christian love)의 실천을 통해 평화를 지향하는 여러 운동을 전개해 왔다. 이런 일련의 운동이 오늘의 절대적 평화주의(absoluter Pazifismus) 사상의 연원이 된다.

3. 평화연구의 전개

한국은 거듭된 외침을 경험하였고, 19세기에는 일본, 러시아, 중국과 같은 인접국 간의 분쟁과 대립 속에서 전화를 경험하였다. 특히 한국전쟁의 참화를 경험하였으나, 우리나라에서는 전쟁과 평화의 문제가 심각하게 연구되지 못했다. 비록 '평화'라는 말은 수없이 사용되었으나 정치적인 구호에 지니지 않았고, 실제적으로 평화에 대한 연구가 심도 있게 이루어지지 못했다. 남북이 대치하고 있는 상황에서 평화공존이나 반전(反戰), 비핵, 비폭력, 혹은 평화에 대한 논구 자체가 반국가적인 책동으로 인식되는 현실에서 평화추구는 반체제적 이념운동으로 간주되기도 했다.

독일의 평화운동가이자 물리학자인 바이재커(Carl Friedrich von Weizäcker)는 "오늘과 같은 과학기술 시대에 있어서 평화란 곧 삶의 조건이다."[76] 고 했는데, 평화는 어떤 것이라고 정의하기 전에 그것이 없으면 생존이 곤란해지는 환경이라고 할 수 있다. 특히 분단 상황에서 남북 간의 상호 적대적 상황에서 평화에의 추구는 우리에게 주어진 난제가 되었다. 이것이 비록 해결하기 어려운 숙제라 할지라도 전쟁이 없는 비전(非戰)과 비폭력, 그리고 평화적 공존은 우리가 추구해야 할 과제가 되었다. 더 나아가서 비무장운동, 반핵운동, 혹은 적대적 미움의 제거, 화해와 공존의식, 지역 간 종교 간의 갈등의 해소를 통해 진정한 '평'(平)과 '화'(和)를 추구해야 한다. 그 한 가지 방법이 평화교육이다.

평화교육은 지상에 진정한 평화를 회복하고 전쟁이나 폭력, 파괴, 갈등과 미움과 시기, 적대적 감정을 치유하고 상호이해와 화해, 화평과 공존, 정의와 사랑을 실천하는 개인과 공동체를 형성해 가도록 하는 일련의 노력이다.

근년에 있어서 평화에 대한 갈망은 특히 제1차 대전을 거치면서 심화되었다. 제1차 대전을 경험한 이후 전쟁이 가져올 수 있는 가공할 만한 폭력과 파괴, 인간상실을 경험하고 국제간의 평화를 모색하는 국제연합을 결성하게 된 것이다. 좀 더 거슬러 올라가보면 1930년대부터 평화에 대한 관심이 고조되는데, 특히 파시즘의 횡포를 경험한 이후 갈등, 전쟁의 원인과 조건, 국가주의 인종차별, 파시즘에 대한 연구가 집중되었다. 그러다가 제2차 대전을 통해 인류 공멸의 위기를 경험하고 국제간 평화 공존을 모색하고 동시에 평화연구를 촉진하는 동기가 되었다.

---

[76] Carl Friedrich von Weizsacker, *Die Verantwortung der Wissenschaft in Atomzeitalter*, Göttingen, 1957.

이 시기의 평화연구는 주로 유네스코(UNESCO)가 중심이 되어 진행되었다. 1948년 창립된 세계교회 협의회(WCC)도 평화에의 이상을 실현하고자 하는 것이 중요한 과제였다. 그래서 창립총회 선언문에는 "분쟁을 해결하는 방법으로서 전쟁은 우리 주 예수 그리스도의 가르침과 양립할 수 없다. 오늘의 국제관계에서 전쟁을 일으키는 것은 신에 대한 범죄요 인간에 대한 멸시다. 전쟁의 문제는 오늘의 그리스도인들에게 심각한 문제를 던진다. 평화에 대한 교회의 책임을 강하게 드러내고 있다"고 말하고 대량파괴를 가져오는 현대의 전쟁은 결코 의로운 전쟁이 될 수 없다고 선언했다.

1950년대 이후는 미소의 군비확장 경쟁, 핵무기 개발 경쟁이 심화되었는데, 제3차 대전 발발의 위험이 제기되자 동서진영의 갈등에 대한 연구가 본격화되었다. 이 시기의 평화연구는 각국의 분쟁해결, 동서의 대립과 긴장해소에 집중되었다. 1960년대 후반에 와서는 그 이전 시대와 다른 평화에 대한 연구가 모색된다. 그래서 이전 시기의 평화연구를 '전통적 평화연구'라고 하는데, 전통적 평화연구는 국제간의 갈등문제나 국내정치에 관련된 갈등문제를 비정치적으로 다룸으로써 갈등해결에 실질적인 도움을 주지 못했다는 반성과 함께 동서 문제에 대한 관심은 남북의 갈등문제, 즉 제1세계 선진사업국가에 대한 제3세계의 종속적 관계로 오는 구조적 모순 문제에 대한 관심으로 전환된다.

여기서 나타난 것이 '비판적 평화연구'이다. 이 비판적 평화연구의 중심인물은 노르웨이 오슬로 대학의 평화학 교수이자 국제평화연구소(International Peace Research Institute, Oslo) 소장인 요한 갈퉁(Johan Galtung), 스웨덴 룬드 대학교의 슈미드(Herman Schmid) 교수, 독일 프랑크푸르트대학교의 젱하스(Dieter Senghaas) 교수 등이다. 이들은 평화란 곧 전쟁의 부재라는 일반적 평화 개념을 넘어섰다. 1969년 8월 코펜하겐에서 개최된 국제평화연구협의회 제6차 유럽대회에서 과거의 보수적인 평화연구에 대한 비판과 함께, 비판적 평화연구의 방향을 제시하는 '평화연구의 상황에 관한 코펜하겐 선언'을 발표하였다. 이들은 전통적인 전쟁의 부재가 곧 평화라는 개념을 '소극적 평화' 개념이라고 보고, 적극적 평화는 전쟁과 같은 인간에 대한 폭력만이 아니라 정치, 경제적 구조에서 오는 폭력도 없는 상태를 평화로 이해했다. 이들은 가난이나 빈곤, 억압, 기아와 대량사가 전쟁으로 말미암는 것이 아니라 국제정치 질서의 불균형이나 일방성에서 오는 억압이나 착취로 이루어진다는 사실을 주목했던 것이다. 비판적 평화연구는 인간사회에서의 무력의 회피, 개인의 자유 실천, 사회정의의 실현을 평화개념과 연구의 대상으로 보았다.

사실 이런 평화의 개념은 새로운 것이 아니다. 이미 성경은 이런 점들을 포괄하는 보다 광의의 평화개념을 보여주고 있기 때문이다.

4. 평화교육의 이념

평화교육이란 결국 평화를 지켜가기 위한 교육인데, 평화를 방해하는 요소를 제거하고, 평화를 실천할 수 있도록 만드는 교육이라고 할 수 있다. 그래서 평화교육의 방향은 평화이해와, '비평화의 원인'이 어디에 있는가에 대한 인식에서 출발한다.

역사적으로 정리해 보면, 근세에 이르기까지의 평화교육은 주로 도덕교육, 종교교육의 형태로 실시되었다. 도덕성의 함양이 '관계'의 회복을 이루고, 그것이 평화유지에 도움을 주는 것은 분명하지만 거기에는 구체성이 없었다. 그러나 2차 대전 이후 나타난 평화교육은 동서양 진영의 갈등을 완화시키는데 관심을 두는 것이었다. 이것은 민족 간의 이해 증진을 통해 공격성을 줄여 가는 것을 그 목표로 했다. 이 평화교육도 유네스코가 주도했는데, 유네스코 헌장 서문에서는 "전쟁은 인간의 머리에서 시작됨으로 인간의 사고 속에 평화를 위한 배려가 강구되어야 한다"고 했다. 이 견해는 피 교육자에게 평화적인 태도 형성을 통해 평화를 이루어 가는 길을 교육의 목표로 삼았다. 즉 개인의 태도, 삶의 태도, 성격에 초점을 맞추는 평화교육을 전개한 것이다. 그러나 이런 평화교육은 비(非)평화의 원인을 개인의 심리적 문제로 축소시킴으로써 사회구조적인 문제를 도외시했다는 비판을 받았다. 즉 개인들이 평화적인 삶의 태도를 지닌다면 전쟁은 막을 수 있고, 평화로운 사회를 이룩할 수 있다는 소박한 인식을 한 것이다.

1960년대에 시작된 평화교육은 양면적인 성격을 지니는데, 개인적인 훈련을 강조하는 형태로 갈등 극복 능력을 키우는 한편, 평화를 방해하는 구조적인 문제에도 관심을 두는데 초점이 맞추어져 있다. 즉 1960년대 이후 평화교육은 비평화의 원인이 단지 개인에게만 있는 것이 아니라 사회구조적인 문제에도 있다는 점을 강조하였다. 개인이 평화적인 태도를 갖는다고 해서 평화가 이루어지는 것이 아니라, 사회구조적인 문제와 모순이 해결될 때 가능하다는 점을 강조하였다. 그래서 인간 상호간에 대한 편견이나 선입견과 같은 반 평화적인 태도를 해소하여 타협, 관용 등과 같은 평화적인 태도로 갈등을 극복하고자 하는 한편, 사회구조에서의 갈등구조의 해소에도 관심을 두게 된 것이다.

1980년대 이후의 평화교육은 공격성의 제거가 아니라 무관심과 무감각을 극복하는 것이어야 한다고 주장했는데, 그 대표적인 인물이 엔젤(Ensel)이다. 현대의 전쟁은 기존의 전쟁과는 달리 전자장치나 컴퓨터

등 문명의 이기들을 통한 전쟁이므로 아무런 '감정 없이' 인명을 살상하는 전쟁이라는 특징을 지닌다. 말하자면 첨예화된 무기와의 대결을 통해 인간 생명에 대한 가치나 존엄성에 대한 아무런 의식 없이 전쟁을 수행하게 된다는 점이다. 또 엄청난 폭력과 살상, 파괴에도 불구하고 몰이성적으로 전쟁을 수행하게 된다. 따라서 평화교육은 폭력과 파멸, 살상에 대해 가슴 아파하고 연민할 수 있는 감각을 개발하고 살상에 대한 무감각을 회복하는 교육이 되어야 한다고 주장한다. 지극히 당연한 것이지만 기계화가 초래한 인간 상실의 현실을 반영한다.

5. 평화교육의 방향

앞에서 말했지만 평화는 인류의 최고의 가치라는 점에는 의의가 없을 것이다. 따라서 평화교육은 지상에 진정한 평화를 회복하고 전쟁이나 폭력, 파괴, 갈등, 미움과 시기, 적대적 감정을 치유하고 상호이해와 화해, 화평과 공존, 정의와 사랑을 실천하는 개인과 공동체를 형성해 가도록 하는 것이 평화교육의 방향이 되어야 할 것이다.

기독교적 가치

평화교육에서 가장 중요한 것은 기독교적 가치를 가르치는 것이다. 기독교 복음은 평화(화평)의 복음이며, 성경의 가르침이야말로 인류의 고민을 해결할 수 있는 유일한 길이기 때문이다. 예수 그리스도가 선포한 복음은 기본적으로 그리고 근본적으로 평화에 기초하고 있다. 평화 공동체의 형성은 복음의 정신 위에서만 가능하다. 따라서 기독교적 가치교육이야 말로 최선의 대안이다. 기독교적 가치, 곧 하나님 사랑과 이웃 사랑, 특히 원수까지도 사랑하라는 주님의 교훈과 무력이나 폭력의 사용은 악이라는 사실을 가르치는 것이 우선적으로 중요하다. 필자가 가장 잘 아는 호주의 경우를 예로 들면, 멜보른의 기독교학교였던 센 안드류스학교의 경우, 학생들은 장난감 칼이나, 권총, 무기, 혹은 폭력의 수단이 될 수 있는 장난감을 소지하거나 학교에 가져오는 것은 금지되어 있었다. 이것은 소소한 문제 같지만 평화교육의 일환이었다.

적대적 대상의 해체

우리는 개인이나 조직 속에서 적대자상(敵對者像)을 키워왔다. 나의 서클 밖에 있는 사람을 적대자로 간주하고, 나와 의견이 다른 이를 적대시하고 궤멸해야 할 대상으로 여겨왔다. 이해와 관용보다는 대결과 투쟁의 대상으로 보아 이웃을 적대시하고 원수시 했다. 특히 냉전 체제 속에서 이런 도식은 심화되어, 국가 간에도 '이웃-원수 도식'을 갖게 했다. 예수님은 산상수훈에서 이런 도식의 해체를 요구하셨다. 예수님은 사랑의 법을 원수에게까지 확대함으로써 이런 도식의 극복을 가르치셨다. 따라서 평화교육은 '이웃—원수' 도식을 해체하는 교육이어야 한다.

생명의 가치와 존엄성 교육

인간의 가치와 존엄성은 아무리 강조해도 지나치지 않는다. 그러나 인간 생명에 대한 가치나 존엄성에 대한 신념은 약화되고 있다. 인간만이 아니라 모든 살아있는 것은 존엄하다. 퀘이커의 창시자 조지 폭스는 물론이지만, 차 지도자인 존 울만(John Woolman)은 동물에 대해서도 동일한 가치를 두어야 한다고 보았다. 가축의 자유로운 방목을 주장하고, 도로를 만들 때 동물이 다닐 수 있는 길을 만들어야 한다고 주장했다. 불가피한 도살의 경우도 고통 없는 방식을 주창했었다. 물론 동물의 경우가 인간 생명과 동일시 될 수야 없지만 생명의 소중성은 강조되어야 한다고 본다.

현대사회의 여러 대중 매체나 미디어는 인간생명에 대한 경시의식을 심어주고 있고, 상호 적대적이고도 호전적인 공격성을 심화시키고 있다. 텔레비전의 만화나 영화에서 폭력적인 언어가 난무하고, 폭력적인 장면이 빈번하여 암암리에 폭력이 정당한 것처럼 교사하고 있다. 컴퓨터게임의 폭력과 살상은 더욱 심각하여 폭력이나 살상의 대상이 '생명'이 아닌 무인격적인 '물건'으로 인식될 정도이다. 대중매체의 폭력을 모방한 범죄가 사회문제화 되고 있으나 평화교육은 전무한 형편이다. 하나님이 창조하신 생명에의 경외심, 상호 화해와 공존의 길을 모색하도록 가르치는 것이 평화교육의 방향이어야 한다.

맺는 말

평화를 이루는 가장 중요한 첫 단계는 샬롬 공동체를 지향하는 기독교적 가치를 가르치는 것이다. 기독교 복음은 평화(화평)의 복음이며, 성경의 가르침이야말로 인류의 고민을 해결할 수 있는 유일한 길이다. 예수 그리스도가 선포한 복음은 기본적으로 그리고 근본적으로 평화에 기초하고 있다. 평화공동체의 형성은 복음의 정신 위에서만 가능하다. 따라서 기독교적 가치교육이야 말로 최선의 대안이다.

하나님 사랑과 이웃 사랑, 특히 원수까지도 사랑하라는 주님의 가르침이 가장 주요한 평화교육의 기초이다. "자비와 사랑이 있는 곳에 하나님도 계신다."(Ubi caritas et amor Deus ibi est).

제9장

교회사에서 본 전쟁과 평화

 인류가 직면하고 있는 가장 심각한 문제는 전쟁이다. 전쟁은 인간에 의해 행해질 수 있는 가장 큰 폭력이며 범죄행위라는 점에서 인류에 적임에는 틀림이 없다. 또 아무리 정당한 전쟁이라 할지라도 그 안에는 생명의 파괴와 악이 내재해 있어 전쟁 그 자체는 정당화될 수 없을 것이다. 세계는 지구상의 전 인간의 생명을 파괴하고도 남을 충분한 양의 잠재력을 보유하고 있고, 핵무기의 파괴력은 고전적 의미의 전쟁개념을 용납하지 않고 있다. 이제는 '공존이냐 무존(無存)이냐'의 문제일 따름이다. 호모 호미니 루프스(Homo homini Lupus) 곧 "인간은 인간에게 하나의 이리이다"라는 라틴어 격언은 전쟁사에서 얻은 체험적 경구일 것이다.
 이 글에서는 기독교계에서의 전쟁 혹은 전쟁관에 대한 역사적 추이를 정리하고, 기독교가 로마제국의 종교로 화하면서 기독교의 평화주의 전통이 어떤 변화를 겪어왔는가를 정리하였다.

1. 평화를 지향했던 하는 교회

동서양의 보편적 종교들은 전쟁에 대하여 부정적인 견해를 취해 왔다. 특히 기독교는 인간생명의 천부적 가치를 인정하고 생명의 존엄성을 강조해왔다. 따라서 전쟁을 반대하고 평화를 사랑해 왔다. 역사적으로 살펴볼 때 초기 기독교는 폭력을 반대하는 무저항주의적이고도 평화주의적 이상을 지니고 있었다. 터툴리안, 저스틴, 타티안, 오리겐 그리고 키프리안 등은 그들의 동료 신자들에게 피 흘리는 일을 삼가야 할 뿐만 아니라 그리스도인은 이 세상으로부터 구별된 백성이기 때문에 세속의 제도로부터 초연해야 한다고 가르쳤다. 이들이 가르친 비폭력적 평화 지향적 교훈은 초대교회의 박해와 탄압 가운데서 그대로 반영되었다. 그래서 많은 그리스도인들이 폭력으로 자기를 방어하거나 비폭력의 원칙을 고수하고자 했다. 3세기의 한 교회법에 의하면 목사로서 동시에 직업군인이나 이발사, 수술의사, 대장장이의 일을 겸할 수 없다고 했는데, 그 이유는 앞의 3직업은 피를 보는 직업이기 때문이고 대장장이는 그들의 도구를 만드는 자이기 때문이라는 것이다. 이것은 정착 목회 이전의 자급 목회 시대의 일면을 보여 주는 것이지만 당시 교회의 평화주의적 이상을 보여 주는 흥미로운 기록이 아닐 수 없다.

2. '평화주의'에서 '정당전쟁론'으로

그러나 이러한 초기 기독교의 비폭력적 평화 지향적 이상은 4세기를 거쳐 가면서 변화를 겪게 된다. 로마제국에서 기독교가 공인된 313년, 특히 380년 기독교가 로마제국의 유일한 종교로 국교화 되면서 점진적으로 수정되기 시작하였다. 중세기로 접어들면서 교회는 준제국적 성격의 제도화된 기구로 변모되는 과정에서 전쟁에 대한 관점에도 변화가 수반되었다. 대단히 불행한 일이지만 서방 교회가 세속 권력과의 타협, 야합하는 과정에서 로마 제국의 정복 전쟁을 교회가 후원하였고, 반면에 제국은 정복한 지역의 이교도들에게 개인의 결단과 관계없이 기독교신앙을 강요함으로써 교회의 후원에 보답하는 일이 빈번하였다.

일단 교회가 로마제국의 국교로 화하자 기독교 윤리와 도덕적 이상은 제국의 통일과 확장, 그리고 제국 내의 이익을 도모하는 선에서 타협하게 되었다. 다시 말하면 교회는 국가생활의 전 영역에 얽혀져 있는 문제들, 특히 폭력의 문제를 기독교 윤리 체계 안에 수용해야 하는 문제에 직면하게 되었다.

그래서 산상 보훈에 나타난 예수님의 가르침, 곧 "오른편 뺨을 치거든 왼편도 돌려대라"(마 5:39)고 가르쳤던 예수님의 교훈이 포기되었던 것은 아니었으나, 그러한 가르침은 전적으로 수도원이나 개인윤리의 영역으로 밀려나 버렸다. 이러한 과정에서 제국의 정복 전쟁은 이교도의 개종과 교화(敎化)를 위한 하나님의 일, 곧 성전(聖戰)으로 인식하기에 이른 것이다.

중세기 유럽의 양심으로 불리던 불란서의 성 버나드(St. Bernard)까지도 십자군 전쟁의 필요성을 역설하고 전쟁 수행을 격려하고 독려하였던 것은 바로 이런 이유 때문이었다. 십자군은 "하나님이 우리와 함께 하신다."는 신념으로 전쟁에 임했던 것이다. 폭력과 전쟁이 신의 이름으로 이뤄질 때 그것은 적극성을 띠게 되고, 적에 대한 종교적 증오는 전쟁의 폐해를 가중시키게 된다. 회교도의 정복전쟁이 그러했고, 십자군 전쟁, 천주교와 개신교 간의 종교전쟁이 그러했다.

이와 동시에 중세를 거쳐 오면서 기독교 공동체내의 전쟁관이 점차 복잡성을 띠면서 절대평화주의는 상대평화주의로, 그리고 정당 전쟁론의 불가피성이 인정을 받아왔다.

콘스탄틴 이후의 교부들은 기독교는 사랑의 윤리에 근거하여 개인적 역할은 물론 공적으로도 그렇게 행해야 한다고 선언하였다. 초대 교회 교부들은 개인적 윤리 사항으로 폭력을 거부하였지만 이 문제는 그리 간단한 것이 아니었다. 인간은 혼자 살 수 없는 사회성을 지니고 있고 가족에 대한 의무와 이웃에 대한 책임을 지니고 있다. 4세기 중엽에 와서 기독교인들은 광범위한 관련 영역을 염두에 두고 다음과 같은 질문들에 답하지 않으면 안 되었다. 즉 "사랑으로써 공격자를 대항하기 보다는 차라리 죽음을 선택하는 것이 바람직한 일인가?" "악한들이 네 처를 죽이고 있는데 거룩한 체 하고 보고만 있을 수 있는가?" 보호받을 수 없는 이웃의 생명에 대한 나의 의무는 무엇인가? 악을 행하는 자의 진정한 유익에 기여하기 위해 악을 저항해야 하지 않는가? 사랑에 우선적인 강조점을 두지만 사랑과 정의의 불연속성을 어떻게 해결할 수 있는가?

이와 같은 질문에 대한 답변은 결국 다른 사람의 안녕을 위한 책임 의식에서 국가에서 범법자들을 제재하고 더 나아가서 의로운 전쟁을 수행할 경찰권까지 부여해야 하는 일차적인 사유를 발견하게 되었던 것이다. 물론 전쟁 그 자체가 정당하다는 뜻은 아니며, 최선은 아닐지라도 하나의 필요악적인 정화(淨化)로써, 곧 차선의 방책으로 용인되어 갔던 것이다.

그래서 암브로스와 어거스틴, 아퀴나스, 루터, 칼빈, 그리고 우리 시대의 바르트와 니이버로 연결되어 오면서 '의로운 전쟁' 이론은 발전되어 갔다. 즉 저들은 전쟁은 악한 것으로서 전쟁을 반대하지만 악에 대항하고, 약자를 보호하고, 적의 공격에 대한 정당방위로서의 방어적 전쟁은 정당한 전쟁이라는 입장에서 거의 일치하였다. 그래서 전쟁의 의도, 정당성 등에 대한 고려가 논란의 대상으로 부각되었다.

3. 비폭력 평화사상의 대두

비폭력적 절대평화사상은 기독교권에서 소수의견으로 남아 있었는데 흥미롭게도, 트뢸취의 방식으로 표현하면, 소종파형(sect-type) 기독교에 의해 계승되었다. 트뢸취(Ernst Troeltsch, 1865-1923)는 그의 『기독교의 사회적 교훈』(The Social Teaching of the Christian Church)에서 교회와 그 교회가 처한 사회-문화적 관계와의 태도에 따라 교회형 조직(church type)과 소종파형 조직으로 설명하였는데, 그에게 있어서 중요한 것은 타협이라는 개념이었다. 즉 그는 기독교가 이 세상을 변혁해 온 것이 사실이지만 기독교 역시 세상적인 것에 의해 영향을 받아왔다는 것이다. 좀 더 정확하게 말하면 트뢸취는 기독교의 도덕적이고 사회적인 교리, 이를테면 전쟁관과 같은 교리가 단순한 종교적 이념이거나 절대적 윤리적 표현이 아니라 언제나 외부적인 환경과 문화와의 타협에서 되어진 결과라고 생각한다. 이 타협의 문제를 놓고 이를 아주 거부하는 형태가 소종파형이고, 완전히 타협해 버린 형태가 교회형이라는 것이다. 말하자면 교회형 조직은 기존 사회의 일부분이 됨으로써 생활 전반에 영적인 영향을 끼치려 하는데, 이상과 현실 사이의 갈등을 야기시키지 않으면서 자체의 목적을 달성하기 위해 타협을 모색한다는 것이다. 트뢸취의 말대로 전쟁관은 일종의 교회형 조직 속에서 타협의 길을 모색해 왔다고 할 수 있다.

그러나 중세시대에도 카다리파, 왈도파, 보헤미아의 형제단과 같은 소종파형은 원시 교회의 무저항적 평화사상을 계승해 왔다. 그러나 이단을 박멸하기 위해 십자군까지 동원했던 '정당한 전쟁관' 하에서 거의 살아남을 수 없었다.

그러나 종교 개혁 시대에 와서 이 평화주의 사상은 다시 소생하였다. 이 사상의 발현은 교회를 국가로부터 분리시킴으로써 트뢸취가 말하는 '교회형'에서 탈피함으로써 가능했다. 이들이 바로 재세례파였다. 급진적이고도 폭력적인 일부를 제외한 후터 공동체(Hutterite)와 메노나이트(Mennonite)교회는 무저항적인 절대 평화주의적 이상을 가지고 전쟁이 없는 세계를 꿈꿔 왔던 대표적인 소종파였다.

루터나 칼빈 등은 소위 제도권 내에서 국가 권력을 이용한 개혁자들이었고, 이런 점에서 조지 윌리암스는 루터나 칼빈은 여전히 중세적이었다고 했다. 또 이들은 어떤 목적을 위해서 폭력이나 전쟁을 용인하는 입장이었다. 루터는 로마 가톨릭과 싸울 때 독일 제후의 손을 잡고 일했고, 농민 전쟁 당시인 1525년 5월에는 "악을 제거하기 위해 하나님이 세우신 정치 질서를 파괴하는 폭동은 용납할 수 없다"면서 "칼로써 농민들을 진압할 것"을 제후들에게 촉구하기도 했었다. 칼빈이나 쯔빙글리 역시 스위스 도시 국가의 국가—교회와의 관련을 저버리지 않았다.

그러나 콘라드 그레벨이나 펠릭스 만쯔, 메노 사이먼스 등과 같은 재세례파 인물들은 이들과 달랐다. 이들은 신약에서 정치와 종교는 엄연히 구별되었으며 '하나님의 것은 하나님께, 가이사의 것은 가이사에게'라는 정교분리를 엄격하게 적용하였다. 이들은 국가교회 형태는 313년 이후부터 점차 확고해진 원시 기독교의 타락으로 보았다. 이 타락의 첫째 표징은 국가와 교회의 야합이었다. 이것이 국가가 사람들로 하여금 교회로 끌어들이는데 무력과 강압을 사용할 수 있게 한 것으로 보았다.

유아 세례를 반대한 것도 바로 이런 이유 때문이었다. 모든 유아들이 세례를 받아야만 한다는 것이 법으로 정해졌기 때문에 유아세례는 국가교회의 특징이었던 것이다. 타락한 교회의 두 번째 표징은 기독교의 이름으로 행해진 전쟁과 전쟁관이었다. 폭력은 그것이 어떤 동기와 목적으로 수행되었는가를 막론하고 모두가 신약 성경의 기독교와 초대교회 정신과는 상치되는 것으로 보았다. 말하자면 이들은 교회와 국가 간의 엄격한 구별을 주장하였고, 이 기초 위에서 절대 평화주의 사상을 견지했던 것이다.

재침례파의 대표적인 신조인 슐라이트하임 고백서(Schleitheim Confession)와 후터파의 대신조서에는 검을 사용해서는 안 된다고 선언하고 있다. 메노 사이먼스는 한걸음 더 나아가 중생된 신자는 절대로 싸움으로 남을 속박하거나 전쟁에 참가해서는 안 된다고 보아 집총과 병역의무를 기피하였다.

이들의 이러한 입장 때문에 국가 권력자들로부터는 물론이려니와 천주교회와 루터, 칼빈, 쯔빙글리 등 개혁자들로부터 탄압과 박해를 받았다. 저들은 종교의 자유를 찾아 모라비아로 항가리로 다시 루마니아, 우크라이나로 그리고 미국으로 100여년을 주기로 하여 이동해 갔다. 이들의 평화주의적 반전사상 때문에 한곳에 오래 정착하지 못하고 신앙의 자유를 찾아 새로운 정착지로 이주하였던 것이다. 이들의 이민으로의 나그네 여정은 전쟁 없는 세계를 갈망하는 값진 희생이었다. 이들의 삶의 방식은 오늘의 핵전쟁의 위기 앞에서 새로운 주목을 받고 있다.

이들 온건한 재세례파의 평화사상은 450년이 지난 오늘날까지 유지되고 있고, 이들은 핵무기의 위협 앞에서도 전쟁 없는 진정한 평화를 누릴 수 있다고 확신하고 있다. 이들의 사상은 그 후 퀘이커를 비롯한 여러 기독교 공동체와 톨스토이 같은 이들에게 많은 영향을 끼쳤다. 케네디 대통령 당시 평화봉사단이 메노나이트교도들에 의해 제안된 정책이었음을 아는 사람은 그리 많지 않다.

맺는 말

인류는 평화를 갈망하고 있다. 비록 절대평화주의는 아니라 할지라도 폭력과 전쟁이 없는 평화에의 이상은 본래 성경과 기독교의 가르침이다. 톨스토이는 모든 강제력 사용이 예외 없이 기독교윤리의 파괴행위일 수 있다고 보았다. 오늘 우리 시대의 군국주의나 과도한 민족주의는 경계해야 할 요소이며 인간의 생명이나 인권을 경시하는 독재권력 또한 경계해야 한다. 지상의 그 어떤 권력이나 국가권력도 폭력이나 전쟁을 강제해서는 안 된다. 동시에 기독교회는 평화를 위한 공동체, 평화를 증거하는 공동체가 되어야 한다.

제3부

개혁주의 신학과 장로교 전통

제10장

개혁주의란 무엇인가?

개혁주의란 무엇인가 하는 주제에 대해 여러 가지 측면에서 말할 수 있지만 여기서는 역사적 측면에서 정리해 두고자 한다. 장로교회 전통에 속한 우리들은 개혁주의라는 말을 빈번하게 사용하고 있고, 개혁신앙, 개혁사상, 혹은 개혁신학이란 말은 우리에게 낯설지 않다. 그러면서도 개혁주의가 무엇인지 그리고 어떤 역사적 배경에서 생성된 말인지를 잘 모르고 있다. 이런 우리의 현실을 감안하여 개혁주의 혹은 개혁신앙이란 무엇인가를 역사적으로 설명하고자 한다.

1. 개혁주의란 무엇인가?

우리는 칼빈주의에 대한 별칭으로 '개혁주의'라는 말을 쓰고 있지만 '개혁주의'라는 용어는 영어나 독일어에 없다. 영어로는 그냥 리폼드(Reformed)로 (독일어에서는 Reformiert로, 그리고 화란어에서는 Gereformeerd 로) 쓰고 있어 '개혁된'이란 형용사만 있을 뿐이다. 다시 말하면 영어나 독일어에서는 '개혁신앙', '개혁교회'라는 말은 있어도 '개혁주의'라는 말은 없다. 그럼에도 불구하고 한국교회에서 개혁주의라는 말이 사용하고 있는 것은 Reformed를 '개혁주의'(改革主義)로 번역한 한문을 따랐기 때문인 것으로 보인다.

우리가 개혁주의라고 말할 때 넓은 의미에서 종교개혁자들의 개혁사상을 의미한다고 볼 수 있다. 그러나 진정한 의미에서 개혁주의라는 말은 쯔빙글리(1484-1531)와 칼빈(1506-1564)의 개혁운동을 루터의 개혁운동 곧 루터파(Lutheran)와 구별하기 위하여 붙여진 이름이라고 할 수 있다. 그러므로 개혁주의는 쯔빙글리와 칼빈의 개혁운동 또는 칼빈주의적인 신학사상을 의미한다고 할 수 있다.

그런데 우리가 '개혁주의'라고 하면 대부분의 사람들은 '칼빈주의 5대 교리'를 연상한다. 그러나 칼빈주의 5대 교리는 17세기 화란의 개혁주의자들에 의하여 작성된 하나의 교의(敎義)체계로서 개혁주의 구원관을 설명하고 있을 뿐이지 칼빈주의 5대 교리가 개혁주의를 의미하지는 않는다. 칼빈주의 5대 교리란 1603년 레이든(Leiden)대학의 교수였던 야콥 아르미니우스(Jacob Arminius, 1560-1609)가 인간의 자유의지론을 주장하면서 시작된 알미니안 논쟁의 결과로, 1618년 도르트(Dordt)회의에서 채택된 칼빈주의의 기본 교리일 뿐이다. 칼빈주의 5대 교리란 인간의 전적 타락, 무조건적인 선택, 제한된 속죄, 불가항력적인 은혜, 성도의 궁극적인 구원교리를 말하는데, 이것은 개혁주의 신학의 표현이라고 할 수 있을 것이다.

단순하게 말하면 개혁주의는 16세기 종교개혁을 통해 쯔빙글리, 칼빈 등의 개혁자들에 의해 재발견된 성경 중심적 신학일 따름이다. 개혁주의를 보통 칼빈주의라고 말하는 것은 칼빈이 성경적 가르침을 해설하고 이 신학을 체계화하였다는 점에서 하는 말이다. 비록 쯔빙글리가 칼빈보다 한 세대 앞선 인물이었으나 칼빈이 보다 분명히 이 신학을 해설하고 체계화하였기 때문에 칼빈주의라고도 불리게 된 것이다.

그런데 16세기 당시에 있어서 개혁주의라는 말은 루터파(Lutheran)와 구별하기 위한 의미가 있었고, 그 후에는 칼빈의 가르침을 따르는 일련의 신학운동을 통칭하여 개혁주의라고 불렀다. 따지고 보면 개혁주의 사상은 거슬러 올라가면 어거스틴(Augustine)의 사상이며, 바울의 가르침이며, 성경의 사상이라고 볼 수 있다. 그러므로 개혁주의 사상은 16세기에 와서 비로소 형성된 것이 아니고 칼빈 이전의 어거스틴의 사상이기도 했다. 이런 점에서 찰스 하지(Charles Hodge)는 '칼빈주의' 라는 말보다는 '어거스틴주의' (Augustinism)라고 부르자고 제안 한 바 있다.

여기서 한 가지 정리해 두고자 하는 것은 '칼빈주의' 가 무엇인가 하는 점에 대해서는 시대에 따라 약간의 이해의 차이가 있었다는 점이다. 물론 동일 선상에 있어 왔지만 시대의 변천 속에서 칼빈주의라는 신학체계에 대해서 이해를 달리했다. 16세기에는 칼빈주의를 칼빈이 가르친 모든 것으로 이해했다. 그러나 17세기를 거쳐 가면서 큰 변화를 겪는다. 그 변화에 영향을 준 것이 알미니안들의 대두였다. 이 문제는 칼빈주의가 무엇인가를 다시 논구하게 하는 계기를 만들어 주었다. 17세기의 칼빈주의는 예정론, 특히 선택과 유기라는 이중예정을 강조한 것이 특징이라고 볼 수 있다.

그런데 19세기에 와서는 칼빈주의가 새롭게 이해되기 시작하였다. 이 새로운 이해에 영향을 끼친 인물이 화란의 아브라함 카이퍼인데, 그의 주장을 흔히 신 칼빈주의(Neo-Calvinism)라고 말한다. 그는 칼빈주의를 세계관의 체계로 이해했다. 카이퍼가 이해한 세계관의 체계는 사실 칼빈이 전혀 생각하지 못했던 것이다. 이런 점에서 카이퍼를 신 칼빈주의자라고 보는 것이다.

2. 개혁주의와 성경

앞에서 '개혁주의'는 무엇보다도 성경에 기초하여 신앙과 삶을 해명한다는 점을 말했다. 즉 개혁주의는 성경에 기초하여 신관과 우주관, 신앙관, 그리고 하나님에 대한 인간의 관계를 규명한다. 이런 점에서 개혁주의는 성경중심주의라고 할 수 있다. '개혁주의는 성경중심주의'라고 말할 때 이것은 어떤 의미를 지니는가?

어떤 신학이나 사상이 성경에 근거했다고 해서 다 개혁주의는 아니다. 루터는 로마 천주교회의 오류를 지적하면서 로마교회나 교회 회의, 교황도 오류를 범할 수 있지만, 성경만이 무오하며 신앙과 교리의 기준이 될 수 있으므로 이 성경에 의하여 교회를 개혁하여야 한다고 보았다. 그러나 우리는 루터를 개혁주의자라고 부르지 않는다. 재침례교도인 콘라드 그레벨(Conrad Grebel)이나 펠릭스 만쯔(Felix Manz) 같은 이는 성경만이 최고의 권위를 가지므로 성경에 따라 교회를 개혁하여야 한다고 역설하였다. 메노 사이먼스는 철저하게 성경이 무엇을 말하는가에 주목하여 천주교 사제직을 버렸다. 그러나 우리는 그들을 개혁주의자라고 부르지 않고 재세(침)례파(Anabaptist)라고 부르고 있다.

그렇다면 개혁주의 신학과 다른 신학사상을 구별하는 척도는 무엇인가? 그것이 바로 '신학의 원리'라고 말할 수 있다. 곧 어떤 신학 원리 혹은 어떤 신학전통에 근거하여 성경을 해석하는가에 따라 개혁주의가 될 수도 있고 개혁주의가 아닐 수도 있다. 즉 성경대로 개혁하자고 하면서 개혁주의 신학적인 전통을 따르지 않고, 자신의 주관에 따라 성경을 해석한다면 주관주의에 빠지게 된다. 그러므로 개혁주의자들은 모든 신학 활동의 근거인 성경을 해석함에 있어서 개혁주의 신학 전통에 따라 성경을 해석할 것을 요구한다. 따라서 어떠한 사람이 개혁주의자인가 아닌가는 그가 어떤 신학원리에서 성경을 보는가에 따라 결정된다.

개혁주의자 혹은 칼빈주의자들은 신학 전통을 중시하며, 하나님께서 섭리하여 오신 교회의 역사를 무시하지 않는다. 다른 말로 한다면 기독교 2000년 역사 가운데 바울, 어거스틴, 쯔빙글리, 칼빈 등을 통하여 섭리해 오신 교회의 역사적 유산을 중시한다.

그 중요한 유산이 바로 신앙고백이다. 역사는 국경분쟁의 와중에서 토지문서의 역할을 하듯이 교회의 역사는 선조들이 무엇을 믿어 왔는가를 보여주는 신앙고백 문서인 것이다. 개혁주의자들은 그들의 신학체계가 보다 성경적임을 증명하고, 다른 신학과 구별하기 위하여 신앙고백서를 제정했다. 예컨대, 독일의 개혁주의자들은 그들의 신앙과 생활이 루터란(Lutheran)과는 다르다는 것을 나타내기 위하여 하이델베르크 요리문답서를 작성하였고, 화란의 개혁자들은 그들의 신앙이 알미니안주의자와 다르다는 점을 드러내기 위해 도르트 신조를 작성했다. 성경에 근거하고 기초하되 어떤 신학전통에 따라 성경을 읽느냐에 따라 개혁주의자가 될 수도 있고, 알미니안주의자가 될 수도 있다. 그래서 개혁주의자들은 신앙고백을 성경과 같이 절대화하지는 않으나 신조(信條)의 중요성을 간과하지 않는다.[77]

---

[77] 개혁주의 교회는 신조에 절대적 권위와 가치를 말하는 로마 가톨릭이나 희랍정교회의 신조무오설(信條無誤說)과 신조의 가치를 부정하는 소시니안(Socinians)이나 퀘이커교도(Quakers) 등의 신조무용설(信條無用說) 양 주장을 반대한다. 도리어 개혁주의자들은 신조는 상대적인 권위를 가지며, 바른 신학활동을 위하여 필요한 것이라고 주장한다. 성경은 유일한 규범(regulate fidei)이며, 규범하는 규범(norma normans)이라면, 신조와 신앙고백은 규범된 규범(norma normata)이다.

3. 기본 원리

흔히 개혁주의를 총괄하는 두 가지 기본원리(基本原理)가 있다고 말한다. 이 기본원리는 개혁주의라는 신앙체계의 유기적 통일을 유지하는 이념적 기초라고 할 수 있는데, 그 첫째가 하나님 중심사상이다. 개혁주의는 신학의 출발점이나 과정, 결과, 이 모든 것이 하나님 중심으로 전개되며 하나님이 주체가 되는 사상이라고 할 수 있다.

하나님 중심이라는 말을 역사적 측면에서 보면, 인간이 신앙과 교회와 생활에 있어서 중심일 수 없다는 것을 의미한다. 16세기 상황에서 보다 직접적으로 말하면 교황이 중심이 될 수 없다는 것을 의미한다. 종교개혁 당시에도 그러하였고 오늘날에도 교황은 지상에서의 하나님의 대리자로 자처하지만, 인간 곧 교황이 교회와 신앙적 삶의 중심이 될 수 없다는 것이 개혁주의 신앙의 중요한 원리이다.

천주교의 신학체계를 사제주의(司祭主義)라고 말하는데, 천주교에서 사제는 독특한 위치를 점하고 있다. 즉 사제는 영적 지식을 소유한 자로서 남의 영혼을 대신한 특별한 위치로 이해하여 하나님과 우리 사이의 중보자로 이해한다. 즉 사제(신부, 교황)는 하나님과 인간(평신도) 사이의 중보적 기능을 행사하는 특권층의 위치에 있다. 이 특권층의 위치에 있는 사제를 본래의 위치로 환원한 것이 광의의 개혁주의이다. 즉 개혁주의는 하나님의 주권 하에 어떤 형식의 인간 특권층도 인정하지 않는다. 우리가 하나님 중심사상이라고 말할 때 하나님만이 만물의 주인이며, 하나님만이 우주의 중심임을 드러낸다. 이 점을 잘 드러내는 말씀이 로마서 11장 36절의 "만물이 주에게서 나오고 주로 말미암고 주에게로 돌아감이라 영광이 그에게 세세에 있으리로다"라는 말씀이다.

개혁주의의 두 번째 기본원리는 '하나님의 절대 주권'이라고 할 수 있다. 하나님의 절대주권은 우주관의 기본원리를 말하는 것으로서, 해설적으로 말하면 하나님은 인간의 역사는 물론 자연계에까지 주권적으로 역사하는 하나님에 대한 신앙을 의미한다. 하나님의 주권이란 창조주 하나님께서 세계와 우주, 그리고 자연과 인간의 창조와 더불어 그의 섭리와 간섭 그리고 그의 통치를 말한다. 그래서 하나님의 주권이란 역사의 중심이신 하나님에 대한 고백이다. 또한 이것은 창조주 하나님과 피조물인 우주와 인간간의 근본관계를 잘 표현하는 개념이다. 다시 말하면 우주와 인간 그리고 자연과 역사, 이 모든 것이 하나님의 주권 하에 있다는 사상이 바로 이것이다. 그래서 위대한 칼빈주의자인 워필드(B. B. Warfield, 1851-1921)는 "칼빈주의자는 모든 현상 배후에서 하나님을 발견하며, 모든 현상 속에서 하나님의 뜻에 의해서 역사하시는 하나님의 손을 보며, 전 생애를 기도하는 태도로 살아가며, 구원문제에 있어서 하나님의 은혜만을 전적으로 의지하는 사람이다."라고 설명한 바 있다.

우리가 하나님의 주권이라고 말할 때 이것은 구원관에 있어서 하나님의 주권을 강조하고, 피조세계의 모든 것을 통해서 궁극적으로 하나님의 영광을 위해 사용할 수 있다는 점을 의미한다. 다시 말하면 인간의 모든 것을 통해서 하나님을 영화롭게 할 수 있음을 의미한다. 모든 것이 하나님의 영광을 위한 도구라는 점이 신자들의 왕적 직분의 출발점이다. 루터가 직업에 있어서 소명(Beruf)을 말했을 때 이것은 수도사가 되고 성직자가 되는 것만이 하나님의 소명이 아니라, 하나님의 주권 하에서 행하는 모든 일을 통해서 하나님을 영화롭게 할 수 있다는 점을 의미했다. 이런 점에서 어거스틴은 이렇게 말했다. "이 세상의 모든 것을 수단으로 이용하고, 궁극적인 존재로서 하나님을 즐거워하라"(Use every things as instrumental enjoy God as ultimate).

4. 개혁주의의 역사적 연원과 발전

이미 앞에서 말했지만 개혁주의는 16세기 종교개혁을 통해서 비로소 형성된 사상은 아니며, 개혁주의는 종교개혁 이전에도 있었고, 그것은 초대교회의 어거스틴의 사상이었고, 바울의 가르침이었고, 성경이 사상이었다고 말했다. 그러므로 개혁주의의 연원을 종교개혁으로부터 보는 것은 옳지 않다. 개혁주의 사상은 종교개혁을 통해 재발견되고 재정립되었을 따름이다. 그러나 개혁주의 신앙이 16세기 종교개혁을 통해 보다 분명하게, 보다 체계적으로 정립되었다는 점에서 16세기 종교개혁운동으로부터 그 역사적 전개와 발전과정을 말하는 것은 타당하다.

종교개혁

종교개혁은 1517년 10월 31일 독일 비텐베르그(Wittenberg)대학의 교수였던 마틴 루터(1483-1546)가 그가 봉직하고 있던 대학 게시판에 당시 교회가 가르치는 잘못된 주장에 대해 토론할 것을 제의하면서 95개조의 항의문을 게재한 사건으로부터 시작되었다. 당시 루터는 사실 종교개혁이라는 거사는 생각하지 못했다. 단지 그는 면죄부 판매로 야기된 구원문제에 대한 토론을 의도하였지만 토론은 이루어지지 못하고 종교개혁이라고 하는 거대한 변혁운동으로 발전되어 갔던 것이다.

이렇게 시작된 교회개혁 운동은 루터를 비롯하여 쯔빙글리, 칼빈, 낙스 등의 개혁자들에 의해 독일, 스위스, 화란, 영국, 스코틀랜드 등지로 확대되어 갔고 급기야는 중세사회를 붕괴시키고, 근세의 새벽을 여는 세계적 사건으로 발전되어 갔다.

종교개혁의 원인에 대해서는 몇 가지 주장들이 있지만, 일반적으로 당시 교회의 부패, 국가주의(Nationalism)의 대두, 문예부흥운동의 영향, 당시 천주교회의 이념적 기초였던 스콜라 철학의 붕괴, 그리고 당시의 사회 경제적 상황을 들 수 있지만 보다 직접적으로는 천주교회의 오도된 구원관이었다. 당시 교회는 성경과 기독교 본래적 신앙에서 이탈하여 형식화된 의식적 종교로 변질되어 있었고, 하나님의 말씀에서 떠나 성례전적인 제도와 공로사상 등 교회적 율법주의(Ecclesiastical legalism)에 빠져 있었다. 그래서 구원은 하나님의 절대적인 은총이나 믿음으로 말미암는 것이 아니라 인간의 행위나 공로를 중시하는 공로사상이 강조되었다. 그래서 신비적 금욕주의, 인간행위로서의 선행이 강조되었고 성지순례와 성자숭배가 유행하였다. 성자(聖者)는 자기를 구원하고도 남을 만큼의 공덕(공로)을 쌓았으므로 성자를 숭배하므로 그 성자가 쌓은 공로를 함께 누릴 수 있다는 소위 '잉여공로설'(剩餘功勞說)이 유포되어 있었다. 그래서 죄인에게 내리시는 하나님의 은총과 자비, 예수 그리스도에 대한 신실한 믿음은 그 기초를 상실하였다.

직접적으로 교회의 타락과 오도된 구원관을 보여준 것은 면죄부 판매였다. 면죄부 판매는 오랜 역사를 지니고 있지만 16세기에는 보다 심했다. 이것은 그리스도의 대속적 죽음을 무력화하고 예수 그리스도에 의한 구원을 부인하는 오도된 구원관의 표현이었다. 교회는 무지와 거짓으로 가득 차 있었고 미신과 동양의 신비주의적 요소들이 가미되어 있었다. 교직자와 성직자들의 영적, 도덕적 부패가 가중되었고, 평신도들은 영적 기갈 상태에 있었다. 하나님의 말씀은 전통들(tradition)과 미신과 무지에 쌓여 가려져 있었고, 성경을 번역하는 일, 성경을 소지하는 일조차도 금지되기도 했다. 바로 이런 상황에서 루터의 95개조 항의문이 나온 것이다.

루터는 결코 종교개혁을 의도하지 않았고 단지 그는 학문적 토론을 제안하였을 뿐이다. 이 점을 보여주는 분명한 증거는 루터가 95개조를 독일어가 아닌 라틴어로 게재한 점이다. 독일어는 대중들의 용어로서 글자를 배운 독일인은 누구나 읽을 수 있었지만, 라틴어는 식자층에서 사용되던 언어였다. 루터는 95개조를 통해 학문적 토론을 의도하였지만 이 사건은 교회개혁의 거사로 발전되었다.

종교개혁은 구체적으로 예배의 개혁을 통해 나타났다. 예배란 우리가 어떻게 하나님을 믿고 있느냐 하는 하나님에 대한 이해를 기초로 하고 있기 때문에 예배의 개혁은 종교개혁의 논리적인 결과였다.

개혁운동의 전개와 발전

독일에서 루터의 개혁운동이 전개되고 있을 때, 스위스에서는 쯔빙글리와 칼빈에 의해 이 운동이 확산되어 갔다. 쯔빙글리는 스위스의 독일어 사용지역인 취리히(Zürich)를 중심으로 개혁운동을 전개하여, 종교문제에 대한 토론을 통해 시의회의 인정을 받음으로써 개혁운동을 확산해 갔다. 그러나 불행하게도 그는 1531년 천주교 측의 공격에 응전하는 카펠(Cappel)전투에서 전사하였다. 그때 그의 나이 47세였다.

스위스에서 불어를 사용하던 지역 곧 제네바(Geneva)의 개혁자는 칼빈이었는데, 칼빈은 루터나 쯔빙글리에 비해 한 세대 후배였다. 칼빈은 1533년 불란서를 떠난 후 바젤(Basel)에서 일시 체류하였고, 1536년 7월부터는 제네바(Geneva)에서 개혁운동에 전념하였다. 그가 스트라스부르크(Strassburg)에서 보낸 3년(1538-1541)을 제외하고는 1564년 하나님의 부름을 받을 때까지 제네바에서 활동하였다.

교회 개혁운동은 루터만이 아니라 여러 개혁자들에 의해 추진되었는데, 결과적으로는 교파 교회로 발전하였다. 즉 루터의 개혁운동은 루터교회(Lutheran)로 발전하였고, 스위스의 개혁운동, 곧 쯔빙글리와 칼빈의 개혁운동은 연합하여 개혁교회(Reformed)라는 하나의 교회를 형성하게 되었다.

이상과 같은 개혁자들 외에도 필립 멜랑히톤(Philip Melanchton)이나, 불링거(U. Bullinger), 마틴 부써(Martin Bucer) 등 여러 개혁자들이 있었다. 이들의 봉사와 개혁활동을 통해 오늘의 개신교회가 생겨났는데, '프로테스탄트'라는 말이 생겨난 때는 1529년 4월이었다. 1526년 여름에 모였던 스파이에르 국회(Diets of Speier)에서는 종교문제에 대해 제후 및 제국도시의 결정권을 인정함으로써 부분적으로 루터파를 인정하였다. 다시 말하면 그 지역의 종교는 그 지역 지배자(제후)의 종교에 따른다(cujus regio, ejus religio)고 하여, 루터파를 지지하는 제후가 통치하는 지역에서는 루터파를 인정하였던 것이다. 그러나 3년 후인 1529년 제2차 스파이에르 국회에서는 이를 번복하려고 하였다. 이때 루터를 지지하는 제후들이 쉬말칼텐 동맹을 결성하여 항의서를 제출했는데 '항의한 자들'이라고 하여 프로테스탄트(Protestant)라고 부르게 된 것이다.

독일과 스위스 외의 여러 지역에서도 개혁운동은 일어났는데, 스코틀랜드의 경우 존 낙스에 의해 개혁이 단행되어 1560년 장로교가 정착되었고, 영국에서의 경우 헨리 8세가 자신의 이혼문제로 1534년 수장령(the Act of Supermacy)을 발표하고 천주교회와 단절함으로써 영국교회(Church of England), 곧 성공회로 발전하였다.

개혁교회의 형성

결국 종교개혁의 결과로 복음주의 신학운동은 크게 두 유형으로 발전되었는데, 그것이 루터파와 개혁파이다. 루터에 의해 시작되었고 멜랑히톤에 의해 계승된 루터파는 독일을 중심으로 하여 주로 스칸디나비아 반도로 확산되어 갔으나, 쯔빙글리, 불링거, 칼빈 등에 의해 형성된 개혁교회는 스위스, 화란, 독일 등지로 확산되어 갔다. 이 개혁주의 사상은 스위스와 불란서로 확산되었고 그리고 라인 강을 따라 독일을 거쳐 화란으로 전파되었다. 그리고 동쪽으로는 보헤미아와 헝가리로, 서쪽으로는 도버해협을 건너 영국으로는 전파되었다. 영국에서는 이 개혁신학을 장로파 혹은 장로교(Presbyterian)라고 불렀다. 낙스가 스코틀랜드에서 개혁교회를 '장로교'라고 명명한 것은 인접한 영국의 '감독제'와 다른 '장로제' 교회라는 점을 강조하려는 의도가 있었다.

그런데 스위스에서는 쯔빙글리에 의해 시작된 개혁운동과 칼빈에 의해 전개된 개혁운동이 연합하여 '개혁교회'(Reformed church)를 형성하였지만, 왜 쯔빙글리는 자신과 동시대인이자 개혁 이념을 공유했던 루터와는 연합하여 하나의 교회를 형성하지 못했을까?

여기에는 한 가지 이유가 있었는데 성찬관의 차이 때문이었다. 사실 루터와 쯔빙글리 사이에는 큰 차이점이 없었다. 앞서 언급한 대로 1529년 당시 개혁운동은 매우 위험한 상태에 있었다. 그래서 독일에서의 루터의 개혁운동과 스위스에서의 개혁운동이 연합하지 않으면 안 되었다. 이런 상황에서 헤세의 필립(Philip of Hesse)의 중재로 비텐베르크(루터)와 취리히(쯔빙글리)의 대표가 독일의 마부르크(Marburg)에서 만나 성찬관에 대한 토론을 통해 양자 간의 차이를 해소하고자 했다. 두 지도자는 거의 모든 문제에는 의견을 같이했으나 성찬관에 대해서는 의견을 달리했기 때문이다.

양측은 1529년 10월 1일부터 3일 동안 토론하며 의견을 나누었다. 이 토론을 흔히 마부르크 논쟁(Marburg Colloquy) 혹은 성만찬 논쟁이라고 말한다. 문제의 핵심은 마태복음 26장 26절의 성찬식사(聖餐式辭)인 "이것은 내 몸이다"(Hoc est corpus meum)는 말씀에 대한 해석 문제였다. 천주교는 성찬의 떡과 잔이 실제로 그리스도의 몸으로 변한다는 소위 화체설(化體說)을 말했는데 이것이 옳지 않다는 점에는 루터나 쯔빙글리가 동일했다.

그러나 루터는 예수님께서 떡과 잔을 주시면서 "이것은 내 몸이다"고 말씀하셨으므로 떡과 잔이 그리스도의 몸과 어떤 형식이든 관련이 되어야 한다고 생각했다. 그래서 루터는 떡과 잔이 천주교에서 경우처럼 그리스도의 살과 피로 바뀌는 것은 아니지만 예수님께서 그 떡과 포도즙 가운데 함께 계신다고 말하는 소위 공재설(共在說)을 주장했다. 이것은 육체적 임재설로서 루터 자신의 기독론에 근거한 견해였다. 즉 그리스도는 어디에나 동시적으로 계실 수 있다는 편재성(遍在性)에 근거한 것이었다.

그러나 쯔빙글리는 루터의 견해에 동의할 수 없었다. 예수님께서 마지막 만찬을 나누었을 때는 십자가에 달리시기 전으로서 예수님이 "이것은 내 몸이라"라고 하시면서 주신 떡과 잔은 그리스도의 죽음에 대한 상징이며, 성찬은 그리스도의 죽으심을 기념하는 것이라고 주장했다. 쯔빙글리는 상징과 기념설(記念說)을 주장했다.

이들은 견해를 좁힐 수 없었다. 결국 연합을 위한 시도는 무위로 돌아갔고, 서로 결별하고 말았다. 헤세의 필립이 의도했던 로마 가톨릭 세력에 대항한 개신교 동맹은 이루어지지 못했다.

독일에서의 루터주의는 1526년을 전후하여 예배의식과 교회조직을 갖추어갔다. 루터는 전통적인 예식문(liturgy)을 이용하여 독일어 찬송가 가사를 지었으며 음악과 찬송, 가정생활과 교육을 강조하였다. 그는 성경이 명백하게 금지하지 않는 한 로마 가톨릭 교회에서 전해오던 관습은 반드시 부인할 필요가 없다고 보았다. 그는 행정당국자들에게 각자의 권한 안에서 예배와 교회의 조직과 운영을 규제하도록 격려하였다. 그리하여 독일 안에는 영방교회(領邦敎會, Landeskirchen)가 생기게 되었고 그 밖의 다른 나라에서는 국가교회가 출현하게 되었다. 결국 루터의 개혁운동은 루터파를 형성하였고, 독일을 중심으로 하여 스칸디나비아 반도지역으로 확산되어 갔다.

반면에 취리히 중심의 쯔빙글리의 개혁운동은 그의 사후 불링거에게 계승되었다. 그 후 교회연합에 대한 칼빈의 줄기찬 노력으로 스위스의 개혁운동은 하나로 통합되어 개혁파 교회를 형성하게 된 것이다.

5. 맺는 말

이상에서 우리는 개혁주의란 무엇이며 이 신앙체계는 어떤 역사적 배경에서 생성 발전해 왔는가를 정리하였다. 사실 우리가 속한 교회는 개혁(파)교회가 아니라 장로교회이다. 그럼에도 불구하고 개혁교회 혹은 개혁주의를 말하는 이유가 무엇인가?

넓은 의미에서 개혁주의와 장로주의는 동일하다고 할 수 있다. 물론 오랜 역사가 지난 지금에 와서는 많은 차이점이 있지만 근본적으로 신학의 내용은 동일했다. 개혁주의 신학이 외국으로 전파되면서 각기 다른 이름으로 불렸는데, 이 개혁신앙이 스코틀랜드에서는 장로파로 불렸다. 스코틀랜드의 낙스는 3여년간 제네바에 체류하면서 칼빈에게서 많은 영향을 받았던 인물인데 그가 스코틀랜드로 돌아가 개혁을 단행하고 장로교 총회를 조직하였다. 그가 스코틀랜드에서 개혁주의 신앙을 따르는 장로제도의 교회를 세운 것은 잉글랜드(영국)에서 감독제도와 다르다는 점을 드러내고자 했기 때문이다. 개혁파라고 할 때 그 말은 신학적 입장을 강조하는 의미가 있고, '장로파(교)' 라는 말은 교회의 정치제도를 강조하는 의미가 있을 뿐이다.

오늘 우리가 개혁주의 신앙을 말하면서도 개혁파 교회가 아니라 장로교회의 신자가 된 것은 무엇 때문인가? 그것은 선교 역사를 통해 설명할 수 있을 것이다. 장로교의 모국이라고 할 수 있는 스코틀랜드인들의 이민에 의해 미국과 캐나다와 호주에 장로교회가 설립되었고, 후일 그 후예들이 한국에 장로교회를 전해 주었기 때문이다. 즉 우리는 미국, 캐나다, 호주장로교회로부터 복음을 받았고, 우리에게 장로교신앙을 전수한 나라들은 모두 스코틀랜드 후예들인 셈이다.

제11장

장로교회란 무엇인가?

1. 장로교회의 정치제도

모든 조직체에 그 조직을 이끌어 가는 제도가 있듯이 교회에도 정치제도가 있다. 교회의 정치형태는 흔히 3가지 유형으로 구분되는데, 감독제(監督制), 회중제(會衆制), 장로제(長老制)가 그것이다. 천주교회의 교황제(敎皇制)를 별도의 유형으로 구분한다면, 4가지 유형으로 구분될 수 있지만 보다 간편하게 구분하면 교황제도 감독제에 포함시킬 수 있을 것이다.

감독제란 천주교, 성공회 그리고 감리교회가 따르는 정치형태로서 상회와 하회의 구분이 뚜렷하고, 교회 직분자 간의 계급적 차이를 두어 지역교회 간의 평등성과 자율성을 인정하지 않는 교회정치형태를 말한다. 이 제도는 일종의 독재적 성격을 띠고 있다.

회중제는 회중교회나 침례교회가 따르는 제도로서 계층구조에 대한 반발로 일어난 교회정치제도이다. 회중제는 지역교회의 독립성과 자율성을 강조한다. 즉 회중에 의한 목사의 선택, 예산집행이나 권징의 자율적 실시를 강조한다. 개 교회나 목회자 간의 평등을 강조하고 계층구조를 반대한다. 그런데 회중제도를 따른 교회들은 교회연합을 강조하다 보면 교회구조가 계급화 할 위험이 있다고 보아 노회나 총회와 같은 형식의 치리회(治理會)를 반대하고, 개 교회주의를 지향한다.

반면에 장로제는 장로교회의 정치형태로서, 근본적으로 모든 성도는 하나님 앞에서 평등하며, 장로와 장로 사이, 교회와 교회 간의 평등을 강조한다. 그래서 교회에서의 계층적 혹은 계급적 구조를 반대한다. 동시에 모든 교회가 그리스도의 몸이기 때문에 연합해야 한다고 믿고 있다. 특히 장로교회는 감독제와 같이 어느 특정한 직분자에게 절대적 권위를 두지도 않고, 회중제와 같이 회중의 결정을 절대시하지도 않는다. 도리어 회중이 선출한 장로(지금의 목사와 장로)가 교회의 치리를 담당하는 제도이다. 그래서 장로교는 대의제(代議制)라고 불리기도 한다. 장로교회는 개 교회의 독립성, 평등성, 자율성을 강조하면서도 교회는 그리스도의 몸이라는 점에서 연합을 강조한다.

장로교회를 문자적으로 말하면 '장로에 의해 다스려지는 교회'라고 말할 수 있는데, 이 제도는 사도시대부터 있어왔던 정치제도라고 믿고 있다. 그래서 흔히 장로제는 가장 성경적인 제도, 가장 사도적인 제도, 가장 민주적인 제도라고 불리기도 한다.[78]

교회정치제도와 관련하여 칼빈에게 가장 큰 관심은 과연 성경은 어떤 형태의 교회정치제도를 지지하는가 하는 점이었다. 또 사도시대의 교회정치제도는 어떠했는가 하는 문제였다. 이 점에 대해 성경이 명시적으로 언급하고 있지 않기 때문에 칼빈은 이 문제를 가지고 고심했다.

---

[78] 장로교의 원리나 제도에 대한 평이한 안내서로는 Thomas Withevow(이국진 역), 『장로교회의 성경적 근거』(*The Apostolic Church Which is it?*, 아가페 문화사, 1991) 등이 있다.

우리는 신약성경의 두 본문에 근거하여 신약시대 혹은 사도시대에는 비록 장로제에 대해 언급하고 있지는 않지만 이미 장로교제도가 있었고, 그것이 가장 성경적인 제도라는 확신을 갖게 해 준다. 지금의 장로교 정치제도를 보여주는 두 가지 근거는 사도행전 15장과 디모데전서 4장 14절이다. 사도행전 15장에 보면 바울의 1차 전도여행의 결과 이방인과 할례문제가 제기되었다. 그런데 이 문제를 안디옥교회가 단독으로 결정하지 않고 교회 대표를 예루살렘에 파송하였고, 예루살렘 공의회가 이 문제를 처리하였다. 만일 안디옥 교회가 단독으로 결정하였다면 이는 회중제도임을 보여주지만, 지역교회가 파송한 교회 대표가 모여 이 문제를 논의한 것은 오늘의 노회(혹은 총회) 제도를 보여주고 있어 이는 장로제를 암시하고 있다고 이해하였다. 또 디모데전서 4장 14절에 보면, 바울이 디모데에게 권면하면서 "네 속에 있는 은사, 곧 장로의 회에서 안수 받을 때에 예언으로 말미암아 받은 것을 조심 없이 말며…"라고 말하고 있는데, 여기서 말하는 '장로의 회'(the body of elders)란 '장로들의 일단' 혹은 '장로단' 이란 말로서 지금의 노회에 해당했다. 그래서 칼빈은 장로제도는 가장 성경적인 제도이고, 이것이 신약교회의 정치형태로 확신했다. 그래서 그는 제네바에서의 교회개혁운동을 통해 이 제도를 회복하고자 했던 것이다.

2. 2직분론과 3직분론

그런데 신약성경에 보면 '장로' 라는 직분과 '감독' 이란 직분이 나온다. '장로' 라는 말은 신약성경에만 60회 이상 사용되었으나, 감독이란 말은 신약성경에 오직 5번만 사용되었다(딤전 3:1, 2, 딛 1:7, 빌 1:1, 행

20:28). 그런데 성경을 살펴보면 이 두 용어는 동일한 직분을 의미하는 동의어임을 알 수 있다. 이 점을 보여주는 대표적인 본문이 사도행전 20장 17절과 28절이다. 흔히 '밀레도 강화'라고 불리는 이 본문에서 바울은 에베소에서 온 장로들에게 설교하는 중에(행 20:17) 동일한 대상을 '감독'(행 20:28)으로 호칭하였다. 말하자면 장로라는 말과 감독이란 말이 상호 교차적으로 사용된 것이다. 이와 동일한 경우가 디도서 1장에도 있다. 바울은 각 성에 장로들을 세우도록 명하면서(딛 1:5) 장로의 자격을 말하는 중에 디도서 1장 7절에서는 '감독'이란 단어를 사용하고 있어 이곳에서도 감독과 장로라는 말이 상호 교차적으로 사용되고 있음을 알게 된다. 즉 동일한 대상을 감독으로 혹은 장로로 호칭함으로써 장로와 감독은 별개의 직분이 아님을 보여주고 있다.

또 한 가지 본문이 디모데전서 3장이다. 디모데전서 3장 1절 이하에서는 감독의 자격을 말하고 있는데 동일한 내용이 디도서 1장 5절 이하에도 기록되어 있다. 그런데 디모데전서 3장 1절 이하에서 감독의 자격과 집사의 자격을 말하고 있지만, 장로의 자격에 대해서는 아무런 언급이 없다. 그것은 장로는 감독과 동의어였기 때문에 별도로 언급할 필요가 없었던 것이다.

이와 동일한 일예가 빌립보서 1장 1절이다. 바울은 빌립보교회에 보낸 편지 서두에서 "그리스도 예수 안에서 빌립보에 사는 모든 성도와 또는 감독들과 집사들에게 편지하노니"라는 말로 인사하고 있다. 그런데 이 인사에서 '성도'와 '감독'과 '집사'는 언급하고 있지만 '장로'에 대해서는 전혀 언급이 없다. 그것은 장로가 감독과 동의어였기에 다시 언급할 필요가 없었던 것이다.

이런 점들이 장로와 감독은 동의어였음을 보여주는 증거라고 할 수 있다. 단지 차이가 있다면 '장로'(長老)는 연령적 측면에 강조를 둔 표현이라면, '감독'(監督)은 직분의 역할에 강조를 둔 표현일 뿐이다. 그래서 개혁주의 교회는 신약교회의 직분은 오직 두 가지, 곧 집사와 장로(감독)로 구성되었다고 보는데, 이를 2직분론(二職分論)이라고 말한다.

그러나 감독제도를 따르는 교회들은 장로와 감독을 동의어로 보지 않고 별도의 직분으로 이해한다. 뿐만 아니라 이들은 여러 장로들 중에서 다스림의 위치에 있는 어느 한 사람을 감독으로 부르면서 장로와 감독을 구분하고 계급화시켰다. 이런 입장을 3직분론(三職分論)이라고 부른다. 감독과 장로를 동일 직분으로 보지 않고 이를 계층화한 것이 교회구조를 계급구조로 변질시키는 시작이 되었다. 그래서 겸손한 섬김의 직분이 인간중심의 계급 구조로 변질된 것이다. 이렇게 볼 때 바른 직분관이 얼마나 중요한지 알 수 있다. 중세의 교황제 혹은 감독제 하에서도 장로제도를 성경적인 제도로 알아 이를 회복하려는 노력이 계속 있어 왔는데, 이들이 바로 개혁자들이었다.

3. 장로교 정치 제도의 의의

16세기 개혁자들에게 있어서 교회정치 문제는 두 가지 점에서 중요한 관심사였다. 첫째는 국가 혹은 국가권력과의 관계에서 교회의 독립성을 확보해야 했기 때문이고, 둘째는 교회 내의 질서를 유지하고 바른 교회건설을 위해 필요했기 때문이다. 무엇보다도 국가와 교회와의 정당한 관계의 정립은 개혁자들에게는 중요한 문제였다. 국가 혹은 시의회 등 국가권력 기구는 교회 문제에 개입하고자 했고, 교회는 독립성을 유지하려고 했기 때문이다. 그 단적인 예가 치리권(治理權)의 행사와 관련하여 제네바에서의 시의회와 칼빈과의 대립이었다.[79] 이러한 상황에서 교회 정치제도는 중요한 관심사였다. 뿐만 아니라 교회 내의 질서와 훈련, 치리를 위해서도 교회정치 제도는 중요하게 취급되었다. 칼빈이 1541년 제네바에서 작성한 교회헌법(*Ecclesiastical Ordinances*)은 이런 관심의 반영이었다.

국가와 교회와의 관계에서 교회가 국가보다 우선하고 교회는 국가에 대한 지배권을 갖는다는 황제-교황주의(Caesar-Papism)도 잘못이지만, 반대로 국가가 교회보다 우선한다는 에라스티안주의(Erastianism)도 잘못이다. 그러면 교회와 국가는 어떤 관계에 있어야 하는가? 로마 가톨릭은 교회의 세속 지배를 정당화하려 했고, 성공회는 왕이 교회의 수장임을 인정했다. 루터교는 국가의 교회간섭을 완전히 배제하지 못했기 때문에 영방(領邦)교회로 발전하였다.

이런 상황에서 칼빈은 어떤 정치제도가 성경에 가장 부합되는 바른 제도인가에 대해 고심했다. 그는 결론적으로 국가와 교회는 각각의 고유한 기능이 있고, 국가가 교회문제를 간섭하거나 교회가 국가의 기능을 대치해서는 안 된다는 점을 인식하고, 장로교제도(Presbyterianism)가 가장 성경적인 정치제도라는 사실을 확신했다. 비록 성경이 구체적

---

[79] 권징에 있어서 특히 출교권(黜敎權)의 문제로 칼빈과 시의회는 첨예하게 대립하였다. 이 문제로 제네바 시의회는 1538년 4월 칼빈과 파렐의 추방을 결의하기까지 했다. 취리히의 개혁자인 쯔빙글리(Zwingli, 1484-1531)는 출교권이 교회에 있지 않고 정부, 곧 시의회에 있다고 보았다. 그의 후계자인 불링거(Heinrich Bullinger, 1504-1574)도 출교권은 통치자에게 있다고 보아 취리히 교회는 정부의 통제 하에 있었다. 그러나 칼빈은 권징권은 교회에 속하며, 교회의 고유한 과업이라고 보았다. 이러한 그의 사상은 부써(Martin Bucer, 1491-1551)로부터 온 것이었다. 그는 도덕적인 권징(moral discipline)을 교회의 고유한 업무로 간주하였고, 가장 중한 권징인 출교는 정부가 아닌 교회가 시행해야 한다고 주장하였다. 부써는 이미 1527년에 출판한 『마태복음 주석』에서 교회가 이 세상에서 하나님이 주신 과업을 감당하려면 정부의 간섭으로부터 독립해야 한다고 주장한바 있다.

으로나 명시적으로 장로제를 말하고 있지는 않지만, 위에서 언급했듯이 특히 사도행전 15장의 할례 문제처리에서 개별 교회가 독단적으로 처리하거나 어느 한 지도자가 독단적으로 결정하지 않고 예루살렘 공의회를 소집하여 이 문제를 처리한 것을 보면 예루살렘 공의회는 지금의 노회와 같은 기구라고 보았다. 또 디모데전서 4장 14절의 "네가 장로의 회에서 안수 받은 것을 기억하라"에서 '장로의 회'는 지금의 노회와 같은 제도로 이해했다. 그래서 칼빈은 사도시대의 교회는 비록 '장로제' 혹은 '장로정치'라는 표현은 쓰지 않았으나 이미 장로제도가 시행되고 있었다고 확신하였던 것이다.

칼빈은 교회론, 예배론, 성찬론에 있어서 스트라스부르크의 개혁자인 마틴 부써(Martin Bucer)로부터 많은 영향을 받았는데, 장로교 정치제도도 예외가 아니다. 부써는 1538년 『참된 목회에 관하여』(*Von der waren Seelsorge*)를 출판했는데, 이것은 장로교 체제를 수립하기 위한 수년 간의 노력의 결창이었다. 칼빈은 이 책으로부터 큰 도움을 입었고, 부써가 1536년에 출판했던 『로마서 주석』은 칼빈의 『기독교 강요』 제2판(1539년 판)에 상당한 영향을 주었다.

회중정치는 계층구조에 대한 반발로 일어난 교회정치 형태로서 지역 교회의 자율성(곧 목사의 청빙, 예산의 집행, 치리의 자율적 집행 등)과, 교회와 교회 사이, 목사와 목사 사이의 평등을 강조하며, 어떤 형식의 계층구조도 반대한다. 이들은 교회연합이 계층구조를 취할 수 있다고 보아 교회연합을 반대하고 개 교회주의를 취한다. 그러나 장로교 정치는 회중교회의 자율성과 평등성을 수용하면서도 모든 교회가 그리스도의 몸이라는 사실 때문에 연합해야 한다고 믿고, 치리회로서 당회, 노회 그리고 총회를 갖는다. 이것이 회중교회 제도와 다른 점이다.

정리해서 말하면 장로교 정치원리는 그리스도의 주권 아래서 모든 지체와 지 교회들이 누리는 평등성(equality), 국가기관으로부터 독립하여 직분자들을 통해서 운영되는 자율성(autonomy), 지 교회의 대표들을 통해 연합하는 연합성(unity)으로 요약될 수 있다. 국가권력과 독립하여 교회의 직분자(특히 치리를 하는 직원으로서 목사, 교사, 치리 장로)에 의한 치리, 연합을 통한 교회의 통일성, 그리고 개체 목사와 장로의 평등성은 장로제의 3대 특색이라고 할 수 있다.[80]

웨스트민스터회의(1643-1647)[81]에서도 교회정치문제는 가장 심각한 문제였다. 다른 교리적 문제는 큰 논란이 없었으나, 교회정치 문제에 대한 토론은 무려 한 달 동안 계속되었다. 이때에도 중요한 이슈는 국가권력과의 문제였고, 어떤 제도가 가장 성경적인 정치제도인가가 관심의 핵이었다. 오랜 토론을 통해 작성된 이 신앙고백서[82]에서 장로교 제도가 잘 석명되었다.

---

[80] 흔히 장로제의 제3의 특징이라고 일컬어지는 '평등성'은 1646년 12월에 발행된 『교회정치의 신적 제정』(Jus Divinum Regiminis Ecclesiastici)에서는 언급이 없다. 도리어 그것은 스코틀랜드의 맥퍼슨과 미국의 찰스 핫지가 주장했다.

[81] 이 회의에는 121명의 영국교회 내의 청교도 목사들이 참석하였는데, 대부분 장로교 사상을 가진 이들이었고, 약간 명의 회중교도와 두, 세 명의 감독교회 지지자들이 있었다. 그 외에도 30여 명의 평신도 국회의원이 참석하였고, 스코틀랜드 교회가 파송한 6명의 대표가 참석하였다. 장기국회가 이 회의에 위촉한 것은 영국교회의 '39개조'를 개정하는 일이었다. 그러나 이 개정 작업이 반 이상 진척되었을 때에 의회와 찰스 1세간의 전쟁에서 의회파가 스코틀랜드의 원군의 힘을 입어 승리함으로써 스코틀랜드의 영향력이 강화되었다. 그래서 6명의 대표 중 4사람이 잉글랜드 측의 에드워드 레이놀드(Edward Reynold)를 포함한 7명의 신앙고백서 기초위원으로 선임되었다.

[82] 이 신앙고백서는 1647년 스코틀랜드 장로교회가 채택하였고, 미국장로교회는 1729년대, 소요리문답서와 함께 채택하였다. 이 신앙고백서는 회중교회와 침례교회 신앙고백서 작성에도 영향을 주었다. 예컨대 매서추세츠주 회중교회 노회는 1648년 이 신앙고백서의 교회

웨스트민스터 신학자 회의는 영국에서의 장로제의 대두와 더불어 의회와 신학자회의 간의 대립을 보여 주었는데, 그 대립의 핵심 사안은 치리권의 문제였다. 치리권이 의회에 있는가 아니면 교회에 있는가? 이런 대립된 주장의 와중에서 의회가 '9개 항목의 질의서'를 신학자회의에 보냈는데, 이 질의서에 대한 응답의 형식으로 1646년 12월 런던의 시온 칼리지(Sion College)의 목사들이란 이름의 익명으로 출판된 문서가 『교회정치의 신적 제정』(Jus Divinum Regiminis Ecclesiastici)인데, 이 문서에서 치리권은 위정자나 교회 회중에 있지 않고 교회의 치리회에 있다고 주장했다. 교회정치의 권위 곧 치리권이 "교회의 회중, 곧 신앙의 공동체에 있지 않다"는 지적은 당시의 독립파교회가 교회정치의 권위가 신앙의 공동체에 있다고 한 것에 대한 반발로 나온 것이다.

결국 장로교 제도란 첫째, 국가권위의 한계성을 지적해 주고, 둘째, 교회를 국가권력으로부터 독립과 자율성을 지켜가는 제도이며, 셋째, 교회의 질서와 치리를 통해 바른 교회를 세워 가는 제도라고 볼 수 있다. 이 점과 관련하여 신사참배 반대운동의 의미를 정리해 볼 수 있다.

1930년대 이후 한국교회에서는 신사참배를 반대하고 싸웠다. 이 신사참배 반대는 3가지 의미가 있다. 첫째는 국가권력이 개인의 신교 자유를 침해할 수 없다는 점을 깨우쳐 주는 것이다. 곧 하나님의 말씀으로

정치에 관한 사항만 수정하고 교회의 신앙고백으로 채택한 일이 있다.

1903년 미국 북장로교회가 이 신앙고백서를 채택할 때에 이 신앙고백서의 생활에 관한 3조항을 수정하고, 성령과 선교에 관한 장을 첨가하였다. 교리에 관한 조항은 수정하지 않고 보다 적절한 이해를 도모하는 것으로 그치기로 하고 제10장 3항, "죽은 유아의 구원에 관한 조항"을 설명하고, 제3장 "예정에 관하여" 설명을 부가함으로써 정통주의 시대의 산물인 극단적인 예정론의 입장을 수정하였다. 한국교회는 1907년 독노회를 조직할 때 "12개 신조"를 채택하는 한편 웨스트민스터 신앙고백서와 대, 소요리문답을 신앙의 지침을 위해 참고하는 것으로 하고 그것을 신앙고백서로 채택하는 문제는 후일로 미루었다.

속권의 한계를 가르치고 조언하고 경고하는 행위였다. 둘째는 교회활동의 자율성을 확보하는 것이었다. 교회는 국가로부터 독립성과 자율성을 가지며 하나님께로부터 받은 책임을 다 한다는 점이다. 셋째, 신사참배 반대는 바른 신앙을 지키며 교회적 질서를 지켜 가는 것이었다.

결론적으로 말하면 장로제는 가장 성경적 제도, 가장 사도적 제도, 그리고 가장 민주적 제도라고 볼 수 있다.

제12장

개혁주의 신앙과 교회

　예수님의 초림과 재림 사이의 구원의 방주로서 하나님의 나라를 중거하는 책임을 부여받고 있는 '교회'는 예수 그리스도의 가장 중요한 관심이었고, 교회건설은 오늘 신자들에게 주어진 가장 주요한 과제라고 할 수 있다. 그래서 교회란 무엇이며, 교회의 본질과 사명은 무엇이며 교회의 직분자들, 그리고 참된 교회는 어떤 교회인가 등에 대해 바른 이해는 우리에게 절실한 요청이다. 그리스도인들이 바른 교회관을 가지고 교회를 섬기는 일이 중요하기 때문이다. 그래서 이 글에서는 이런 문제들을 순차적으로 살펴보고자 한다.

1. 교회란 무엇인가?

　하나님의 역사, 곧 하나님의 구원역사는 불러내시는 역사였다. 아브라함을 불러내어 한 민족을 삼으시고(창 12:1-2), 그 민족을 여러 시대 여러 모양으로 불러내셨던 하나님의 '구원에로의 부름'이 교회란 무엇인가라는 논의의 출발점이다. 하나님과 그의 백성들 간의 언약적 근거는 메시야이신 예수의 희생을 통해 성립된 새 언약(마 26:28, 눅 22:20, 히 8:15)이다. 이를 통해 하나님의 백성 이스라엘에게 주어졌던 약속들을 상속하게 되었고, 하나님의 부르심을 다시 듣게 된 것이다(마 11:28ff, 막 1:14-20, 요 7:37ff.). 예수 그리스도가 승천한 후에는 복음의 초청을 통해 하나님의 부르심을 계속 들을 수 있게 되었다(행 2:39, 살후 2:14).

우리가 교회의 일원이 되고, 하나님의 언약 백성이 되는 것은 하나님의 부르심에 응답하는 과정에서 이루어진다.[83] 구약시대에 한 백성을 택하셔서 친 백성으로 삼으셨던 것처럼 이제 신약시대에 하나님께서 친 백성을 일으키신다는 하나님의 예정과 선택이 교회의 기초가 된다(살전 1:4, 벧전 1:1-2). 하나님의 영원하신 작정(선택) 속에서 택정함을 입은 우리는 구원받은 자녀로서 교회의 기초이다. 따라서 우리가 교회를 세우고, 우리가 스스로 교회의 일원이 된 것이 아니라 하나님께서 우리를 교회로 불러주신 것이다.

1) 교회를 칭하는 용어들

교회(church)[84]를 칭하는 성경의 용어는 다양한데, 대표적인 몇 가지는 다음과 같다.

---

[83] 브루스 밀른(이정석 역), 『기독교교리 핸드북』(크리스챤다이제스트, 1990), 240.
[84] 교회를 칭하는 영어의 Church나 독일어의 Kirche 등은 '주님께 속한 (belong to the Lord), 이라는 의미를 가진 헬라어 큐리아코스(κυριακός)에서 파생되었다.

에클레시아

교회를 칭하는 가장 대표적인 용어는 '에클레시아'(ἐκκλησία, ekklesia)인데, 이 말은 '에크'(ek, out of)와 '칼레오'(kaleo, to call)의 합성어로서 "…에서 불러내다"라는 의미가 있다.[85] 이것을 구약에서는 '카할'(qahal)이라고 하는데, 하나님의 부르심에 응답하여 모인 회중을 의미한다(출 35:1, 민 16:26, 신 9:10). 이 카할이라는 말이 신약에서 '에클레시아'로 번역된 것이다. 즉 에클레시아라는 말은 '부름 받은 무리들'을 의미한다고 할 수 있는데, 이 용어는 신약에서 약 110회 사용되었다. 이중 10회는 시대를 초월하여 전 세계에 흩어진 하나님의 백성을 칭하는 '보편교회'라는 의미로 사용되었고(마 16:18, 고전 15:25, 엡 1:22, 3:10, 21, 5:23, 24, 27, 29, 32, 골 1:18, 24), 나머지 약 100회는 예루살렘교회, 안디옥교회, 에베소 교회 등 특수한 지역교회를 칭하는 의미로 사용되었다(행 5:11, 8:1, 11:26, 롬 16:16, 고전 11:8, 14:19, 25, 35, 살후 1:4).

바울은 신약의 어떤 다른 기자들보다 에클레시아라는 단어를 가장 빈번하게 사용하고 있다.[86] 그가 쓴 대부분의 경우는 특정한 도시에 있는 신자들의 공동체를 칭하고 있다. 예를 들면, "고린도에 있는 하나님의 교회"(고전 1:2, 고후 1:1), "갈라디아의 교회들에게"(갈 1:2) 등의 경우이다. 또 개인의 가정에서 모이는 가정 중심의 교회들에 대해서도 동일한 단어를 쓰고 있다(롬 16:5, 고전 16:19, 몬 2, 골 4:15).

---

[85] 고전 헬라어에서 이 용어는 헤로도투스(Herodotus), 투키디데스(Thucydides), 크세노폰(Xenophon), 플라토(Plato), 그리고 유리피데스(Euripides) 등 기원전 5세기 저술에서부터 사용되었는데, 이것은 폴리스(polis, 도시)의 시민들의 집회를 일컫는 말로 사용되었다. Karl L. Schmidt, ἐκκλησία, in *Theological Dictionary of the New Testament*, ed. Gerhart Kittel and Gerhard Friedrich, trans. Geoffrey W. Bromiley, 10 vols. (Grand Rapids: Eerdmans, 1964-1976), vol. 3, 504.

[86] 밀라드 에릭슨(이은수 역), 『교회론』 (기독교문서선교회, 1995), 31.

그리스도의 몸

바울은 교회를 '그리스도의 몸'(고전 12:27, 엡 1:23, 4:12, 골 1:18)이라고 했는데, 루이스 벌코프는 이 비유적 이미지가 교회에 관한 가장 완벽한 정의라고 보았다.[87] 하나님의 백성에로의 부르심은 예수 그리스도를 믿으라는 부르심인데, 이는 그리스도와 연합하여 그리스도의 지체가 되라는 부르심이다. 즉 그리스도의 몸이라는 정의는 교회를 구성하는 모든 신자들의 상호간의 관계를 말해 준다. 몸으로서의 교회의 특징은 진정한 교제에 있다. 이것은 단순히 사회적인 상호관련성이 아니라 서로에 대한 더 깊은 이해와 긴밀한 교감을 의미한다.

그리스도의 몸으로서 교회는 통일된 몸이어야 한다. 고린도교회가 종교적으로 어떤 지도자를 따르느냐는 문제로 분쟁했을 때(고전 1:10-17, 3:1-9) 바울은 그리스도인들은 한 성령 안에서 한 몸이 되었다는 점을 강조했다(고전 12:12-13). 그리스도는 몸의 머리이시고 우리는 그 지체이기 때문이다(엡 5:23, 골 1:18, 2:19). 즉 교회와 그리스도와의 관계는 유기적 연합을 이루는데, 그 연합을 통해 우리는 그와 한 생명을 이루고, 그와 함께 한 몸을 이룬다(골 3:4).

그리스도의 신부

교회에 대한 이 표현은 구약에 뿌리를 두고 있다. 구약에서는 하나님은 그의 백성 이스라엘을 신부라고 묘사하고 있다(사 54:5-8, 62:5, 렘 2:2). 예수님은 이 은유를 사용하여 자신을 신랑으로 언급하셨다. 그는 신랑이 혼인집 손님들 가운데 있을 때는 금식하는 것이 적절치 못하다고 가르쳤다(막 2:18-20). 그리스도는 교회에 대한 남편 같은 사랑을 구

---

[87] Louis Berkhof, *Systematic Theology* (Grand Rapids: Eerdmans, 1953), 557.

현하셨다. 이는 교회를 위한 그리스도의 희생에서 절정을 이루었다(엡 5:27). 교회를 그리스도의 신부라고 표현한 것은 하나님과 그의 백성과의 관계가 무조건적인 사랑의 관계인 것을 암시해 준다.

하나님의 집(성전, 전)

교회를 칭하는 이 은유(딤전 3:15)는 하나님이 그 백성들 가운데 거하신다는 점을 강조하는 표현이다(출 25:8, 시 132:13ff, 사 12:6). 구약에 보면 하나님께서는 언약궤를 둔 성막에서(출 25: 8-22, 삼상 4:21ff) 그의 백성들 가운데 임재하셨으며, 후일에는 솔로몬이 지은 성전에서 백성들 가운데 임재하셨다(대하 7:1-3). 그러나 분명한 사실은 하나님은 지상의 어떤 처소도 하늘과 땅에 편만하신 하나님을 모시기에는 충분하지 못하다는 사실이다(대하 6:18, 시 139:7-12). 교회는 그리스도의 몸으로 하나님이 거하시는 새로운 성전으로 창조되었다. 그리스도는 친히 모퉁이 돌이 되셔서(고전 3:11, 엡 2:20) 하나님의 백성들로 하여금 하나님의 성전(고전 3:16)으로 지어져 갈 수 있게 하셨다. 교회를 하나님의 집이라고 말할 때 이것은 벽돌로 지은 건물을 의미하는 것은 아니다.

그 외에도 교회를 칭하는 용어로, '하나님의 나라', '하나님의 가족', '성령의 전', '하나님의 양떼' 등의 표현이 있다. 어떻든 교회란 부름 받은 그리스도인과 그 무리들, 곧 '신자의 공동체' 혹은 '신자의 회중'(congregation of 'believers')이라고 할 수 있다.[88] 그래서 교회라고 말할

---

[88] 교회를 '신자의 회중'으로 보는 견해는 교회에 대한 가장 일반적인 정의라고 할 수 있다. 이 점에 있어서 루터, 멜랑히톤, 칼빈의 견해가 일치하고, 16세기의 신앙고백문서, 곧 루터파의 Augusburg Confession, 개혁파의 Heidelberg Catechism 등에서의 정의도 동일하다. C. Trimp, *The Church* (Kelmscott, 1998), 3-4.

때 이 용어는 건물이나 조직은 의미하지 않았지만, 후에는 건물이나 조직을 포함하는 보다 광의의 뜻으로 이해되어 왔다고 할 수 있다.

2) 지역교회와 보편교회

엄밀한 의미에서 교회는 하나뿐이다. 교회는 그리스도의 몸이며, 그리스도는 교회의 머리이시고(엡 4:15, 5:23), 우리는 예수 그리스도와 신비적으로 결합되어 있는 지체들이다. 이 세상에 있었고, 있고, 또 앞으로 있을 모든 그리스도인이 속한 이 교회를 우주적 교회 혹은 보편교회(Universal church)라고 말한다. 이 교회는 이 세상의 모든 그리스도인들로 구성된 우주적 교회로서 육안으로는 볼 수 없는 불가견적 교회이며, 형태가 완전히 영적인 무형교회이며, 그 회원은 오직 하나님만 아신다.

그런데 인간은 다 무지하고 나태하기 때문에 그냥 내버려두면 하나님을 바로 알 수 없고, 신앙이 자랄 수 없으므로 외적 조직, 곧 가시적(可視的) 교회를 여러 지역에 허락하시고 사역자(직분자)를 세워 하나님의 구원역사를 수종 들게 하신 것이다. 한 지역에서 예배, 성례집행, 교육과 증거의 사명을 감당하도록 한 이 교회를 지역교회(Local church)라고 말한다. 이 교회를 지상교회 혹은 가견적 교회 혹은 유형적 교회라고도 일컫는다. 이 지역교회는 선택받은 사람들로만 구성되는 교회가 아니므로 완전하지 않다.

교회를 가견적 교회(지역교회)와 불가견적 교회(보편교회)로 구분하는 설명은 어거스틴 때부터 시작되었으나 마틴 루터에 의해 보다 분명히 석명되었고, 칼빈의 신학에서 보다 구체적으로 나타났다.[89] 주목할 점은 지역교회를 칭하는 말에서 지역교회를 완전히 독립된 교회로 인

---

[89] Augustine, *On Christian Doctrine* 3, 31-34. Calvin, *Institutes of the Christian Religion*, 4,1,7. 참고, 에릭슨, 49.

정하고 있다는 사실이다. 다시 말하면 예루살렘교회가 모든 교회의 모교회라고 할 수 있지만 이 교회가 안디옥교회나 에베소교회보다 상위의 교회가 된다거나 다른 교회를 지배하는 위치에 있지 않았다는 점이다. 바울은 고린도교회에 보낸 서신에서 고린도교회를 "고린도에 있는 하나님의 교회"(고전 1:1)라고 부르고, 그 교회가 독립적으로 권징할 것을 말함으로써(고전 5장) 개교회의 독립성을 인정했다.

2. 참된 교회의 표지

이 세상에는 많은 단체들이 '교회'라는 이름을 사용하고 있고, 사이비한 집단이나 이단들마저도 교회라는 이름을 사용하기 때문에 무엇이 바른 교회이고, 무엇이 바르지 못한 교회인가를 구분하는 것이 필요하다. 16세기 개혁자들은 당시의 교황중심의 로마교와 급진주의자들, 과격한 신령주의자들을 보면서 바른 교회가 어떤 교회인가에 주목했고, 바른 교회와 거짓된 교회를 구분해 주는 3가지 표지(marks)를 말했다. 흔히 장로교 전통에서 말씀의 신실한 전파, 성례전의 합당한 시행, 권징의 정당한 실행을 참된 교회의 표지로 말하지만, 칼빈은 오직 두 가지 곧 말씀의 신실한 전파와 성례전의 바른 시행만을 이야기했다. 칼빈이 권징을 말하지 않은 것은 이것이 참된 교회의 표지로 볼 수 없다는 생각 때문이 아니라, 말씀의 신실한 전파 속에 포함된다고 보았기 때문이다. 그런데 후일 스코틀랜드 신앙고백서 등에 나타난 바와 같이 장로교 전통에서는 참된 교회의 표지를 위에서 말한 3가지로 말하게 된 것이다.[90]

---

[90] 개혁주의 교회는 벨직신앙고백서(Belgic confession) 27-29조와 웨스트민스터 신앙고

1) 신실한 말씀의 전파(마 16:19, 고후 11:4, 딤전 6:20, 딤후 3:15-16)

신실한 말씀의 전파란 순수한 복음의 증거를 의미하는데, 이것은 개혁주의 교회생활의 핵심이며, 종교개혁을 통해 되찾게 된 가장 귀중한 은혜의 방편이다. 16세기 당시 로마교는 의식(儀式) 중심의 형식주의적인 종교로 전락하여 하나님의 말씀이 증거되지 못했다. 무엇보다도 잘못된 정경관(正經觀) 때문에 성경의 권위가 훼손되고, 전통(傳統)이 우선시되고 있었다. 이들은 66권의 성경 외에도, 토비트서, 유딧서, 에스텔서, 지혜서, 집회서, 다니엘서, 마카베오 상, 하권 등 외경(外經)과 전통(聖傳)을 성경과 동일한 권위로 받아들인다.

전통이란 교회초창기부터 전해 내려오는 교리, 가르침, 실천적 관행과 행동 규범, 경신(敬神)의식, 종교적 체험 등과 공의회의 문헌과 역대 교회의 문헌, 교부들의 문집 등을 통칭하는데, 로마교는 전통은 '구전으로 내려오는 것으로서 성경의 원천이며, 성경에 기록되지 않는 것을 더욱 확실히 밝혀주는 것'이라고 믿고 있다. 다시 말하면 로마교에서 말하는 전통이란 성경의 불분명한 것을 해명해 준다고 보아 사실은 성경보다 우위의 권위를 지니고 있었다. 이러한 상황에서 하나님의 말씀이 신실하게 선포되지 못했다. 그래서 개혁자들은 말씀이 신실하게 전파되지 않는 로마 가톨릭 교회는 참다운 교회로 볼 수 없다고 했던 것이다.

2) 성례전의 신실한 시행(마 26:26-29, 막 14:22-25, 눅 22:16-20)

성례란 예수님께서 세우신 2가지 예식, 곧 세례와 성찬을 의미하는데,

백서(Westerminster Confession of the Faith) 27-30장의 규정적 원리에 기초하여 순수한 복음의 전파, 성례전의 신실한 집행, 정당한 치리의 시행을 참된 교회의 3가지 표지로 보고 있다.

이것은 말씀과 함께 또 하나의 은혜의 방편이다. 어거스틴은 성례를 '보이는 말씀'이라고 하였는데, 체험되는 설교라고 할 수 있다. 성례를 통해 그리스도의 대속의 죽음을 상기하고 그 은혜를 체험하게 된다. 성례는 거행해도 되고, 거행하지 않아도 되는 선택적인 예식이 아니라 그리스도가 제정하시고 명하신 제도이다. 그런데 로마 가톨릭은 현재에 이르기까지 세례와 성찬 외에도 5가지를 더 하여 7성례를 주장하고 있다.[91]

1. 교회에 입적하여 일정 기간의 교리공부 후 받는 성세(聖洗)성사(Baptism)
2. 성숙한 신자가 되도록 성령의 은혜를 받는 견진(堅振)성사(Conformation)
3. 가정을 이루는 결혼예식인 혼인(婚姻)성사(Matrimony)
4. 환자에게 위로와 치유를 주는 병자(病者)성사(Extreme unction, 관유식, 도유식)
5. 성직을 수여하는 신품(神品)성사(Holy order)
6. 죄의 사함을 받는 고백(告白)성사(Penance)
7. 그리스도의 몸과 피를 나누는 성체(聖體)성사(Lord's supper)가 그것이다.

이들에게 있어서 성례는 교회나 성경만큼 중요하다고 보는데, 7성례는 반복될 수 없는 5가지(five non-repeatable)와 반복되는 2가지(two repeatable sacraments)로 구성된다. 그런데 세례와 성찬 외에는 성례로 볼 근거가 없다는 점에서 개혁자들은 천주교의 성례관을 비판하였다.

---

[91] 중세기를 거쳐 성례의 수에 대해서는 공식적인 견해가 없었다. Hugh of St. Victor는 40종의 성례를 말한 바 있으나, Peter Lombard는 7성례를 말했는데, 이것이 로마교의 전통이 되었고, 7성례를 공식적으로 결의한 것은 1439년의 프로렌스회의(Council of Florence)였다. 성례는 3가지 성격을 지니는데, 은혜를 수여하는데(conferred grace appropriate for particular sacrament), 이 은혜는 자동적으로 주어지며(ex opere operato), 성례참여의 금지는 출교(excommunication)를 의미했다.

특히 천주교는 성찬식에서 떡은 돌리지만(分餠), 잔을 돌리지 않는다. [92] 말하자면 합당한 성례를 시행하지 않았다. 그래서 개혁자들은 합당한 성례의 시행은 참된 교회와 참되지 못한 교회를 구분해주는 표지로 본 것이다.

3) 권징의 시행(마 18:15-18, 고전 5:1-5, 계 2:14)

권징 역시 그리스도께서 교회를 위해 제정하신 제도이다(마 18:15-18). 즉 그리스도께서 교회의 진리파수와 생활의 순결을 위해 주신 것이다. 이 제도는 우리의 구원을 완전하게 하기 위한 의도에서 실행하는 것이다. 교회 공동체는 권징의 시행을 통해 죄를 범한 자에게 죄를 깨닫고 회개하게 함으로써 영적 유익을 도모하고, 교회의 순결을 유지하게 한다. 말하자면 권징은 교회의 거룩과 순결을 지켜가는 방편이기도 하다. 그럼에도 불구하고 권징을 정당하게 시행하지 않는 것은 교회의 거룩성을 상실할 위험이 있다. 그래서 장로교 전통에서는 개혁자들의 가르침에 따라 권징을 교회의 표지로 강조해 왔던 것이다.

결국 개혁자들은 로마교(천주교)회는 참 교회의 표지를 상실했다고 보았기에 그 교회를 교회로 인정하지 않았고, 그 교회로부터 떠나야만 했던 것이다.

---

[92] 화체설(Transubstantiation)은 1215년 공식교리가 되었고, 1300년부터는 교인들은 오직 떡만 받았다.

3. 교회의 사명

지금까지는 교회가 무엇인가 하는 문제를 취급하였다. 이제는 교회가 하는 일, 곧 교회의 사명이 무엇인가를 살펴보고자 한다. 교회의 사명은 교회의 본질과 관련되며, 교회의 존재이유를 묻는 문제라고 할 수 있다. 보통 예배, 증거, 교육, 봉사를 교회의 4가지 사명이라고 말한다. 흔히 어떤 교회가 좋은 교회인가를 묻곤 하는데, 좋은 교회란 교회에 주어진 본래적인 사명을 잘 감당하는 교회라고 말할 수 있을 것이다.

1) 예배

예배(라트레이아)는 교회가 하나님께 영광을 돌려 드리는 가장 분명한 방법이다. 또 예배는 그리스도인의 의무이자 교회가 행하는 가장 중요한 일이다. 구약적으로 말하면 교회란 '찬미의 제사' (히 13:15, 벧전 2:5)를 하나님께 드리는 제사장들의 모임이다. 예배에서 말씀의 선포 곧 설교는 살아계신 하나님의 음성을 들으며 헌신과 봉사로 우리 자신을 하나님께 드리는 가장 중요한 요소이다. 또 헌금, 찬양, 성례 등이 예배의 중요한 요소들이다. 성도의 교제(코이노니아) 또한 예배의 중요한 요소이다. '코이노니아' 라는 단어는 문자적으로 '모든 것을 공동으로 소유하는 것' 을 의미한다. 그래서 교제란 근본적으로 무엇을 함께 나누는 것을 의미한다고 볼 수 있다. 하나님의 백성의 교제는 하나님의 생명에 공동으로 참여하는 것에 기초를 두고 있다(요일 1:3, 7). 이것은 처음부터 교회의 현저한 특징이었다.

2) 증거

교회의 두 번째 사명은 증거(마르투리아), 곧 복음 증거의 사명인데 오늘의 한국교회적 상황에서 말하면 전도와 선교를 의미한다. 예수님께서는 "예루살렘과 온 유대와 사마리아와 땅 끝까지 이르러 내 증인이 되리라"고 하셨다(행 1:8). 증거의 사명은 예수님의 마지막 교훈이자 지상명령(great commission)이었고, 이것은 그리스도를 통한 구원의 선포였다. 존 스탓트(John Stott)는 증거의 개념을 광의적으로 해석하여, "교회가 세상에 보냄을 받아 행해야 할 모든 것"으로 해석했다. 이 증거의 사명은 교회의 부차적인 과업이 아니라 모든 시대의 교회에 주어진 일차적인 사명이다.

3) 교육

교육 또한 교회가 해야 하는 중요한 사명이다.[93] 설교도 교회가 그 초기부터 시행해 온 일종의 신앙교육의 수단이라고 할 수 있다. 사도 바울은 에베소에서 "우리가 다 하나님을 믿는 일과 아는 일에 하나가 되어 온전한 사람을 이루어 그리스도의 장성한 분량이 충만한 데까지 이르리니 이는 우리가 이제부터 어린아이가 되지 아니하여 사람의 궤술과 간사한 유혹에 빠져 모든 교훈의 풍조에 밀려 요동치 않게 하려 함이라 오직 사랑 안에서 참된 것을 하여 범사에 그에게까지 자랄지라"(엡 4:13-15)고 했다. 신앙의 성장과 성숙을 위해 노력해야 하며, 교회는 이를 위해 교육적 활동을 시행해야 한다. 우리가 교회교육이라고 말할 때 흔히 주일학교나 중고등부, 혹은 청년부 정도를 생각하지만, 사실은 성인에 이르기까지 모든 계층의 사람들을 가르치고 복음의 내용을 알게 해야 한다. 서양기독교 전통에서 나온 신앙고백서(Confession)나 교리문답서(Catechism)는 바로 이런 목적에서 생산된 문서들이다.

---

[93] 이 점에 대한 더 자세한 논의는 Edmund P. Clowney, "Toward a Biblical Doctrine of the Church," *Westminster Theological Journal* 31, no. 1 (Nov., 1968), 71ff.

4) 봉사

교회의 또 한 가지 사명은 봉사(디아코니아)이다. 이는 기독교 본래의 이타적인 삶의 방식을 보여준다. 예수님은 분명히 궁핍한 자들과 고통 받는 자들의 문제에 깊은 관심을 가지셨다.[94] 초대교회 또한 이웃을 섬기며, 봉사하는 일에 헌신적이었다. 사랑과 베품, 나눔 등 봉사는 하나님께 영광을 돌리는 하나의 수단이다(벧전 2:12). 권위 있고, 권세 높은 자를 큰 자라고 여겼던 이방세계와는 달리 예수님은 겸손하게 섬기는 자가 큰 자라고 하셨는데(막 9:33-37, 눅 22:24-27), 이것은 제자들에게 심각한 도전을 주었다. 또 예수님은 "인자가 온 것은 섬김을 받으려 함이 아니라 도리어 섬기려 하고 자기 목숨을 많은 사람의 대속물로 주려 함이니라"(막 10:45)고 하셨다. 그리스도인의 삶의 방식은 섬기는 생활이며, 이웃을 섬기는 봉사는 교회가 수행해야 하는 사명이다. 그리스도인의 봉사는 우선적으로 믿는 형제들 안에 있는 사람들에 대한 것이지만(갈 6:10), 예수님께서 보여주신 더 깊은 봉사는 그와 원수 된 자들에게까지 외연된 것이었다(롬 5:6-8). 교회는 봉사와 섬김을 통해서도 하나님께 영광을 돌려야 한다.

4. 교회에서의 직분

그렇다면 교회에 주어진 이 4가지 사명을 어떻게 효과적으로 감당할 수 있을까? 바로 이 목적을 위해 세우신 제도가 직분(職分)이다. 교회의 직분은 근본적으로 교회에 주신 사명 완수를 위한 수단일 뿐이다. 직분

---

[94] Sherwood Wirt, *The Social Conscience of the Evangelical* (NY: Harper and Row, 1968), 19-26.

은 사회적 계급이나 서열이나 정치적 권위가 아니라, 근본적으로 기능적인 차이일뿐이다. 목사가 평신도보다 더 높거나 더 중요한 것도 아니고, 목사가 평신도보다 하나님께 더 가까이 있는 것도 아니다.

1) 유일하신 직분자이신 예수 그리스도

개혁주의 교회의 직분관을 한마디로 말하면 예수 그리스도는 교회의 유일한 직분자라는 사실이다. 교회 내의 다른 모든 직분은 오직 유일하신 직분자이신 그리스도의 직분을 수종든다는 점에서 의의를 지닌다. 신약에서 제사장이라는 말이 오직 예수님에 대해 단수로 사용되었고, 하나님과 인간 사이를 중재하며, 하나님의 은혜를 인간에 전달하는 사제직(司祭職)에 대한 언급이 전혀 없다. 갈보리에서 행하신 그의 제사장직은 다른 사제적 중보자들을 영원히 필요 없게 하신 것이다. 이것은 예수 그리스도야 말로 교회에서의 유일하신 직분자라는 사실을 보여준다.

예수 그리스도는 하나님의 영원한 뜻 가운데서 그의 택하신 백성을 구원하기 위해 마지막 아담으로(고전 15:45)으로 오셨다. 즉 그는 직분자 메시야로 세우심을 입은 것이다. 메시야란 히브리어로 "기름부음 받은 자"라는 뜻인데, 희랍어로는 '그리스도'에 해당한다. 그가 육신을 입고 이 땅에 오시기 전, 곧 구약시대에는 제사장, 선지자, 왕을 세워 가르치고, 다스리고, 돌보셨다. 그러므로 구약의 3 직분은 그리스도의 직분을 예표한 것이었다. 때가 차매(갈 4:4) 그리스도는 육신을 입고 이 세상에 오셨는데, 그는 하나님께서 자신을 보내셨음을 강조하셨다(요 7:29, 8:26, 8:42). 예수 그리스도는 하나님께서 사명을 맡겨 이 땅에 보내신 직분자였다. 이런 점에서 히브리서 기자는 예수 그리스도를 "사도"라고 불렀다(히 3:1). 여기서 말하는 "사도"라는 말은 베드로나 요한과 같은 의미의 사도라는 뜻이 아니라, 예수님이 직분자로 "보냄을 받은 자"(apostolos)라는 점에서 하신 말씀이다.

그래서 예수님은 선지자로서 하나님의 뜻을 완전히 계시하고 가르쳤으며(신 18:15, 행 3:22-23), 자비로운 제사장으로서 자기 백성의 죄를 감당하시고 대속의 죽음으로 그들을 완전히 구원하셨으며(히 7:1, 11, 18), 왕으로서 마귀의 권세를 이기시고 부활, 승천하여 하나님 우편에 앉으심으로 영원한 왕이 되심을 나타내셨다. 그가 십자가상에서 "다 이루었다"고 하신 것은 직분자 메시아로서의 사명을 다 이루신 것을 의미한다. 구약시대의 3직분은 예수 그리스도 안에서 완전히 성취된 것이다. 신약교회가 구약의 3직분을 갖지 않는 것은 바로 이런 이유 때문이다.

2) 교회에서의 직분들

우리가 교회의 직분을 말하면, 목사, 장로, 집사 등을 생각하게 된다. 이런 직분이 어떻게 생겨났으며, 이 직분의 기능은 무엇일까? 또 직분자의 자격은 어떠한가? 이런 점들에 대해 정리해 두고자 한다.

신약시대의 직분이 어떤 면에서 구약시대의 직분들(제사장, 선지자 등)과 유사성을 지니는 것은 사실이지만, 구약의 직분은 예수 그리스도 안에서 완성되었으므로 직분의 기원과 직무 등을 예수 그리스도에게서 찾아야 한다. 예수 그리스도는 사람의 도움 없이도 그의 선지자적, 제사장적, 그리고 왕적 직무를 이행할 수 있으나, 그는 사람을 통하여 교회를 위한 이 직무를 감당하셨다. 그래서 하나님의 백성 가운데서 교회를 위해 봉사할 자를 세워 이 직무를 감당케 하셨다. 이런 점에서 모든 직분자들은 다 '주의 종'이라고 할 수 있다.

신약성경을 보면 직분자들이 어떻게 세움 받았는가를 보게 되는데, 그 첫 직분자들은 예수님께서 직접 세우신 제자들이었다. "아버지께서 나를 보내신 것 같이 나도 너희를 보내노라"(요 20:21)하시며, 그들을 보냈는데, 이들이 사도였다. '사도'(apostle)란 '보냄을 받은 자'(apostolos)들인데, 그리스도의 직분의 대행자로서 '가르치고, 다스리고, 돌보는' 삼중직을 이행하였다(행 2:42-47, 4:33-35, 6:2). 사도는 예수 그리스도의 목격자로서 그리스도에 대한 증거자였다(행 1:24, 21-22).

그 후 교회가 성장, 확장해 감에 따라 그리스도께서는 합당한 은사를 받은 자들을 불러 세워 사도가 담당해 온 직무를 나누어 봉사하게 하셨는데, 이 과정은 특히 사도행전에 기록되어 있다. 주님께서는 교회의 성장과 교회 환경에 따라 자연스럽게 직분자를 세워 직임을 분담케 했다. 즉 예루살렘교회가 커짐에 따라 사도들이 가르치는 일과 구제하는 일을 감당하기 어려웠을 때, 구제하는 일을 맡을 직분을 따로 세워 이 일을 맡기셨다(행 6:1-7). 그래서 제사장적 자애의 사역이 집사의 직분에로 위임되었다. 또 예루살렘 외에도 여러 지역에 교회가 설립되어 사도들이 그 모든 지역의 교회를 다스리고 인도할 수 없게 되었을 때 각 교회에 장로를 세워 이 일을 감당케 했다(행 11:30, 14:23). 사도들이 세상을 떠나고 교회 내에 거짓 스승이 침투하여 그리스도의 말씀과 사도들이 전한 복음을 바로 보존하고 가르칠 직분이 필요했을 때, "목사와 교사"(엡 4:11)직이 생겨난 것이다.

목사직이 어떻게 생겨나게 되었는가에 대한 분명한 기록은 성경에 없다. 아마도 처음에는 장로들 중에서 가르치는 은사를 받은 자를 구별하여 헌신케 했으나, 후에 이 직의 전문화가 요청되었을 때 장로직의 분화(딤전 5:17)가 나타나 치리하는 장로, 곧 지금의 장로와 가르치는 장로, 곧 지금의 목사로 세움 받은 것으로 보여 진다. 그래서 선지자적 가르침의 사역이 목사에게 위임된 것이다. 이런 과정을 따라 집사, 장로(장로와 목사)직이 나타나게 된 것이다.

헤르만 바빙크(H. Bavinck)는 교회 직분에 대해 말하면서 "그리스도는 목사직을 통해 가르치시고, 장로직을 통해 다스리시며, 집사직을 통해 그의 양무리를 돌보신다"고 했다.[95] 그러나 엄밀하게 말하면 교회 안에는 오직 한 분 그리스도의 직분만 있고, 교회 안의 모든 직분은 한 분 그리스도의 직분을 수종한다는 점에서 의의를 가진다. 그래서 교회에서의 직분이란 오직 섬기는 직분일 따름이다. 개혁주의 교회에서는 직분자들 간의 직무에 대해서는 선명한 구별을 하지만, 직분에 있어서 상하의 계급적인 구별은 엄격하게 배격한다.

3) 2직분론과 3직분론

앞에서 교회의 직분은 집사와 장로(지금의 장로와 목사)였음을 말했는데, 이 '장로' 직은 '감독'으로 불리기도 했다. 신약성경에서 '장로' 라는 표현은 약 60회 나오지만(행 11:30, 14:23, 20:17 등), 감독(bishop, overseers)이란 용어는 오직 5번 사용되었다. 그러나 이 두 용어가 동의어로 사용되었다는 것이 개혁주의 교회의 입장이다. 그 근거로 사도행전 20장 17절에서 '장로' 라고 칭했던 동일한 이들을 28절에서 '감독' 이라고 호칭한 경우나, 디도서 1장 5절과 7절에서 장로와 감독이 같이 사용된 점을 보면 알 수 있다. 또 빌립보서 1장 1절에서 바울은 '감독' 과 '집사' 는 언급하면서도 '장로' 에 대한 언급이 없는데, 이것은 장로와 감독이 동의어였음을 암시한다. 특히 감독을 단수로 말하지 않고 복수형(episkopoi)으로 말하고 있는데, 이것은 한 교회에 여러 감독(장로)들이 있었음을 암시한다. 이런 점에 유의하여 교회의 직분을 집사와 장로의 2 직분으로 보는 견해를 '2직분론' 이라고 말한다.

그러나 장로와 감독을 동의어로 보지 않고 별개로 보는 이들은 교회

---

[95] H. Bavinck, *Gereformeeved Dogmatiek*, IV, 371 ff.

의 직분은 근본적으로 집사, 장로, 감독으로 보아 3직분으로 이해하는데 이 입장을 '3직분론'이라고 말한다. 3직분론은 천주교나 감독제도를 지향하는 감리교 등에서 받아들이는 견해이다. 이들은 감독은 여러 장로 중에서 특별히 다스림에 위치에 있는 이들을 칭하는 직분으로 이해하여 교회의 직분을 계급구조로 이해하였고, 그 결과 오늘의 천주교회에서 보는 교권적 교계(敎階)제도를 낳게 했다. 말하자면 직분관에 대한 오해는 교회관의 변질을 가져왔고, 하나님의 교회를 인간 중심의 계급 구조로 변질시키게 된 것이다.

4) 직분자의 역할

대단히 흥미로운 사실은 신약성경에는 직분의 기원과 생성에 대해서는 언급하고 있으나 직분자의 직무에 대해서는 직접적인 지시나 언급이 전혀 언급이 없다는 점이다. 단지 여러 암시를 주고 있을 뿐이다. 그러나 직분자의 자격에 대해서는 자세하고도 분명하게 언급하고 있다. 이것은 직분자가 무엇을 할 것인가에 앞서 직분자가 어떠해야 하는가가 더 중요하다는 점을 암시하는 것으로 볼 수 있다.

5) 직분자의 자격

직분자의 자격에 대해서는 디모데전서 3장과 디도서 1장에서 언급하고 있는데, 그 내용은 비슷하다. 디모데전서 3장 1절 이하에서는 직분자의 자격을 말하고 있는데, 3장 2-7절에서는 감독, 곧 지금의 장로와 목사의 자격을, 8-10절은 집사의 자격을, 11절 이하, "이와 같이 여자들도"에서는 여성 직분에 대해 말하고 있는데, 이 본문에는 3가지 특징이 있다.

첫째, 교회에서의 직분자의 자격을 말함에 있어서 세속적 가치 표준이라고 볼 수 있는 학력이나, 경력, 사회적 지위 등에 대해서는 전혀 언급이 없다는 점이다. 둘째, 장로나 목사, 집사, 그리고 여성 봉사의 자격에 있어서 차이가 거의 없다는 점이다. 이것은 교회 직분을 계급적인 구조로 이해하지 않았다는 증거이다. 만일 목사나 집사직을 계급적 구조로 이해했다면, 목사와 집사 사이에 어떤 자격상의 차이가 있었을 것이다. 그러나 그런 차이가 없다. 셋째, 직분자의 자격에서 오직 요구되는 것은 다 신앙인격의 문제라는 점이다. 하나님의 교회를 돌아보는 봉사자들에게는 바른 신앙적 삶을 요구했을 뿐이다.

제13장

국가권력과 교회:
17세기 스코틀랜드 언약도들의 저항과 투쟁

1. 시작하면서 – 역사적 배경

우리는 초기 한국 선교사들에 대한 기록에서 언약도(Covenanters)[96]의 후손이란 말을 자주 접하게 된다. 그러면서도 언약도가 무엇인지 우리에게 잘 알려져 있지 않다. 근년에 와서는 한국인에 의한 언약도에 대한 연구서 혹은 박사학위 논문이 출간되고, 또 여러 논문이 발표되기도 했으나 언약도는 여전히 우리에게 생소한 신앙운동 집단으로 남아 있다. 언약도들이 국가의 교회 간섭을 반대하고 투쟁했다는 점에서 일제하에서 한국교회가 신사참배 강요에 맞서 싸웠던 사실과 유사한 역사

---

[96] 17세기 스코틀랜드에서 국가권력의 교회에 대한 부당한 간섭을 반대하고 장로교제도를 지키기 위해 싸웠던 신앙운동인 이들은 언약파, 언약도, 혹은 계약파 등으로 번역되기도 하지만 이들의 활동은 종파운동이라기보다는 신앙운동이었으므로 영국의 Puritan을 '청교도'라고 번역하듯이 '언약도'로 번역하는 것이 타당하다고 보아 이 글에서는 언약도, 혹은 언약도 운동이라고 명명했다.

적 경험이었지만, 신사참배 반대자들의 기록이나 증언에서 역사적 선례로서 언약도들에 대한 언급이 전혀 없었던 것을 보면,[97] 장로교 전통에 대한 이해가 깊지 못했음을 짐작해 볼 수 있다. 더군다나 최근에 이르기까지 신사참배 반대운동에 대한 연구에서도 17세기 스코틀랜드의 언약도들의 역사를 통해 유추해 보거나 스코틀랜드교회의 역사로부터 반추해 보려는 노력이 없었던 것을 보면 한국의 장로교회 논자들에게 서조차도 언약도에 대한 이해가 부족했던 것으로 생각된다.

우리가 장로교회의 신학 전통, 혹은 장로교 신앙의 원류를 이해하기 위해서라도 17세기 스코틀랜드에서 있었던 언약도들의 신앙여정과 국가 권력의 부당한 압제에 대한 투쟁을 이해할 필요가 있을 것이다. 17세기 언약도 운동은 장로교 신앙정신을 당시의 정치적 정황 가운데서 이해하도록 도와 줄 뿐만 아니라 우리가 믿는 장로교 신앙과 제도를 유지, 계승, 발전시키기 위해 어떤 희생적 투쟁이 있었는지를 보여준다는 점에서 실로 의미 있는 일이라고 할 수 있다. 이 글에서는 1603년 이후의 스코틀랜드와 영국의 정치적 상황 속에서 언약도의 기원과 역사를 간략하게 정리해 두고자 한다.[98]

---

[97] 필자는 이 점에 대한 한 가지 예외를 소개한 바 있다. 만주지방에서 신사참배 반대운동을 주도하던 한부선(Bruce Hunt, 1903-1992) 선교사가 신사참배의 부당성을 지적하고 우상숭배 행위로부터 절교해야 할 것을 역설하는 '언약'(A Covenant)이라는 문서를 채택한 일이 있는데, 이것은 아마도 17세기 스코틀랜드의 언약도들의 역사적 경험에 대한 이해에서 나온 것일 수 있다는 점을 지적한 바 있다. 이상규, "한부선 선교사의 생애와 사역," 『기독교사상연구』 제3호(1996. 10), 48.

[98] 이 글의 중요한 정보는 주로 Julia Buckroyd, *Church and State in Scotland, 1660-1681* (Edinburgh: John Donald Pub., 1980), John Cunningham, *The Church History of Scotland* (Edinburgh: Adam and Charles Black, 1985), J. D. Douglas, *Light in the North, The Story of the Scottish Covenanters* (Exeter: The Paternoster Press, 1964), 그리고 G. D. Henderson(이은선 역), 『스코틀랜드 교회사』(한국로고스연구원, 1991)을 주로 참고하였음.

1603년 엘리자베스 여왕의 서거는 영국과 스코틀랜드에 커다란 정치적 변혁을 가져왔다. 이것은 단순히 튜더(Tudor)왕가의 몰락과 스튜어트(Stuart) 왕가의 시작을 보여주는 왕가(王家)의 이동만이 아니라 그 이후의 영국사를 결정해 가는 중요한 역사의 변혁을 가져왔기 때문이다. 헨리 VII세(재임기간, 1485-1509)에 이어 헨리 VIII세(1509-1547), 에드워드(Edward) VI세(1547-1553), 메리(Mary, 1553-1558)를 거쳐 1558년 영국 왕이 된 엘리자베스(Elizabeth II)는 1603년까지 영국을 통치하였고 그 해 3월 24일 서거하므로 튜더 왕가는 막을 내리게 되었다. 엘리자베스는 서자(庶子)를 남기지 못하고 서거하였으므로 조카뻘 되는 스코틀랜드의 제임스 VI세(James VI)가 제임스 1세란 이름으로 영국의 왕으로 취임하였다. 이것은 엘리자베스 여왕의 유언에 따른 것이었는데 제임스는 영국의 엘리자베스 여왕에 의해 1587년 반역죄로 처형된 스코틀랜드의 여왕 메리 스튜어트(Mary Stuart, 1542-1587)의 아들이었다. 이로써 영국과 스코틀랜드는 제임스왕의 통치를 받게 되었는데 이것이 스튜어트왕가의 시작이었다.

2. 제임스 1세 (1603-1625)

17세기 영국에서 일어난 언약도 운동의 기원과 장로교 제도의 정착을 위한 고된 투쟁의 역사를 보다 분명히 이해하기 위해서는 제임스 1세(스코틀랜드에서는 제임스 6세) 치하의 정치적 상황을 언급하는 것이 유익할 것으로 판단된다.

1566년에 출생한 제임스는 이듬해, 곧 1567년 그의 어머니 메리 스튜어트 여왕이 귀족들과의 싸움에 휘말려 어쩔 수 없이 영국으로 망명하게 되자 제임스 6세란 이름으로 형식상 스코틀랜드의 왕이 되었다. 이 때로부터 제임스 5세가 21세가 되던 1587년까지는 어린 제임스를 둘러싸고 섭정과 권력 쟁탈전이 계속되었다. 이러한 권력 장악을 위한 살인과 정치적 음모를 보고 자란 제임스 6세는 '평화로운 행복'(Beati Pacifici)이 그의 좌우명이 되었다. 그리고 강력한 왕권의 확립이야말로 권력을 둘러싼 대립을 막을 수 있다고 보았으므로 절대 권력을 이상으로 여기게 되었다. 그는 비교적 학식이 깊었고, 시도 짓고 신학 논문도 쓸 만큼 지성적이었지만 그가 절대군주제를 신봉하였던 것은 바로 이런 이유 때문이었다. 그는 국왕은 지배자이며 신민은 복종자일 뿐이라는 것이 신이 정해준 하나님의 법(Divine law)이라고 믿었다. 국왕은 법을 초월한 존재이지만 시범을 보이기 위해서 법을 준수해야 하며 예외적인 경우에는 법을 무시해도 좋다고 보았다. 또 예외적인 것이란 국왕만이 판단할 수 있는 것이라고 하였다. 말하자면 "국왕은 법이다"(Rex est lex)라는 주의로서, 정치관에 있어서 제임스 6세는 절대왕권의 이론적인 뒷받침인 '왕권신수설'(王權神授說, Theory of Divine Right of Kings)을 주장한 대표적인 왕이었다. 그는 불란서의 루이 4세처럼 저술을 통해 왕권신수설을 주장하였는데, 곧 그의 나이 32세 때인 1598년 『자유 군주제의 진정한 법』(The true Law of free Monarchies)이라는 책을 익명으로 출판하였다. 그가 이 책을 익명으로 출판한 것은 왕의 절대권, 곧 국가만이 아니라 교회까지도 통치권자의 수중에 두어야 한다는 자신의 주장을 정당화 하기 위한 계략적 이유 때문이었다.

그는 이 책에서 "왕들의 절대적 특권에 관한 한 그것은 법률가의 혀끝에서 논의될 성격의 것이 아니며 논의하는 일조차도 불법이다"라고 하였고 "신이 무엇을 할 수 있는가를 논하는 것이 무신론이며 독신(瀆神)인 것 같이 신하가 왕이 무엇을 할 수 있는가를 논하는 것은 건방진 일이며 일대모독이다"라고 하였다. 결국 그는 왕권신수설의 요체인 왕은 신민(臣民)의 생명과 재산에 대한 지배권을 가지며 왕은 국민의 한 사람이 아니라 국가의 주인으로서 자격을 가진다는 입장을 견지하였다. 제임스 VI세가 이러한 주장을 편 것은 당시 칼빈주의적 장로교가 지배하고 있던 스코틀랜드에서 칼빈주의자들이 옹호했던 '지배권의 계약'에 관한 사상이나 '저항권'에 관한 이론을 논박하기 위한 목적이 있었다.

익히 알려진 바이지만 스코틀랜드에서는 존 낙스(John Knox, 1514-1572)에 의해 1560년 국가적 차원에서 종교개혁이 단행되었다. 그러나 교황을 정점으로 하는 감독 혹은 주교 제도가 폐기되고, 신약 성경적 원리에 따라 장로를 중심으로 하는 치리제도, 곧 장로제도가 정착된 것은 아니었다. 스코틀랜드 의회는 개혁 직후 존 낙스를 비롯한 6명이 기초한 "스코틀랜드 신앙고백서"(The Scots Confession)는 통과시켰으나 "제1치리서"(The First Book of Discipline)는 기각시켰던 것이다.

종교개혁이 단행된 이듬해인 1561년 메리 여왕은 프랑스로부터 귀국하였는데, 메리 여왕은 여전히 로마 천주교 신앙을 신봉하였고 천주교적 예배의식을 고집하여 낙스와 충돌하기도 하였다. 그러나 낙스가 병석에 눕게 되고 그 영향력이 줄어들자 스코틀랜드에서는 장로제도가 약화되고 다시 감독제도(Episcopacy)가 현실화 되어갔다. 낙스가 세상을 떠난 후 2년 뒤인 1574년 앤드류 멜빌(Andrew Melville, 1545-1622)이 10여년간의 제네바 유학을 마치고 귀국하였다. 그는 조국 스코틀랜드에서 감독제가 부활된 것을 보고 이를 거부, 반대하는 의미에서 '장로제 신수론'(長老制 神授論)을 제창하였다. 이 당시 제임스 VI세는 아직 어린 소년이었고 몰톤(Morton, 1572-1580)이 정치적 후견인으로서 섭정을 하고 있었다. 몰톤은 영국으로 망명한 메리 여왕의 측근으로서 멜빌의 개혁운동에 반대하고 있었다. 그러나 멜빌의 끈질긴 노력 끝에 1578년 "제2치리서"(The Second Book of Discipline)가 작성되었고 1581년 출판되었다.

이 문서는 섭정 몰톤의 국가의 교회 지배권, 곧 에라스티안주의(Erastianism)를 반대하기 위한 목적을 지니고 있었다. 즉 이 문서에서는 국왕의 교회 지배나 간섭을 배제함으로써 제임스 6세의 왕권신수설을 반대하였다. 그리고 감독제가 아닌 장로 제도를 강하게 주장하였다. 비록 이 문서가 "제1치리서"와 마찬가지로 의회의 승인을 얻지는 못했으나 장로교 총회에서 통과되므로 장로 제도를 확립시켜가는 초석이 되었다. 그래서 "제2치리서"는 보통 '장로교의 대헌장'(Magna Charta of Presbyterianism)으로 불리기도 한다.

1587년 6월 제임스 6세는 성년이 되자 섭정의 시대를 끝내고 자신이 직접 정치에 관여하였는데 그의 기본정책은 왕권을 강화시키고 교회를 장악하는 일이었다. 특히 그는 1596년에 있었던 '블랙(David Black) 목사 사건'을 기화로 하여 노골적이고 기만적인 방법으로 교회 지배를 위한 정책을 수립해 갔다. 1598년 개최된 장로교 총회에 참석하여 "나는 로마 천주교회나 성공회의 감독 제도를 도입할 생각이 없다"고 천명하고는 1599년 익명으로 발표된 자신의 저서 『바실리콘 도론』(Basilicon Doron)에서는 감독제를 통한 교회 지배를 주장하는 왕권신수설을 주장하였다. 그는 몇 가지 단계를 거쳐 스코틀랜드에 감독제도(Episcopacy)를 확립해 갔고, 1603년 영국 왕으로 부임할 당시는 장로교를 거의 지배하게 되었다.

제임스 6세는 1603년 제임스 1세란 이름으로 영국 왕에 부임하였다. 이때 그의 나이는 37세였다. 청교도들은 제임스 1세에게 상당한 기대를 걸고 있었다. 그래서 마차를 타고 런던으로 향하는 왕의 길에 환영의 꽃다발을 헌정하기도 하였다. 또 이때 영국의 청교도들은 왕권 지배하에 있는 영국교회의 주교제도를 폐지하고 장로 제도를 도입할 것을 요구하고, 예배의식 전반에 남아있는 로마 천주교적 요소를 제거해 달라는 내용의 '천인의 탄원서'(Millinery Petition)에 서명하여 제임스 1세에게 전달하기도 하였다. 그러나 이 모든 노력은 수포로 돌아갔다. 이미 앞에서 언급하였지만 제임스 왕은 영국교회의 감독제를 선호하고 있었기 때문이다. 장로교 제도는 왕권의 교회 간섭이나 지배를 근원적으로 배제하지만 감독제는 왕권의 교회 지배를 허용하고 있었기 때문에 '왕권신수설'을 신봉하는 제임스 왕은 감독제하에 영국과 스코틀랜드의 교회를 통합하려는 계획을 가지고 있었다.

여기서 영국의 상황을 이해할 수 있도록 하기 위해 영국교회와 감독제 형성의 역사적 배경에 대하여 좀 더 언급하는 것이 필요할 것 같다. 철저한 천주교 신자로서 최초로 루터의 주장을 반박하는 글을 써서 '신앙의 수호자'라는 칭호까지 얻었던 헨리 8세는 자신의 이혼문제 때문에 영국교회를 로마 천주교로부터 단절시켰는데 이것이 영국의 종교개혁이었다. 즉 헨리 8세는 1534년 수장령(Act of Supremacy)을 발표하여 자신은 영국의 왕인 동시에 영국교회의 최고의 수장임(Supreme head of the Church)을 선언하고 영국교회를 로마 천주교로부터 분리 시켰는데, 이것이 영국교회(Church of England) 혹은 성공회(Anglican Church)의 시작이다. 그래서 영국교회는 왕을 최고 통치자로 하고 감독에 의해 다스려지는 감독제를 채택하고 있었다. 그래서 지금도 영국여왕이 국교인 영국교회의 대표로 되어 있다.

헨리 8세에 이어 에드워드 6세, 메리 1세에 이어 엘리자베스 1세가 왕이 되었는데, 그녀는 아버지 헨리 8세처럼 강력한 왕권을 행사하길 원했다. 그녀는 속권은 물론 교권까지도 장악하는 소위 '황제 교황주의'(皇帝 敎皇主義, Caesar-papism)를 지향하였고 천주교나 프로테스탄트 어느 쪽으로도 극단적으로 치우치지 않고, 또 양측으로부터 저항을 받지 않기 위해 '중도 정책'(中道 政策, via media policy)을 취하였다. 특히 종교 문제에 있어서는 1552년에 일차 개정된 바 있는 "공동 기도서"(Book of Common Prayer)를 다시 개정하고 '통일령'(Act of Uniformity)을 제정하여 예배의식을 개정된 공동 기도서에 따르도록 조치하였다. 또 자기 정책을 지지하는 주교들을 동원하여 1563년 '39개 조항'(Thirty-nine Articles)이라는 신앙고백서를 작성하였는데 이 문서는 1571년 의회를 통과하였다.

엘리자베스 여왕은 과거의 로마 천주교 못지않게 국민들에게 국교회를 신봉하도록 강요하였고, 누구에게나 '39개 조항'을 공적으로 고백하도록 요구하며 목사는 공동 기도서 외에는 사용할 수 없도록 규정하였다. 이와 같은 여왕의 종교정책에 반대한 이들이 청교도들인데, 이들은 영국교회에 남아 있는 천주교적 요소와 잔재를 철저하게 제거해야 한다고 주장하였다. 이러한 종교적 상황에서 제임스 I 세가 영국 왕으로 부임한 것이다.

그는 영국국교의 감독제를 지지하면서도 청교도들을 포용하기 위한 의도로 1604년 1월 소위 '헴톤궁 회의'(Hamton Court Conference)를 소집하였는데 18명의 국교회 성직자와 4명의 청교도 목사를 초청하였다. 청교도 목사 4명은 감독제를 강력하게 반대하지 않을 것으로 판단되는 사람을 선별한 것이었다.

그러나 이 때 국교회 성직자들이 청교도 목사들과의 합석회의를 반대하였으므로 제임스왕은 양측을 별도로 불러 의견을 청취하였는데, 국교회 성직자들에게는 엘리자베스 여왕 시대의 종교정책의 고수를 약속한 반면, 청교도 목사들과의 회합에서는 "주교 없이는 왕도 없다"(No Bishop, No kings)라고 선언함으로써 청교도들과는 완전히 결별하게 되었다. 특히 1604년 이후 국왕은 국교회 의식을 지키기를 거부한 청교도 목사 300명을 교회로부터 추방하고 말았다. 이로써 청교도는 왕의 입장에 반대하는 위치에 서게 되었다.

당시 하원에서는 청교도가 다수 의석을 차지하고 있었으므로 왕에게는 정치적 부담이 아닐 수 없었다. 왕은 의회 소집권이 왕에게 있다는 점을 들어 그의 22년간의 재임기간 중 의회를 3번 밖에 소집하지 않았다. 감독제를 통해 영국과 스코틀랜드를 통치하기 위해서는 일관된 종교정책이 필요했는데, 이미 영국에는 감독제가 정착되어 있었으나 장로교를 국교로 하고 있던 스코틀랜드에는 감독제도로의 전환이 용이한 일이 아니었다.

바로 이런 감독제도의 전환을 꾀하는 제임스 왕과 스코틀랜드 장로교와는 끊임없는 분쟁과 투쟁이 지속될 수밖에 없었다. 이러한 일련의 과정 속에서 나타난 하나의 신앙운동이 후론하게 될 언약도 운동(Covenanters)이다.

이제 우리의 관심을 스코틀랜드로 옮겨 보고자 한다. 제임스 VI세는 교회가 갖는 특별한 성격에 대해서는 관심이 없었다. 단지 그가 원했던 것은 교회 또한 그의 수중에 두는 것이었다. 이러한 왕의 종교정책에 대해 스코틀랜드 장로교회는 심각한 우려를 표명하고 1605년 에버딘

(Aberdeen)에서 총회를 개최하려고 하였으나 왕은 이를 강하게 저지 하였다. 그리고는 낙스 이래로 장로교회의 최고의 지도자였던 앤드류 멜빌과 그의 조카 제임스 멜빌(James Melville), 존 포비(John Forbe of Alford) 등을 국외로 추방하고 귀족들과 목사들을 금품과 지위로 매수하였고 야비한 수단과 방법을 동원하여 교회에 대한 통제권을 강화해 갔다. 그래서 1610년에는 조직화된 감독제를 스코틀랜드 교회 안에 도입하는데 성공하였다.

그래서 스코틀랜드 교회는 장로제와 감독제를 혼합시킨 이중 체제를 유지하게 되었는데, 이것이 영국과 스코틀랜드의 정치와 종교를 통일 혹은 동질화하기 위한 전초 작업으로 볼 수 있다. 1618년 퍼스(Perth)시에서 개회된 총회에서 '퍼스 5개 조항'(Five Articles of Perth)을 통과시킴으로써 감독제도로 전환을 보다 구체화하였다. '퍼스 5개 조항' 이란

1. 성찬을 받을 때 무릎을 꿇고 받는다(kneeling at Communion).
2. 사적(私的) 성찬식(private Communion)을 허용한다.
3. 사적 세례(private Baptism)도 허용한다.
4. 견신례(Confirmation by Bishop)를 준수한다.
5. 예수의 강림, 수난, 부활, 성령강림 등 성일을 준수한다(observance of major Churchfestivals).

는 내용인데 이것이 장로교 원리와는 배치되는 내용임으로 강한 반대가 일어났다.

퍼스 5개 조항에 대한 강요는 크게 두 가지 점에서 반대가 있었는데 첫째로 보다 근원적인 문제로서 종교 문제는 국왕이 간섭할 문제가 아

니라 총회의 자유로운 결정에 의해 처리되어야 한다고 믿었기 때문이다. 둘째로는 5개 조항 내용이 로마 천주교적 성향을 강하게 풍기고 있다는 점 때문이었다. 성찬식에서 무릎을 꿇게 하는 것은 천주교의 화체설의 인상을 짙게 풍겨 주고 있었다. 이와 같이 교회문제에 대한 왕의 간섭은 천주교 제도로의 복귀라는 의혹을 안겨 주기에 충분한 것이었다. 당시 장로교회의 지도적 인사로서 이것을 반대했던 대표적 인물은 알렉산더 헨더슨(Alexander Henderson, 1583-1646)이었는데, 그는 파이프성의 로쳐스(Leuchers)교회 목사였다. 그는 후일 언약도의 지도자가 되었다. 이러한 일련의 변화 속에서 스코틀랜드 장로교는 국가 권력으로부터 교회의 독립을 유지하며 영적 자유를 지켜야 한다는 주장이 강하게 대두되었다. 또 그렇게 하기 위해서는 교회 정치형태는 장로제도가 되어야 한다는 주장이 확산되어 갔다.

3. 찰스 1세 (Charles I, 1625-1649)

1625년 제임스 왕이 사망하자 그의 아들 찰스 1세가 왕위에 올랐다. 1600년생인 그는 아버지 제임스를 따라 3세(1603년) 때 영국에 왔고 영국 왕실에서 자랐다. 그가 영국에 온 이래 한번도 조국 스코틀랜드를 방문한 일이 없었다. 그러다가 그가 1625년 영국 왕으로 즉위하자 스코틀랜드인들은 그의 방문을 기대 하였으나 이로부터 8년이 지난 1633년에야 스코틀랜드를 방문하였다. 그래서 찰스는 스코틀랜드에 있어서는 일종의 부재국왕(absentee king)으로 군림한 셈이다.

찰스 1세는 아버지인 제임스 1세보다 더욱 철저하게 왕권신수설을 주장하였고 아버지가 범한 과오를 되풀이하였다. 즉위 후 그는 얼마 안

되어 당시 유럽의 2대 강대국이었던 스페인과 프랑스를 상대로 한 전쟁에 휘말리게 되었고 전쟁자금이 필요했으므로 의회를 소집하였으나 의회의 동의를 얻지 못했다. 그래서 그는 법에 의존하지 않는 강제징세에 의존하였다. 이와 같은 그의 폭정은 의회의 불신을 샀고, 1628년에 소집된 의회에서는 국왕으로 하여금 국법을 준수하도록 요구하는 문서, 곧 권리청원(權利 請願, Petition of Right)이 제출되었다.

이 문서는 당시 유명한 법학자이자 전직 판사였던 코크 경(Sir Edward Coke)에 의해 작성되었으며 코크 경은 국왕에 대하여 법이 우월하다는 원칙을 관철시켰던 의회의 지도자였다. 권리 청원은 '대 헌장'의 정신을 재확인한 점 외에도 국왕의 권력과 법률의 권위 사이에 명확한 경계선을 결정하였다. 이 문서는 13세기의 '마그나 카르타', 17세기 후기의 '권리장전'과 더불어 영국 헌정사상 3대 주요 문서로 민주주의 발전에 크게 기여한 문서인 것은 상식에 속하는 일이다.

우리에게 더 큰 관심은 찰스 1세의 종교 정책이었다. 근본적으로 찰스의 종교정책은 아버지 정책을 계승하였지만 대세를 따라 로마 천주교로 복귀하려고 시도하였다. 그는 가톨릭 신도인 앙리에뜨 마리(Henriette Marie)를 왕비로 맞아 들였는데, 그녀는 루이 13세의 누이 동생이며 루이 14세의 숙모였다. 영국의 신교도들은 프랑스 출신의 왕비가 영국에 행복을 가져 온 일이 없었다고 이 결혼계획을 비난했으나, 결혼은 성사 되었고 혼인 약정의 비밀조항으로 국왕은 가톨릭을 보호 할 것을 약속하고 있었다.

정리해서 말하면 찰스 또한 종교 문제에 있어서는 감독제를 지지하면서 국가와 교회 위에 군림하는 절대 왕권을 확립하고자 의도하고 있었다. 찰스 1세는 국왕으로 즉위하자 과거 부왕이 단념하였던 "기도서"

(Liturgy)의 개정에 착수하였고 자기 명령에 맹종할 수 있는 인사들을 주교로 임명하였다. 이 때 선출된 주교들은 레슬리(Lesley), 윌리엄 폽스(William Forbes), 존 막스웰(John Maxwell) 등인데 이들은 감독제도의 강화를 위해 전위적 역할을 감당했던 인물들로서 런던 주교였던 윌리엄 로오드(William Laud)의 천거로 임명된 자들이다.

1633년 찰스는 만 30년 만에 조국 스코틀랜드를 방문하였다. 자신의 대관식을 거행하기 위한 목적 외에도 스코틀랜드인들의 불만을 잠재우기 위한 의도가 있었다. 그리고 "기도서" 개정을 위한 준비도 숨겨진 계획이었다. 찰스는 자신의 대관식을 전적으로 영국교회의 감독제도의 예식에 따라 거행하므로 절대다수의 장로교도들의 불만을 샀고, 스코틀랜드인들의 불만을 고조시키는 결과를 가져왔다.

찰스의 종교정책의 뚜렷한 방향은 1633년 윌리엄 로오드를 켄터베리 대 주교로 발탁한 일에 분명히 나타났다. 윌리엄 로오드(William Laud, 1573-1645)는 고교회(High Church)에 속한 지도적 인물이었는데, 고교회란 영국교회를 개신교의 일부로 보지 않고 천주교의 일부로 생각하고, 외형적인 의식과 형식을 중시하는 가톨릭적 영국교회를 의미한다. 특히 로오드는 1618-19년에 화란 도르트(Dordt)에 모인 도르트 회의(Synod of Dordt)에 영국대표로 참석하여 아르미니안의 입장에 찬동하였던 인물이었다. 그가 아르미니안의 입장에 찬동하였던 것은 알미니안 신학이 정통 칼빈주의보다 천주교와의 타협의 가능성이 높았기 때문이다.

찰스 왕이 로오드를 켄터베리 대주교로 임명함으로써 영국교회는 고교회파가 득세하기 시작하였고, 상대적으로 청교도들에 대한 탄압은 가중되었다. 이에 따라 미국 등지로 이민을 떠나는 청교도 수가 증가되어 2만여 명이 "메이플라워"의 순례자의 뒤를 따라 영국을 떠났다. 찰스 왕과 로오드의 가혹한 탄압이 없었다면 북미의 문명은 앵글로 색슨의 문명이 아니었을지도 모른다. 저교회(Low Church)는 고교회와는 달리 주교제도를 지지하면서도 영국교회를 로마 천주교가 아닌 개신교의 일부로 보기 때문에 청교도들에게 관용을 베풀어야 한다고 보았다.

윌리암 로오드는 종교문제 뿐 아니라 정치문제에도 왕의 자문에 응하면서 스코틀랜드 장로교회에 대해서도 탄압할 방도를 모색하였다. 비록 찰스 왕이 영국과 스코틀랜드를 통치하고 있었으나, 스코틀랜드 장로교회는 독립적인 교회 조직을 갖추고 있었으므로 켄터베리 대주교인 로오드의 치리권 밖에 있었다. 그래서 로오드는 찰스 왕에게 스코틀랜드 장로교회를 영국교회 하에 두도록 권고하였다. 이 목적을 달성하기 위해 1636년 교회법이 발표되었는데 이것은 스코틀랜드 장로교회의 치리정신과는 근본적으로 배치되는 것이었다. 그 이듬해인 1637년에는 스코틀랜드 장로교회로 하여금 영국교회의 공동 기도서를 약간 수정한 "공동기도서"(Book of Common Prayer)에 따라 예배드리도록 강요하였다.

이 기도서는 찰스 왕과 로오드의 지시에 의해 면밀히 수정된 것으로서 흔히 "로오드의 기도서"(Laud's Liturgy)라고 불리는데 로마 천주교적 예배의식을 강하게 보여주고 있었다. 스코틀랜드 교회는 낙스가 제네바에서 작성한 "공동기도서"(Book of Common Order)를 1562년 총회의 승인을 얻은 후 지금까지 사용해 왔는데, 제임스 VI세는 이 공동기도서를 폐지하고 영국교회의 기도서를 사용하도록 시도했었으나 성공하지 못하였다. 그런데 이제 찰스 1세는 영국교회 기도서를 일부 개정한 기도서를 사용하도록 요구한 것이다. 사실 스코틀랜드 교회는 종교개혁 때 이 천주교적 의식과 예배를 제거하기 위해 피나는 투쟁을 전개했는데 그 동일한 천주교적 의식이 이 문서 속에 부활되고 있었으므로 스코틀랜드 교회는 강하게 반발하였다. 스코틀랜드에서는 이미 낙스에 의해 칼빈의 '저항권' 이론을 발전시킨 '폭군 징벌론'이 조지 부케넌(George Buchanan, 1506-82)에 의해 소개되어 있었으므로 국민의 동의 없이 권력을 찬탈한 자나 불의한 방법으로 권력을 행사하는 폭군에게는 저항할 권리가 있다는 생각이 지배적이었다. 그래서 찰스 1세의 종교정책은 스코틀랜드인들의 심각한 저항을 불러일으켰다.

정리해서 말한다면 1637년의 새로운 기도서의 제정과 이 기도서에 따른 예배 강요는 국왕과 주교, 국왕의 종교정책에 대한 스코틀랜드 국민들의 분노를 일시에 폭발시키는 결과를 가져왔다. 바로 이 신앙의 자유에 대한 속박과 국가의 부당한 교회간섭 시도는 국민적 언약(National Covenant)과 언약도 운동(Covenanters)의 동기가 된 것이다.

4. 국민적 언약(National Covenant, 1638)

찰스 1세가 스코틀랜드인들에게 국교회의 기도서와 국교회적 의식을 강요한 것은 어리석고도 무모한 시도였다. 1637년 7월 23일 스코틀랜드 장로교회의 중심지이자 낙스가 섬겼던 교회인 에딘버러의 성 가일(St. Giles)교회에서 드디어 찰스 왕과 그의 종교정책에 대한 분노가 폭발하였다. 즉 이날 예배에서 영국교회의 기도서가 낭독될 때 회중들은 크게 반발하여 예배는 온통 수라장으로 변했고 일시에 전국적인 반대운동과 폭동으로 확산되었다. 일설에 의하면 국교회적인 예식서를 읽는 성직자에게 제니 게데스(Jenny Geddes)라는 한 여인이 의자를 집어 던지므로 이 사건은 폭발되었다고 한다. 스코틀랜드의 장로교도만이 아니라 귀족과 평민에 이르기까지 전 국민의 불만이 표출되어 종교개혁 이래 최대의 거국적 사건으로 발전되어 영국교회적 기도서, 곧 감독제도에 대한 반대운동이 시작되었다.

이듬해인 1638년 2월부터 스코틀랜드 장로교회를 영국교회에 예속시키려는 처사에 반대하고 영적 자유를 지지하는 이들이 '국민적 언약'(National Covenant)이라고 알려진 문서에 서명하였는데, 이것은 2월 28일 에딘버러에 있는 그래이프라이어 교회(Grayfriar's Kirk)에서 시작 되었고 이 운동은 전국적으로, 그리고 전 국민적으로 확산되었다. 어떤 사람은 피로써 서명하기도 했다. 이렇게 시작된 운동을 언약도 운동이라고 부르고, 이 때(1638)부터 1688년까지 50년을 보통 "언약도의 시기"(the age of Covenanters)라고 부른다.

이 문서는 언약도의 지도자인 알렉산더 핸더슨(Alexander Henderson, 1583-1646)과 젊은 변호사이자 장로제도의 신봉자인 아키발드 존스톤(Archibald Johnston of Wariston)에 의해 작성되었는데, 영적 자유와 복음의 순수성을 회복하겠다는 국민적 합의를 선언하고 의와 진리의 구현을 염원하는 내용으로 되어 있다.[99]

국민적 언약은 국민 상호간의 언약에 앞서 하나님과 스코틀랜드인과의 계약, 곧 하나님과의 언약(Covenant with God)이었고 이 언약을 대적하는 자는 하나님을 대적하는 자로 간주되었다.

---

[99] 이 국민언약은 3부분으로 구성되어 있다. 첫째 부분에서는 1581년 발표된 교황제도를 거부하는 부정신조(Negative Confession)를 수록하였고(이 고백서의 전문은 Douglas, 197-199를 볼 것), 두 번째 부분은 반로마 가톨릭적인 법률들을 열거하였고, 마지막 부분에서는 참된 종교를 보호하고 고수하도록 다짐하고 있다. 이 문서의 전문은 Douglas, 200-205를 보라.

존 부칸(John Buchan)은 '국민적 언약'은 "스코틀랜드 역사에서 가장 중요한 사건 중의 하나"라고 하였는데, 이것은 왕이나 국가통제로부터의 교회의 자유를 고양했을 뿐만 아니라 그리스도만이 교회의 머리이며 그 만이 통치자라는 점을 선언하는 의미가 있다고 하였다.

이때의 언약운동에 반대했던 이들이 있었는데, 이들 중에 가장 유명한 사람들은 에버딘 대학교에서 박사학위(Doctor of Divinity)를 받았던 6사람인데, 이들을 가리켜 '에버딘의 박사들'(Aberdeen Doctors)이라고 부른다. 이들은 패트릭 폽스(Patrick Forbes)의 제자들이기도 했다. 그들은 패트릭 폽스의 아들이자 에버딘대학교 킹스 칼리지의 교수인 존 폽스(John Forbes of Corse), 마리샬대학의 교수인 로버트 바론(Robert Baron), 목회자였던 알렉산더 로스(Alexander Ross), 알렉산더 스크로기(Alexandr Scroggie), 그리고 제임스 시발드(James Sibbald), 그리고 킹스 칼리지의 학장 윌리엄 레슬리(William Leslie) 등이었다. 이들은 로마 가톨릭을 지지한 것도 아니고 로오드의 종교정책을 지지한 것도 아니다. 그러나 주교 제도와 교회가 시행해 왔던 의식은 어느 정도 수용할 수 있어야 한다고 보았던 이들이었다. 특히 왕권은 직접적으로 하나님으로부터 온 것이며, 왕권은 국가만이 아니라 교회에 대해서도 지배권을 지닌다는 입장이었다. 이들의 주장은 광의의 에라스티안들이었다.

1638년 11월, 글라스고에서 소집된 장로교 총회에서는 국왕의 전권대사 해밀튼(Hamilton) 공작의 방해가 있었으나 2월에 맺은 국가적 언약을 재 선포하고 이 언약의 준수를 결의하였다. 뿐만 아니라 찰스에 의해 강요된 감독제와 그 의식을 거부하고 장로제도의 고수를 결의하였고, 제임스 6세와 찰스 1세에 의해 임명된 주교들을 '거짓 제사장'이라 하여 거부하기로 결의하였다. 여기서 진일보하여 참된 신앙계승을 위해서 필요하다면 무력이라도 사용할 것을 주장하였다. 이때를 가리켜 역사가들은 스코틀랜드의 제2의 종교개혁이라고 부른다. 제1의 종교개혁이 천주교로부터 개혁이라면, 제2의 개혁은 국교회, 곧 성공회로부터의 개혁인 셈이다.

결국 스코틀랜드 장로교회에까지 영국의 감독제 하에 두고 교회문제까지 통제하려 했던 제임스 6세와 찰스 1세의 시도는 실패로 돌아갔고, 도리어 스코틀랜드인들의 영적 자유를 위한 투쟁과 장로교 신앙을 강화시켜 주는 결과가 되고 말았다.

여기서 한 가지 생각해 볼 문제가 있다. 찰스 1세의 종교정책이 아무리 가혹하고 또 부당한 것이라고 할지라도 종교와는 직접 관련이 없거나 또는 무관심했던 세속 귀족들(Gentry, Laird, Baron)과 일반 대중들까지도 거국적으로 국왕의 정책에 반대하고, '국민적 언약'에 서명함으로써 명실 공히 국민운동으로 확산시켜갔던 원인은 무엇인가 하는 점이다. 이 점에 대해서는 홍치모 교수가 이미 그의 "찰스 I 세의 대 스코틀랜드 정책"이라는 논문에서[100] 적절하게 분석한 바이지만 여기서 그의 해석을 요약해 보고자 한다.

찰스 1세가 1625년 영국 왕으로 즉위했을 때는 왕실 재산은 거의 파탄지경에 처해 있었다. 그런데 그는 스코틀랜드에서 이전의 교회재산의 거의가 귀족들에게 증여되었음을 알게 되었다. 찰스 1세에게 있어서 왕실 재산을 확보하고 부족한 재정을 충당하기 위해서는 귀족들에게

---

[100] 홍치모, 『스코틀랜드 종교개혁과 영국혁명』(총신대출판부, 1991), 74-89.

증여된 교회 재산을 환수하는 일이 필요하였다.

그래서 그는 증여의 취소를 법제화하기 위해 '폐기법'(Act of Revocation)을 제정하였는데, 이전의 왕들의 선례와는 달리 찰스 1세는 그 적용범위를 60년 전으로 소급하여 적용하려고 시도하였다. 많은 반대에 직면했으나 8년간의 끈질긴 노력 끝에 1633년 이 법이 의회에서 최종적으로 통과되었다. 이 점이 귀족들에게 커다란 불만을 안겨 주었고 1637년 새로운 기도서의 제정을 계기로 국왕에 대해 품고 있던 분노가 일시에 폭발하게 되었던 것이다. 그래서 찰스 1세의 '폐기법'의 공포는 종교정책 못지않게 국민적 계약운동에 중요한 요인이 된 것이다. 이런 점에서 스코틀랜드 교회사가인 커닝햄(Cunningham) 교수는 "폐기행위는 반란의 원인이었다"(the deed of revocation was the root of the rebellion)고 했다.

5. 주교 전쟁, 엄숙 동맹과 언약, 찰스의 처형, 찰스 2세의 즉위

스코틀랜드에서 일어난 국민적 언약 운동에 대한 보고를 들은 찰스는 무력으로 이들을 진압하기로 하고 1639년 스코틀랜드에 대한 공격을 개시하였는데 이것이 제 1차 주교전쟁(the First Bishop's war)이다. 이 전쟁에서 찰스 1세는 스코틀랜드의 레슬리(Alexander Leslie) 장군이 이끄는 군대에 패배하여 1639년 6월 18일 국경 지방인 던스(Dunse)에서 휴전협정에 서명하였다.

찰스 1세는 스코틀랜드를 굴복시키기 위해서는 군비 증강이 필요하였으므로 세금징수를 위해 11년간 소집하지 않던 의회를 1640년 4월에 소집하였는데, 이 의회를 보통 '단기의회'(the Short Parliament)라고 한다. 이 의회에서 왕은 세금징수에 대한 의회의 동의를 얻지 못하게 되자 독자적으로 전비를 마련하여 1640년 8월 다시 스코틀랜드와 접전하였는데, 이 전쟁을 보통 제 2차 주교전쟁(the Second Bishop's War, 1640년 8-10월)이라고 부른다. 이 전투에서도 찰스는 패배하였고 전비 배상금을 처리하기 위해 다시 1640년 11월 의회를 소집하지 않으면 안 되었는데 이것이 '장기국회'(Long Parliament)였다.

이 당시 의회의 의원들은 대부분이 청교도였는데, 장기국회가 개회되자 의회원들은 찰스의 군사고문이었던 토마스 웬트워드(Thomas Wentworth, 1593-1641)와 종교고문 윌리엄 로오드를 탄핵, 투옥하였다. 이것은 1660년 5월까지 20년간 계속된 영국혁명(England Revolution), 곧 청교도 혁명(Puritan Revolution)의 시작이었다.

찰스 1세는 의회를 소집하여 전비충당을 위한 과세 동의를 얻지 못하자 스코틀랜드를 제압하는 일보다 의회 내의 반대파를 제거하는 것이 급선무라 판단하였다. 특히 1641년 10월에는 아일랜드에 반란이 일어났는데, 이곳은 왕의 정치고문이었던 스트래포드 백작이 만 16년간 총독으로 있던 곳이기도 하다. 이 반란을 진압하기 위해 의회에 예산을 요구하였는데 의회는 1641년 11월 '대 항의서'(Great Remonstrance)를 제출하여 군대파견은 동의하되 지휘권은 왕에게가 아니라 의회에 있다고 주장하여 왕의 분노를 샀다. 또 종교문제에 있어서는 청교도의 신앙을 보장할 것과 영국교회의 주교제도의 폐지와 장로제도의 도입을 요구하였다. 이렇게 되자 왕과 의회는 대립하게 되었는데 왕은 의회와의 협상을 거부하였고 근위병을 중심으로 하는 소위 왕당파는 1642년 8월 22일 의회군에 대해 선전포고를 하였다. 의회는 민병대를 기반으로 하여 의회군을 창설하여 응전하였는데 이것이 곧 1642년 8월부터 1648년 8월까지 만 6년에 걸친 내란(Civil War)이다.

당시 사람들은 왕군에는 기마(騎馬)에 능한 사람이 많았으므로 기사당(騎士黨, Chivalry)이라 하였고, 의회군은 머리를 짧게 깎았다는 이유로 원두당(圓頭黨, Round-heads)이라고 불렀다. 의회는 왕군과의 싸움에서 스코틀랜드의 협력을 필요로 하였다. 그래서 영국 의회(곧 장기국회)는 스코틀랜드와 지속적인 협상을 통해 종교적 문제에 있어서 장로교 제도에로의 통일을 위해 상호협력 하기로 하는 한편 스코틀랜드는 의회군을 지원하기 위해 군대를 파병하기로 약속하고 1643년 8월 17일 "엄숙동맹과 언약"(The Solemn League and Covenant)을 체결하였다. 이 문서는 찰스 국왕에 반대한 의회의 혁명군 지도자들과 스코틀랜드의 장로파, 보다 정확히 말해서 언약도들 사이에 맺어진 조약이다. 이 문서는 스코틀랜드 교회의 자유를 보장하는데 목표를 두고 있고 전부 6항으로 되어 있다.

주요 내용을 요약하면, 첫째, 스코틀랜드에 있어서 개혁신앙의 파수, 둘째, 영국과 아일랜드에도 하나님의 말씀과 여러 개혁교회의 본을 따라 예배와 예식의 개혁단행, 셋째, 주교제도의 폐지, 넷째, 의회의 권한과 특권의 보장, 다섯째, 엄숙동맹과 언약에 대한 반대자들에게 타당한 징벌을 위한 공동대처 등이다.[101] 이 '엄숙동맹과 언약'은 9월 25일 영국의회를 통과하였고, 이 동맹의 결과 스코틀랜드는 그 해 11월에 1만 8천명의 보병과 2천명의 기병을 영국에 파병하였다.

이 동맹의 또 다른 결과는 1643년 7월부터 1648년 2월까지 계속된 웨스트민스터 대회(Westminster Assembly)에 참석할 8명의 스코틀랜드인을 임명한 일이었다. 이때 참석한 스코틀랜드인으로는 알렉산더 핸더

---

[101] 이 문서의 전문은, Douglas, 206-208을 보라.

슨과 로버트 베일리(Robert Baillie), 사무엘 루더포드(Samuel Rutherford), 조지 길레스피(George Gillespie), 아키발드 존스톤(Archibald Johnstone), 메이트랜(Sir Maitland) 등이었다. 이 회의는 영국교회의 예배와 예식을 결정하고 교리적 문제를 확정짓기 위한 것이었는데 이전까지 사용해 왔던 "공동기도서"의 폐지는 결의하였으나, 영국교회의 제도를 장로제도로 하자는 결의안은 통과되지 못하였다. 또 오랜 논쟁 끝에 1646년 말 장로파의 안에 따라 "웨스트민스터 신앙고백서"를 확정짓고 의회에 제출하였는데 이것은 후일 장로교의 중요한 신앙고백이 되었다. 사실 영국은 장로제도를 받아들이지 않았으나, 웨스트민스터 문서들은 스코틀랜드에 지대한 영향을 주었다.

영국 내전 초기에는 왕당파가 우세하였으나 스코틀랜드의 후원을 받아 의회군이 열세를 만회하였다. 수세에 몰린 찰스 왕은 1644년 스코틀랜드에 굴복하였고, 이듬해 영국군에 인계되어 1649년 1월 30일 처형되었다. 이로써 자의적 과세, 친 천주교적 감독제 지지, 그리고 절대왕권을 주장하던 찰스 1세는 영국의회와 조국 스코틀랜드인들로부터 불신을 받고 비극적인 종말을 고하게 되었다.

곧 영국은 공화제, 공동체국가(Commonwealth)로 전환되었고 의회군의 지도자로 군사적 승리를 이끄는데 결정적인 역할을 했던 크롬웰(Oliver Cromwell, 1599-1658)은 군의 실권을 장악하고, 1653년 잔여 의회를 해산하고 통치헌장(Instrument of Government)이라 불리는 헌법에 기초하여 종신임기의 호국경(Lord Protector)에 취임하여 10여 년간 통치하였다. 그 후 1660년 5월에는 처형된 찰스 1세의 아들 찰스 2세를 왕으로 추대함으로 왕정복고(王政復古)가 이루어졌다.

앞에서 말한 바와 같이 찰스 1세가 1649년 처형된 후 영국에서는 크롬웰이 권력을 장악했으나 스코틀랜드에서는 찰스 1세의 아들 찰스 2세를 왕으로 인정하였다. 화란에서 망명생활을 하던 찰스 2세는 1638년의 '국민적 언약'에 서명하는 것을 조건으로 하고 스콘(Scone)에서 국왕으로 즉위하였다. 이렇게 되자 영국에서 공화정치를 강행하던 크롬웰에게 침략의 구실을 주게 되었고 크롬웰의 군대는 스코틀랜드로 진격하여 던바(Dunbar) 전투(1650)와 워세스터(Worcester) 전투(1651)에서 승리함으로 스코틀랜드에서도 통치권을 장악하였다. 찰스 2세는 다시 유럽대륙으로 망명하고 말았다.

당시 언약도는 항의파(Protester)와 결의파(Resolutioner)로 분열되어 있었다. 항의파는 1638년의 국민적 언약과 1643년의 언약들이 성경에 기초한 것이라는 확신을 갖고 있었으므로 이에 대한 철저한 이행을 주장하며 어떠한 타협도 받아들이지 않았다. 항의파의 지도적 인물은 제임스 거스리(James Guthrie), 사무엘 루더포드(Samuel Rutherford) 등이었다. 반면 결의파는 국가의 생존권에 우선권을 두고 최선은 아니지만 차선책으로 감독교회도 받아들이려는 의사가 있었던 온건한 언약파였다. 즉 국가의 생존권을 위해서는 약간의 타협은 불가피하다고 보았던 것이다. 이들은 스코틀랜드의 왕을 위해 군대를 조직하고 영국을 공격하기도 했던 언약도들이었다. 결의파의 지도자들은 데이비드 딕슨(David Dickson), 로버트 베일리(Robert Baillie) 등이었다.

결의파는 1649년 1월 23일의 '계급법'(Act of Classes) 등 공적 결의들(public resolutions)을 지지하였으므로 이렇게 불렸지만, 항의파들은 결의파에 반대하여 공적 결의들을 비준한 총회의 합법성을 부인하였다.

사실 이 분열은 이미 영국에 대한 군사적 지원 문제로 인해 야기된 의견의 대립, 1647년 찰스 1세와 체결한 비밀 약정(engagement), 이를 반대한 아이가일 후작을 중심으로 한 급진적 언약도들의 주장, 그리고 영국과 스코틀랜드 양국 간의 군사, 정치적 이해관계에 얽힌 분열이었다. 이런 분열로 언약도는 힘을 상실하였고, 결과적으로 스코틀랜드에서의 감독제의 부활을 가능케 하는 길을 열었다. 결국 하나님의 진리와 언약을 끝까지 고수하려던 언약도(특히 항의파)는 엄청난 탄압을 받으며 고난의 터널을 통과하지 않으면 안 되었다.

스코틀랜드를 점령한 크롬웰은 호국경으로서 자신의 통치에 방해가 된다고 보아 1653년 (장로교) 총회를 해산하는 등 압력정책을 썼는데 이러한 독재는 스코틀랜드 국민에게 혐오감을 주었고 결국 왕정복고를 요구하게 만들었다. 드디어 1660년 찰스 2세는 영국과 스코틀랜드 왕으로 즉위함으로 10여 년간의 공화정치를 끝내고 왕정복고를 단행하였다. 스코틀랜드인들은 장로교의 정착을 기대하였으나 그것은 '희망사항'이었을 뿐 실제로는 언약도의 분열과 감독제의 부활, 특히 찰스 2세의 보다 철저한 반 장로교(언약도) 정책에 의해 언약도들은 심각한 고난의 길을 걸어가지 않으면 안 되었다.

6. 찰스 2세 치하에서의 수난과 탄압

언약도들이 찰스 2세 휘하에서 당했던 수난에 대해 이야기하기 전에 복잡하게 전개된 지금까지의 역사적 상황에 대해 간단히 정리해 두는 것이 좋을 것 같다. 스코틀랜드 장로교주의자들은 영국의 의회, 보다 직접적으로 말하면 크롬웰에 의해 찰스 1세가 처형(1649. 1. 30)되었다는 소식을 접하고 크게 분노하였다. 찰스왕은 스코틀랜드의 스튜어트가 출신으로서 본디 스코틀랜드의 왕이었기 때문이다. 찰스 1세가 스코틀랜드에 대해 감독정치를 강화하고 장로교제도를 훼파하려고 했을 때 스코틀랜드 장로교인들은 저항도 하고 반대도 하였으나 왕이 처형되는 것까지 원하지는 않았던 것이다. 그해 3월 크롬웰은 왕과 상원이 없는 상태에서 공화정치를 실시하는 공화정을 시작하였다. 장기의회가 제정한 모든 법률을 무효화시키고 천주교와 국교회파를 제외한 모든 종파들에게 신앙과 양심의 자유를 허락하였다.

한편 스코틀랜드에서는 찰스가 처형되자 엿새 후 그의 아들을 즉시 국왕으로 선포하였다. 그래서 그가 국민언약에 서명케 한 후 그를 찰스 2세란 이름으로 1650년 스콘에서 국왕으로 즉위하였다. 그러나 영국에서 통치권을 확립한 크롬웰은 즉시 스코틀랜드로 진격하여 1650년 9월 3일 던바(Dunbar)의 언약도 군대를 격파하고, 1651년에는 워세스터(Worcester) 전투에서도 승리함으로써 찰스 2세에 대한 전쟁에서 승리하였다. 그는 그 이후에 스코틀랜드를 정복된 땅으로 간주하였고 이 지역을 그의 새로운 국가체계 속으로 흡수하였다. 그는 종교적으로 독립파였으며 항의파보다는 결의파의 주장에 좀 더 공감하였다. 스코틀랜드장로교 총회가 호국경인 자신의 통치에 장애가 된다고 보아 그는 1653년 총회를 해산시켰다. 크롬웰의 군사독재는 얼마 되지 않아 스코틀랜드 국민들에게 혐오감을 심어 주었다. 1660년 크롬웰이 사망했을 때 화란에서 망명 중이던 찰스 2세는 다시 왕으로 추대됨으로써 그는 스코틀랜드로 돌아왔다.

스코틀랜드인들은 찰스 2세가 국민언약에 서명했으므로 장로교제도를 지켜줄 것으로 기대하였으나 그것은 부질없는 희망이 되고 말았다.[102] 찰스 2세는 얼마 안 있어 국민 언약을 파기하고 장로주의를 조롱하고 그의 선왕의 길을 갔다.

1661년 1월에는 모든 세속적 교회적 사안들에 있어서 왕의 우위권적 특권(the Royal prerogative)을 인정해야 하는 '수장령'(Act of supremacy)이 선포되었고, '철폐령'(Act of Rescissory)을 제정하여 1638년부터 1650년까지 이루어진 교회개혁적 입법을 무효화시키고 이의 준수는 반역적 행위로 규정되었다. 특히 '엄숙동맹과 언약'은 불법적인 문서로 규정되었고, 성직 서임권은 왕의 고유한 권한으로 선언되었다. 이런 과정을 거쳐 1662년 5월 국회를 거쳐 감독제도가 공식적으로 부활했다. 이제 감독교회가 주관하는 예배에 참석은 의무화되었다. 이것은 언약도들의 집회는 불법으로 간주된 것을 의미한다. 즉 찰스 2세는 보다 엄격한 법률을 제정하여 영국국교를 강요하였고, 이에 동조하지 않는 자들을 엄격하게 다스렸다. 그는 자신을 지지했던 이들을 배신한 것이다. 전혀 예상치 못한 일이었다. 그래서 찰스 2세 치하에서 스코틀랜드 장로교도들은 심각한 탄압을 받게 되었는데, 사가들은 이 시대를 보통 '살인적 시기'(Killing time)라고 부른다.

이 당시에 제정된 몇 가지 탄압적인 법령은 다음과 같다. 1663년 8월에는 '마일법'(Mile Act)이 제정되어 찰스의 정책에 반대하는 이들은 파면되었고, 사임한 교회(parish)로부터 20마일 이내에 거주하지 못하도록 조치하였다. 이것은 사임한 교회 회중으로부터의 사적인 지원까지도 금지시키기 위한 조치였다. 또 '주장법'(Assertory Act, 1670)을 제정하여 국왕은 모든 사람과 조직에 있어서 최고권자라는 점을 선언하고 언약도

---

[102] 찰스 2세가 "엄숙한 동맹과 언약"에 서명함으로써 그가 약속한 것은, 감독교회에 의해 추방된 목사들의 복직, 장로교 예배와 그 제도의 보장, 왕실에서도 장로교적 예배 시행, 교회에 대한 제반 사항은 장로교 총회에 일임한다는 내용을 포함했다. Cunningham, vol. 2, 68.

들의 집회를 교회법과 국가법으로 불법화했다. 이 법령은 언약파들에 대해 취해지는 조치들을 정당화하기 위한 의도였다. '심사법'(Test Act)은 공직에 있거나 공직에서 일하려는 이들은 왕의 수장권을 인정한다는 문서에 맹세하도록 요구한 법령으로서 가톨릭교도나 비국교도들을 공직 취임에서 배제하려는 의도로 제정된 것이었다. '비밀집회 금지법'(Conventicle Act, 1670)은 이름 그대로 비국교도(non-conformists)와 언약도들의 비밀 집회를 근절시키기 위한 조처였다. 가정에서의 예배가 금지되었고 위반자에게는 벌금형이 가해졌다. 야외집회가 성행하게 되자 보다 엄격한 제재가 따랐다. 야외집회는 반역죄로 다스렸고, 참석자들에게는 벌금형이 내려졌다. 무엇보다도 비밀집회에서 성경을 가르치거나 설교하는 행위는 사형이 처해지고 재산은 몰수 되었다.

이상과 같은 법령과 입법조치에 따라 언약도들은 많은 탄압을 받았다. 1662년 감독제를 거부하는 약 400명의 목사들이 그들의 교회를 포기하고 사임하였다.[103] 자연히 그들은 거리의 목회자, 혹은 설교자가 되지 않을 수 없었다. 여기서 소위 옥외집회가 유행하였고 이 집회는 비밀집회로 간주 될 수밖에 없었다. 국민들의 장로주의를 포기하도록 강요하기 위해 가능한 모든 수단을 다 동원하였는데 정부는 기마병을 고용하여 언약도들을 추적하기까지 하였다. 언약도들에 대한 이와 같은 조직적인 탄압과 방해 때문에 이들은 무장을 하고 예배를 드리기도 했다. 언약도들이 자구책으로 무장을 하였으나 정부는 무장행위는 종교집회

---

[103] 국교회 제도에 반대하여 파면된 목사의 수에 대하여는 상반된 기록이 있으나 일반적으로 400여명으로 간주된다. 이들은 주로 스코틀랜드 서부와 남부출신이며, 항의파에 속한 이들이었다고 한다. Robert Wodrow, *The History of the Suffering of the Church of Scotland from the Restoration to the Revolution*, vol. 1 (Glasgow: Blaikie, Fullarton & Co, 1828), 282ff.

로 간주할 수 없다고 보고 선동적이고 반란을 목적으로 한 정치집회로 간주하였다. 그러므로 언약도에 대한 탄압은 가중될 수밖에 없었다.

1678년에는 약 6,000명에 달하는 소위 하일랜드 호스트를 징집하여 옥외집회가 성행하는 스코틀랜드 남서부 지방에 투입하여 역사상 유래 없는 살육을 감행하였다. 언약도에 대해 매우 비판적이었던 월터 스코트(Walter Scot) 경은 그의 저서(Old Mortality)의 '한 할아버지의 이야기'라는 항에서 "당시 박해는 마치 사탄이 억압의 방식을 제시한 것 같다"고 쓰고 있다.

찰스 2세의 이 탄압의 기간(1661-1688) 동안 어린아이에서 어른에 이르기까지 무수한 이들이 고문을 당하고 학살당했는데, 약 18,000여 명의 언약도들이 순교자의 길을 갔다. 영국(잉글랜드)에서 투옥된 이는 약 8,000명에 달했다. 에딘버러의 그레이프라이어스(Greyfriars)는 이때 순교한 이들이 묻혀있는 유서 깊은 신앙의 묘지로 남아 있다.

7. 언약도 지도자들

언약도 운동의 지도적 인사들로는 다음과 같은 이들이 있다. 알렉산더 헨더슨(Alexander Henderson, 1583-1646)은 원래 감독주의자였다. 그러나 로버트 부르스(Robert Bruce)의 설교를 듣고 장로교 목사로 개종하였다. 1599년 16세 때에 성 앤드류대학교에 입학하였고 후일 이 대학교 교수가 되어 1612년까지 일했다. 그 후 그는 루차스(Leuchars)교구의 목사로 일했다. 그는 언약도의 지도적 인물로서 국민적 언약 문서의 작성자였고 언약도 운동을 주도하였다.

17세기 탁월한 언약도 신학자였던 사무엘 루더포드(Samuel Rutherford, 1600-1661)는 '언약도의 성자'로 불렸다. 스코틀랜드의 보데이스(Bordeys)에서 출생한 그는 에딘버러대학에서 수학하였고 고전학 교수로 활동했다. 그 후 신학을 연구하였고 목사가 되어 엔워드(Anwoth)에서 목회하였다. 1643-48년에는 웨스트민스터회의에 참석한 스코틀랜드 대표이기도 했다. 후일 성 앤드류대학교의 교수, 학장을 지냈고, 1661년 『법과 왕』(Lex Rex)이라는 저서를 남겼다.

조지 길레스피(George Gillespie, 1613-1648)는 정열적인 목회자이자 설교가였다. 그의 아버지는 당시의 저명한 신학자였는데 아버지에게서 고전어를 배웠다. 16세 때 성 앤드류대학에서 석사학위를 받았고, 학문적 능력이 탁월하였다. 그레이프라이교회 목사였으며 후일에는 파이프 성의 웸시(Wemyss)교회의 목사(1638. 4. 26-)였고 1642년에는 에딘버러로 옮겨왔다.

언약도의 첫 순교자가 된 제임스 거스리(James Guthrie, ?-1661)는 처음에는 감독교회의 목사가 되고자 했으나 종교적인 확신에 따라 장로교회의 목사가 되었다. 성 앤드류대학교 교수를 역임했던 그는 1649년 스털링(Stirling) 교구로 임지를 옮긴 후 1662년 순교할 때까지 복음사역자로 그리스도의 수장령을 수호하는 일에 일생을 바쳤다.

도날드 카길(Donald Cargill, 1627-1681)은 1653년 4월 13일 성 앤드류스 노회에서 목사안수를 받았다. 그라스고 바로니(Barony)교회 목사로 1660년까지 목회하였다. 비밀가정 집회와 야외 설교자로 활동하다가 1681년 7월 체포되어 처형당했다.

'언약의 사자'로 불린 리차드 카메론(Richard Cameron, 1648-1680)은 감독교회의 교사이며 찬송 선창자였다. 그러나 비밀집회 설교를 통해 개심하였고 조지 메어(George Mair)라는 이름으로 남부지역 야외설교자로 활동하였다. 후에 목사안수를 받았고 에라스티안주의에 반대하였다. 그는 부당한 권력에 대한 '정당한 반역' 사상을 발전시켰던 인물인데, 1680년 7월 22일 피살되었다.

제임스 렌윅(James Renwick, 1662-1688)은 언약도의 최후의 순교자였는데 그는 흔히 그리스도의 사도 혹은 전사로 불린다. 1683년 9월 구라파 유학을 마치고 귀국하여 비밀집회 인도자로 활동하였다. 1683년 1688년까지 5년간 목회사역에 진력하였다. 1688년 2월 18일 에딘버러에서 처형당했다.

제14장

청교도와 청교도 신앙

　종교개혁 이후 영국에서 일어난 중요한 신앙운동은 청교도운동이었다. 청교도운동은 영국에서 교회개혁과 쇄신을 추구하여 영국장로교회의 기원이 되었을 뿐만 아니라 미국에서의 기독교의 연원으로도 중요한 의미를 지닌다.
　한국의 신자들에게 있어서 청교도들은 경외심을 가질 만큼 호의적으로 받아들여지고 있다. 특히 그들이 신앙의 자유를 찾아 '고향과 친척 아비의 집을 떠나' 생명의 위험을 무릅쓰고 북미 대륙으로 갔고, 저들의 첫 수확을 앞에 놓고 하나님께 감사의 예배를 드렸다는 사실은 한국의 그리스도인들이 흠모하는 아름다운 신앙전통으로 이해하고 있을 정도이다. 그런데도 정작 청교도가 무엇이며 어떤 배경에서 시작되었는가에 대해서는 아는 사람이 그리 많지 않다. 이런 점을 감안하여 청교도운동의 기원과 역사, 북미대륙으로의 이주, 그리고 저들의 신앙의 일면인 가정관과 교육관에 대해 간단히 정리해 두고자 한다.

1. 청교도란 무엇인가?

청교도를 영어로 퓨리탄(Puritan)이라고 말하는데, 이 말은 정화하고 깨끗케 한다(purify)는 의미의 단어에서 유래하였다. 이들은 영국성공회 안에 남아 있는 천주교적 잔재를 제거하고 보다 철저한 개혁을 시도했던 신앙운동이라고 볼 수 있다. 청교도운동은 16세기 영국의 엘리자베스 여왕(1558-1603) 시대로부터 시작되었다. 영국의 헨리 8세가 1534년 수장령을 발표하고 천주교와 행정적인 관계를 단절하고 자신은 영국의 왕인 동시에 영국교회에도 수장이 된다고 선언하였는데, 이렇게 시작된 교회가 영국교회(Church of England) 곧 성공회이다. 헨리 8세는 신앙고백적 이유 때문에 천주교와 결별한 것이 아니었기 때문에 성공회 안에는 천주교의 신학과 예전, 의식이 그대로 남아 있었다. 그의 사후 아들인 에드워드 6세 치하에서는 영국교회의 개혁이 추진되기도 했으나 그는 곧 사망하였고, 이복누이인 메리(1553-1558)가 영국의 왕이 되었다. 메리는 에드워드와는 달리 천주교에로의 복귀운동을 전개하였으므로 많은 개신교적 인사들, 예컨대 라티머(Hugh Latimer, 1485-1555), 리들리(Nicholas Ridly, c.1500-1555) 등이 순교하였고 다수의 개혁인사들이 제네바, 취리히, 프랑크푸르트 등지로 망명하였다.

그러나 메리에 이어 엘리자베스가 왕위에 오르자 개신교도들은 상당한 기대를 가지게 되었고 해외로 망명을 갔던 인사들이 개신교에 대한 열망을 가지고 귀국하였다. 그러나 엘리자베스는 천주교 쪽으로나 개신교 쪽으로 기울지 않으려고 했고 소위 중도정책(via media)을 통해 천주교와 개신교 그 어느 쪽으로부터의 저항도 피하면서 교권과 속권을 장악하려고 하였다. 특히 여왕은 공동기도서(Book of Common Prayer)를 개정하고 통일령(Act of Uniformity)을 제정했는데 천주교와 개신교

양측의 입장을 적절히 수용하는 타협적인 성격이 강했다. 1563년에는 39개조라는 신앙고백서를 작성했는데 이 역시 영국교회를 개혁하기에는 미흡한 것이었다. 이러한 엘리자베스의 중도정책, 그리고 미온적인 개혁에 대한 반발이 청교도운동의 태동의 원인이었다.

2. 중요 인물들

중요한 청교도 인물로는 영국 장로교회의 창시자로 불리는 토마스 카트라이트(Thomas Cartwright, 1535-1603), 분리파 청교도운동의 지도자로서 후일 회중교회 운동의 선구자가 된 로버트 브라운(Robert Brown, 1550-1633), 위대한 신학자이기도 했던 윌리엄 퍼킨스(William Perkins, 1558-1602), 그리고 퍼킨스의 제자이자 영국과 뉴 잉글랜드 청교도의 대부라고 불렸던 윌리엄 에임스(William Ames, 1576-1633) 등이 있다. 에임스는 그의 『신학의 정수』라는 책에서 예수 그리스도는 교회의 머리이시며 그의 지배를 받는 곳에 하나님의 나라가 이루어진다고 하였고, 모든 교직자는 평등하다 하여 장로교 정치제도를 주창하였다.

그 외에도 알렉산더 헨더슨(Alexander Henderson, 1583-1646), 존 코튼(John Cotton, 1584-1652), 토마스 후커(Thomas Hooker, 1586-1636), 윌리엄 브레드포드(William Bradford, 1590-1657), 사무엘 루더포드(Samuel Rutherford, 1600-1661), 로저 윌리엄스(Roger Williams, 1603-?), 존 오웬(John Owen, 1616-1683), 토마스 맨톤(Thomas Manton, 1620-1677), 존 번연(John Bunyan, 1628-1688), 리차드 박스터(Richard Boxter, 1615-1691) 등을 들 수 있다.

3. 몇 가지 주장들

영국에서 보다 철저한 개혁을 원했던 인사들, 곧 후일 청교도라고 불린 이들의 주장을 3가지로 요약할 수 있을 것이다.

첫째, 예배에서 천주교의 잔재라고 생각되던 것을 제거하려고 노력하였다. 즉 성직자의 제복착용, 세례 받을 때 성호를 긋는 일, 성찬을 받을 때 무릎 꿇는 일, 그리고 결혼식에서 반지를 사용하는 것을 반대하였다. 제복착용을 반대한 것은 성직자는 특수계층으로 이해될 수 있으므로 종교개혁의 정신인 만인제사장직에 위배된다는 이유 때문이었고, 세례 받을 때에 성호를 긋는 것은 미신적인 행위이므로 반대하였다. 성찬식 때 무릎을 꿇는 일을 반대한 것은 성찬에서의 그리스도의 육체적 임재를 전제하는 것이므로 천주교의 화체설이나 루터의 공재설(共在說)을 인정하는 결과가 되기 때문이다. 또 결혼식에서 반지 사용을 반대한 것은 혼인이 성례로 간주되어서는 안 된다는 주장 때문이었다.

둘째, 성경적 근거가 없는 당시 교회의 각종 관행을 폐지함으로써 초대교회의 단순함을 회복하고자 했다. 즉 성일(聖日)이나 축일(祝日)을 최소화하고 성상, 유물숭배와 같은 것을 폐지할 것을 주장하였다.

셋째, 철저한 주일성수 등 경건한 생활을 강조하였다. 주일에는 음주나 과식은 물론 여흥이나 카드놀이, 극장구경, 승마 등을 금해야 한다고 주장하였다. 좀 후에 된 일이지만, 니콜라스 바운드(Nicholas Bownde, ?-1673)가 『안식일 교리』(Doctrine of the Sabbath)라는 책을 출판하였고, 이 책에서는 제4계명의 영속성을 주장했다. 1618년 제임스 1세가 『오락서』(Book of Sports)를 발행하여 옛날 유행하던 오락과 댄스로 주일을 보내라고 했을 때 청교도들은 크게 격분하였던 것이다. 이처럼 청교도들은 안식일 준수를 강조하였다. 이들은 1563년 켄터버리 지방의 성직자회의를 통해 개혁을 추진하려 하였으나 단 한 표 차이로 좌절되었고, 단지 '성직자회의의 청교도 조항'이라는 문서로 개혁 프로그램이 공표되었다. 이때부터 '청교도'라는 말이 생기게 되었다.

이상에서 지적한 바와 같은 청교도들은 여러 가지 개혁과 쇄신을 주장하였지만 가장 중요한 논쟁점은 성직자의 복장에 관한 것이었다. 이를 흔히 '제복논쟁'(Vestiarian controversy)이라고 말하는데 이 논쟁은 1550년경에 시작되어 1566년에는 최고조에 달했다. 이 문제의 첫 논쟁자는 존 후퍼(John Hooper)였다. 종교적 자유를 지키기 위해 스위스로 망명 갔다가 돌아온 그는 1559년판의 기도서가 요구하는 대로 성직자의 복장을 착용해야 한다면 글로체스터(Gloucester)의 감독직에 취임할 수 없다며 복장 문제에 이의를 제기했다. 그는 결국에는 타협의 길을 갔지만, 엘리자베스가 여왕이 된 후 이 문제는 다시 논의되고, 이 토론의 주도적 인사는 메리의 압정 하에서 망명 갔다가 귀국한 두 사람, 토마스 샘슨(Thomas Sampson, 1517-1589)과 로렌스 험프리(Laurence Humprey, 1527-1590)였다. 이들은 성직자의 제복착용을 규정한 39개조에 강하게 반발하였다. 그러나 여왕은 청교도들의 주장을 일축하고 1566년 켄터버리 대주교 매튜 파아카로 하여금 포고문(Advertisements)을 발표하게 하고 성직자의 제복착용을 의무화했다. 또 이에 대한 논쟁적인 설교까지도 금지하고 성찬식에서는 무릎을 꿇도록 강요하였다. 이를 거부하거나 여왕의 종교정책을 반대하는 자는 성직이 박탈당했고, 봉급도 받지 못하게 했다. 그 결과 많은 청교도들이 지위를 박탈당했는데 샘슨도 그 중의 한 사람이었다. 그는 한동안 투옥되기도 했다.

이 당시 가장 대표적인 청교도는 토마스 카트라이트(Thomas

Cartwright, 1535-1603)였는데, 그는 흔히 영국 장로교회의 창시자로 일컬어지고 있다. 1535년 런던 부근의 허트포드(Hertford)에서 출생한 그는 1550년 캠브릿지 대학에 입학하였다. 그가 이 대학에 입학하기 바로 전 해인 1549년 마틴 부써(Martin Bucer, 1491-1551)가 켄터버리 대주교 토마스 크랜머(Thomas Cranmer)의 초청으로 영국으로 와 캠브릿지에서 일하고 있었다. 따라서 카트라이트는 부써와 접촉하고 대륙의 개혁 사상을 접할 수 있었다. 카트라이트는 1567년에는 캠브릿지대학 교목으로, 1569년에는 교수로 임명되었는데 성직자의 제복착용을 비판하고, 사도행전 강의를 통해 초대교회 역사에 비추어 영국교회를 비판하였다. 이 일로 그는 자신의 입장을 문서로 제출하도록 요구받고 주교제도의 폐지, 교회정치제도에 있어서 장로제 등을 주장하는 다음의 6개 항목의 답변서를 보냈다.

1. 주교제도는 비 성경적이므로 폐지되어야 한다.
2. 신약원리에 따라 감독(목사, 장로)과 집사를 두어야 한다.
3. 감독은 순수하게 영적 기능만 담당해야 하며 집사는 가난한 자의 구제에 힘써야 한다.
4. 목사는 지 교회를 가져야 하며 지교회의 신도를 신앙적으로 지도하는 데 전념해야 한다.
5. 목사는 지 교회 신도의 민주적 선거에 의해 선출되어야 한다.
6. 교회 정치의 본질적 책임은 목사와 장로회에 주어져야 한다.

카트라이트는 영국교회의 주교제도를 주장하고 장로 제도를 가장 성경적인 제도로 주장했으므로 1570년 교수직에서 해임되었다. 청교도들은 성경적 근거가 없는 예배의식은 신적 위엄에 대한 모독이라고 보았고, 성경에 규정되지 않은 의복과 의식들을 반대한 목사를 면직시킨 교회는 교회에 대한 하나님의 의도에 부합하는 것인지 의문을 제기하였다. 정리하여 말하면 청교도란 영국교회에 여전히 남아 있는 천주교적 잔재를 제거하고 보다 철저한 개혁을 시도했던 일군의 신앙운동을 일컫는 말이다.

4. 분리파와 비분리파

우리는 그저 청교도라고 말하지만 사실 청교도에는 두 부류가 있었는데, 분리파 청교도와 비분리파 청교도가 그것이다. 분리파란 영국교회 내에서는 교회개혁이 불가능함으로 영국교회로부터의 분리는 필연적이라고 여기는 이들로서 독립파(Independents) 혹은 회중파(Congregationalists)로 불리기도 했다. 이 그룹의 대표적인 인물은 로버트 브라운(Robert Browne, 1550-1633)과 그의 친구 로버트 헤리슨(Robert Harrison)이었는데 이들에 의해 1581년 놀위치(Norwich)에 최초의 회중교회가 설립되었다. 이들은 영국교회와 여왕에 대해 과격한 비판을 했다는 이유로 많은 이들이 투옥되거나 국외로 추방되었다. 이 분리파는 국가로부터의 완전한 독립을 주장했으며 따라서 영국교회로부터의 독립을 주장한 분리주의적 성격을 지니고 있었다. 어떤 점에서 이 그룹은 재세례교도와 유사한 점이 있었다. 분리주의적 청교도 중 일부가 후일 메노나이트(Mennonite)들과 제휴한 일이 있는데, 이것은 이들간의 교리적 유사성을 상징적으로 보여 주고 있다.

비분리파란 영국교회로부터의 분리를 원치 않거나 분리를 잠정적인 것으로 보는 그룹인데 장로파가 다수를 점하고 있었다. 이들은 영국교회 안에 있으면서 개혁을 이루려고 시도하였던 온건한 그룹이었다. 그러면 영국을 떠나 새로운 대륙으로 이주해 간 청교도는 어느 그룹의 사람들일까? 자명한 일이지만 분리파 청교도들이었다. 다시 말하면 장로교적 인사들이 아니라 분리주의적 회중교회에 속했던 사람들이었다.

5. 순례자의 조상들과 추수감사

콜럼버스에 의해 북미대륙이 발견된 것은 1492년이었다. 그러나 백년이 훨씬 지나서야 영국인의 이주가 시작되었다. 이곳에 처음 이주해 간 영국인은 영국교회에 속한 사람들이었는데, 1607년 버지니아 제임스타운(Jamestown)에 정착하였다. 이들에 의해 이미 영국교회가 설립되기도 했으나 크게 발전하지는 못했다. 그러던 중 엘리자베스 여왕과 후임인 제임스 1세 때 신앙의 자유를 찾아 영국을 떠나 화란으로 망명 갔던 이들이 1620년 메이플라워호를 타고 미국으로 향하는 장도에 올랐다. 이들을 가리켜 흔히 '순례자의 조상들'(the Pilgrim Fathers)이라고 부른다. 이들은 1620년 7월 22일 윌리암 브루스터(William Brewster, 1567-1644) 장로의 지도 아래 스피드웰(Speedwell)호를 타고 화란 델프스하벤(Delfshaven)을 출발하였고 약 두 달 후인 9월 16일 영국 남해안의 플리머스(Plymouth)에서 런던과 사우스햄턴(Southampton)으로부터 온 다른 청교도와 합류하여 도합 102명(남자 78명, 여자 24명)이 약 100톤 정도 되는 범선 메이플라워호를 타고 신대륙으로 향했다. 이들은 오랜 항해 끝에 1620년 11월 9일 메서추세츠(Massachusetts)주의 케이프 카드(Cape Cod)에 도착하였다. 이들은 신대륙을 새 영국 곧 뉴 잉글랜드(New England)라고 불렀다. 청교도들은 미국으로의 여정을 출애

굽에 비유하였고 따라서 아메리카 대륙은 신앙의 자유를 누릴 수 있는 약속의 땅이었다. 비록 이들이 신대륙에 도착하였으나 새로운 삶의 환경에 대한 어려움과 병으로 다수의 사람이 목숨을 잃었고 남자는 오직 27명만이 살아남았다. 그중 6명은 어린아이였다. 1620년 영국을 떠날 때의 항구였던 플리머스라고 명명한 지역으로 옮겨갔고 회중주의 원리에 따라 교회를 설립하였다.

오직 국가의 간섭으로부터 독립, 그리고 신앙의 자유라는 이름으로 조국 강산을 떠났던 이들은 새로운 환경에서 갖가지 고난이 그들을 엄습했으나 1621년 새봄을 맞아 씨앗을 뿌리고 결실을 위해 힘겨운 세월을 보냈다. 가을이 되자 비록 만족스럽지는 못했으나 새로운 대륙에서 첫 결실들을 얻게 되었다. 이들은 처음 익은 열매를 앞에 두고 인디언들을 초청한 가운데 감사의 예배를 드렸는데 이것이 추수감사절의 기원이 되었다고 한다. 이렇게 시작된 감사의 잔치는 신앙공동체의 자발적 행사로 시작되었으나, 그 정신과 신앙적 유산을 계승하기 위해 신대륙의 행정 수반이었던 브레드포드(William Bradford)가 1623년부터 공식적으로 추수감사절을 지킬 것을 명했다. 이렇게 지켜지다가 미국 초대 대통령이었던 조지 와싱톤은 1789년 11월 26일을 추수감사절로 공포하였다. 미국의 16대 대통령이었던 링컨의 재임 중인 1863년에는 추수감사절을 전 미국의 국가적 행사로 지키도록 하여 추수감사절은 단순히 미국 교회의 전통만이 아니라 국가적 행사로 지켜지기도 했다. 이런 점에서 추수감사절은 성경적 근거에 기초하기보다는 미국교회적 배경에서 기원한 것이다.

한국교회가 감사절을 지키게 된 것은 1904년부터로 알려져 있다. 당시 장로였던 서경조의 제의로 11월 10일을 추수감사절로 정해 지키다가, 1914년 주한 각 선교부의 협의 아래 11월 셋째 수요일을 감사절로 지켰고, 후에는 11월 3째 주일로 변경되어 오늘에 이르고 있다.

참고로 그 이후의 청교도들의 이주와 종교생활에 대해 첨언한다면, 뉴 잉글랜드라고 말할 때, 미국 동북부에 위치한 네 개 주, 곧 메서추세츠, 뉴 햄프셔, 코네티컷, 로드 아일랜드 주의 지역을 말하는데, 플리머스가 있는 메서추세츠 식민지가 가장 먼저 개척되었고, 그 다음 1623년에는 뉴 햄프셔 식민지가, 1635년에는 코네티컷 식민지가, 1636년에는 로드 아일랜드 식민지가 건설되었다. 이 중 로드 아일랜드를 제외한 지역의 식민지는 청교도들에 의해 건설되었다. 이들은 다 분리파 청교도, 곧 교파적으로는 회중교회였으므로 회중교회 아닌 다른 교파는 배척을 당하거나 억압을 받았다.

순례자의 조상들의 뒤를 이어 1630년 약 1천 명의 청교도들을 인솔하여 뉴 잉글랜드로 온 존 윈드로프(Winthrop, 1588-1649)는 보스톤에 식민지를 개척했고 메서추세츠주 초대 장관이었는데, 민주주의의 신봉자였다. 그는 장관의 위치에 있으면서도 국민은 악한 정부에 저항할 권리가 있다고 했다. 그는 자유와 평등을 주창했고, 이를 실천하려고 했으나 종교적으로는 회중교회만을 고집하였다. 그도 진정한 의미의 종교의 자유를 인정하지 않았다. 뉴 잉글랜드 식민지에서 종교적 불 관용성이나 획일주의, 그리고 인디언들에 대한 부당한 대우나 인종주의를 비판하고 나선 최초의 인물은 로저 윌리엄스(Roger Williams, c. 1603-1688)였다.

이상에서 우리는 청교도의 기원에서부터 이들의 북미 대륙으로의 이주, 그리고 추수감사절의 유래에 대해 간단히 살펴보았다. 이러한 신앙운동에 대한 이해가 우리의 신앙과 기독자적 삶의 지평을 넓혀 주는데 도움이 되었으면 한다.

6. 청교도의 가정과 가정교육

17세기 청교도운동은 기독교 역사 전반에 엄청난 영향과 변화를 주었다. 교회나 국가, 사회 전반에 영향을 끼쳤지만 특히 이들이 가정에 끼친 영향은 절대적이다. 17세기 청교도 당시의 역사가인 존 그린(John Green)은 "오늘 우리가 생각하는 가정이라는 개념은 사실상 청교도들에 의해 만들어진 것이다. 부인과 자녀들은 남편이나 아버지의 뜻에 순종하며 살게 되었고, 남편이나 아버지는 저들의 영혼이 성령의 도우심으로 거룩해지며, 하나님의 거룩한 부름에 응하여 나아온 성도로 여기게 되었다"고 했다. 청교도들은 가정을 언약공동체로 보아 소중하게 여겼고, 가정을 주신 목적을 심각하게 고려했다. 이들은 가정에서의 신앙교육을 중시했다. 청교도들은 인간의 죄성에 대한 심각한 자각을 가진 이들이었으므로 영적 교육이 없이는 이 세상에서 신자로서의 삶을 영위할 수 없다고 보았다. 그래서 현세적인 지식의 함양보다 영적 교육을 강조했었다. 말하자면 신앙교육은 하나님의 은혜 계약 아래 사는 이들의 특성과 정체성을 지켜 가는 수단이었다.

존 그린(John Green)은 이렇게 말했다. "청교도들은 하나님께 영광을 돌리는 사람들이었고, 가장 좋은 기독교인이란 가장 좋은 남편과 가장 좋은 아내, 가장 좋은 부모와 자식이 되어야 하며, 그 결과 하나님께 대한 교리가 모욕을 당하지 않고, 영화롭게 되어야 한다고 믿는 이들이었다"고 했다.[104] 이들은 가정과 가정에서의 바른 인간관계, 그리고 가정에서의 신앙교육을 중시했다. 이들은 가정에서의 신앙교육을 통해 하나님을 영화롭게 해야 한다고 믿었다. 청교도들이 가정에서의 신앙교

---

[104] John Green, *The Character of an Old English Puritan or Nonconformist* (London, 1646).

육을 얼마나 소중하게 여겼던 가를 몇 가지 사례를 가지고 살펴보자.

무엇보다도 청교도들은 교육의 목적은 일차적으로 성경과 하나님을 아는 것이라고 보았다. 모든 교육활동은 근본적으로 이 세상에서 출세를 위한 것이 아니라 영적 훈련이었다. 그래서 자녀들을 주의 교양과 훈계로 양육하는 영적 교육은 부모들의 가장 중요한 의무로 여겼다. 글씨를 배우고 문자를 아는 것은 일차적으로 성경을 읽게 하기 위한 것이었다. 청교도 지도자였던 존 코튼(John Cotton, 1582-1652)은 맹목적으로 아이들에게 글을 가르치라고 하지 않고, "성경을 읽을 수 있도록 글을 가르치라"고 했다. 이들에게 있어서 성경은 삶의 기초이자 생활의 유일한 규범이었다.

그래서 청교도들은 가정예배를 중시했다. 청교도 지도자인 윌리엄 퍼킨스(William Perkins, 1558-1602)는 가정의 영적인 건강을 지켜가기 위해서는 하루 두 번씩 가정예배를 드려야 한다고 주장했다. 퍼킨스의 제안에 따라 이들은 하루 두 번, 곧 아침 예배로 하루를 시작하고, 저녁 예배로 하루를 마감했다. 이것이 신명기 6장 4-9절의 명령을 실천하는 방법이라고 여겼다. 또 수시로 요리문답을 가르치고, 하나님에 대한 바른 교리를 숙지케 했다.

우리는 식사기도를 한번만 하지만 이들은 식사 기도도 두 번 했다고 한다. 식전에 한번 기도하고, 식후에 다시 감사했다. 이런 습관은 비단 청교도들만이 아니라 그 후대의 경건한 그리스도인 가정은 오늘날까지 시행하고 있다.

또 예배적 생활을 강조했다. 청교도들은 가정에서의 신앙교육만이 아니라 교회생활을 강조하고 공 예배에 참석시켜 하나님의 말씀을 듣게 했다. 자녀들이 설교를 알아듣지 못해도 예배에 참석하여 말씀을 듣는 훈련을 하게 했고, 설교를 들을 수 있는 나이가 되면 부모는 자녀들이 설교한 내용을 바로 이해했는지 점검하고, 그 말씀대로 실천하도록 훈계했다. 이것은 청교도 가정들의 전통으로서 일회적 시도가 아니라 습관화된 전통이었다.

7. 청교도의 학교교육

청교도들은 학교교육을 강조하고, 기독교적 교육을 지향했다. 청교도들은 오늘처럼 초등학교(Reading School)와 중등학교(Grammar School)를 거쳐 대학교육을 받게 했는데, 이 학교교육에서도 어떻게 하면 성경의 진리를 바로 가르칠 수 있을 것인가를 고심했다. 이들은 가정교육과 학교교육을 별개로 보지 않았다. 학교교육은 가정교육의 연장이어야 한다고 보았다.

공교육을 받는 자녀들에게 무엇을 가르칠 것인가는 중대한 문제인데, 청교도들이 만든 국어(영어) 교과서, *New England Primer*에서 영어의 알파벳 A를 가르치기 위해서 쓴 문장이 "In Adam's fall, we sinned all"이었다. 말하자면 아동들의 최초의 언어 교과서에서 문자를 가르치면서 인간의 죄와 원죄, 곧 인간이 어떠한가를 가르치려고 했음을 알 수 있다. 교과서란 그 시대의 가치나 이데올로기, 혹은 교육의 목적과 목표가 집약적으로 표현된 문서라고 할 수 있는데, 우리가 초등학교 다닐 때 국어 교과서의 첫 문장이, "바둑아 바둑아 이리와 나하고 놀자"였다. 우리나라 초등학교 1학년 첫 과에서는 강아지와 노는 것이 문자를 배우는 학습의 첫 단계였다. 중국의 국어 교과서 첫 머리에 나오는 문장은 "모택동 만세"였다고 한다. 그러나 청교도들은 영어의 첫 문자를 가르치면서 인간이 죄인이라는 사실을 가르치려고 했다. 사실은 문자 교육 그 자체가 목적이 아니라, 인간이 하나님 앞에서 죄인이라는 이 엄청난 진리를 가르치는 것이 문자교육의 취지였음을 엿볼 수 있다.

이미 상식이 되었지만 뉴잉글랜드, 곧 북미 대륙에 간 청교도들이 설립한 학교가 하버드와 예일대학 등이었다. 하버드대학은 1636년 설립된 대학으로서 존 하버드(John Harvard, 1607-1638) 목사가 이 학교의 역사에 지을 수 없는 자취를 남겼다. 그는 자신의 유언에 따라 부동산의 절반과 책 400여권을 이 대학에 기증했는데 그 결과 새로운 건물을 지을 수 있게 되었다. 이런 그의 기여 때문에 1638년에는 이 대학을 하버드대학으로 명명하게 된 것이다. 그러나 후일 하버드가 본래의 이념을 상실해 간다고 보았던 목회자이자 신학자였던 코튼 매더(Cotton Mather, 1663-1728)는 1701년 예일대학을 설립하고 기독교 교육운동을 전개했던 것이다. 청교도들은 성경을 가르침으로 인간의 전 인격을 통합시켜 하나님의 말씀에 대한 충실성을 이루어 갈 수 있다고 보았고, 하나님은 학문의 영역에서도 영광을 받으실 수 있다고 믿었다. 이들은 성경은 모든 분별 있는 진리의 근거가 될 수 있다고 믿었으므로 성경에 기초한 학문운동을 지향하려 한 것이다.

신앙과 삶은 분리될 수 없고, 또 분리되어서도 안 된다. 그래서 청교도들은 신앙교육을 가정에서 제한하지 않고 삶의 전 영역에서 포괄적으로 이루어지게 해야 한다고 보았다. 그래서 가정에서의 신앙교육만이 아니라 학교 교육을 통해서도 동일하게 시행되어야 한다고 보았던 것이다. 이런 전통은 19세기 화란에서도 찾아볼 수 있다.

화란의 개혁주의자들은 국, 공립학교(state school)는 종교교육에 있어서 중립적일 수밖에 없었으므로 이들 학교와 다른 비 공립학교(non-state school)운동, 곧 사립학교 운동을 시작했다. 당시 화란 정부는 교육은 국가의 소임이며, 국가가 모든 자녀들을 무상으로 교육시키고 있는데, 왜 사립학교를 설립해야 하는가 하고 이를 허용하지 않았다. 아브라함 카이퍼(Abraham Kuyper, 1837-1920)로 대표되는 화란의 개혁주의자들은 성경은 자녀교육은 일차적으로 부모에게 위임된 사명이라는 점을 상기시키고, 사립학교 설립을 통해 이 교육적

알파벳을 가르치기 위해 만들었던 청교도들의 국어(영어) 교과서

사명을 감당할 수 있다고 보았다. 사실 공립학교에서는 종교문제에 대해 ('중립적' 입장이 가능하다 할지라도) '중립적' 입장을 취할 수밖에 없어 가정에서의 신앙교육을 일관성 있게 가르칠 수 없다는 점에 주목했던 것이다. 그래서 그들은 종교의 자유와 함께 종교교육의 자유를 주장하며 교육에 있어서 종교적 신념의 허용을 주장하는 기독교 교육을 위한 투쟁을 시작하였다. 이것은 합리주의와 세속주의, 그리고 당시 학교교육에서 영향을 끼치는 19세기 자유주의 신학을 배격하기 위한 노력의 일환이기도 했다. 정부는 사립학교 운동을 반대했으나 60여년 간의 줄기찬 투쟁을 했다. 이 투쟁을 보통 '학교전쟁'(school war)이라고 하는데, 그 결과로 최초의 사립학교를 인정받게 되었는데, 그것이 1885년 설립된 '자유대학교'였다.

오늘 한국의 그리스도인들에게 있어서 자녀들에 대한 신앙교육은 그 어느 때보다 시급하게 되었다. 급변하는 세속의 물결 속에서 비기독교

적 가치가 청소년들을 유혹하고 있고, 한국의 입시정책과 진학교육은 신앙교육을 위협하고 있다. 17세기 청교도들과 19세기 화란 칼빈주의자들의 가정과 학교에서의 신앙교육에 대한 관심이 오늘 우리의 현실을 헤아려 보는 기회가 되길 바란다.

8. 청교도 문학가 존 밀톤

청교도에 대해 소개하면서 영국이 낳은 대 문호이며 『실락원』의 저자인 존 밀톤(John Milton, 1608-1674)에 대해 간단히 소개하고자 한다. 그가 문학가였다는 점은 다 아는 일이지만 사실 그는 청교도였고, 저명한 신학자이기도 했다. 그가 66년의 생애를 마치고 하나님의 부름을 받았을 때가 1674년 11월 8일이었다. 밀톤은 런던의 국교도 가정에서 1608년 12월 9일 출생하였는데 어릴 때부터 책을 좋아하였고 그의 과도한 독서는 후일 실명의 원인이 되었다. 학문에 깊이 심취하였던 그는 캠브릿지대학의 크라이스트 칼리지에서 문학사(1629)와 문학석사(1632) 학위를 받고 한 때 성직자의 길을 고려한 일이 있으나 문학에 대한 관심 때문에 이를 포기하였다. 1632년부터 38년까지 6년간 호르톤(Horton)에 머물면서 역사, 철학, 고전 문학, 수학, 음악 등 다양한 분야를 공부하였고 한 때는 이탈리아를 방문하여 그의 견문을 넓혔다. 이탈리아에 체류할 때는 당시 유명한 천문학자인 갈릴레오와 교분을 나누기도 했다.

그의 신앙여정에는 굴곡이 심했다. 처음에는 국교회에 속해 있었으나 이탈리아에서 돌아온 후에는 장로교로 전향하였는데 이것이 그로 하여금 청교도로의 전향의 행보였다. 1641년에 쓴 『영국에 있어서의 종교개혁』(Of Reformation in England)이라는 소논문, 이듬해에 쓴 『감독제에 반대하는 교회정치론』은 감독제를 따르는 국교회제도를 반대하고 대의제인 장로제도가 사도적 교회의 원리였음을 주장함으로써 그의 신학적 변화를 보여주고 있다. 그러나 후일에는 다시 알미니안적 견해를 가진 독립파에 속했다. 즉 그는 칼빈주의적인 예정론에 회의를 품고 인간 의지의 자유를 주장함으로써 이성의 자율성을 지지하였던 것이다. 이러한 그의 신앙과 신학의 순례는 당시 제임스 1세, 찰스 1세, 청교도 혁명, 그리고 왕정복고로 이어지는 영국의 정치적 상황과 그의 지적 순례를 반영하고 있었다. 이런 점에서 밀톤은 이성(理性)을 중시했던 소위 합리주의적 청교도였다고 할 수 있다.

밀톤의 결혼생활 혹은 가정생활은 원만하지 못했다. 그는 35세 때인 1643년 5월 17세 연하의 메리 포웰(Mary Powell)과 결혼했으나 1652년 그녀가 사망하므로 1656년 재혼을 했으나 다시 사별하였고, 1663년에는 민셜(E. Minshull) 양과 세 번째 결혼하였다. 그가 첫 결혼 때인 1643년에서 1645년 어간에 애정 없는 결혼의 경우 이혼 사유가 될 수 있다고 주장하는 『이혼에 관한 교의』(Doctrine and Discipline of Divorce)를 썼는데 이것은 그의 첫 결혼 생활이 애정 없는 혼인이었음을 잘 반영하고 있다. 점차 시력을 잃어가던 밀턴은 1652년 완전히 실명하였고 그 이후의 모든 집필활동은 그의 비서의 도움으로 가능했다.

밀톤의 대표적인 작품들은 다 그의 실명 후에 발표된 것인데 『실락원』(Paradise Lost)는 1667년 발표되었고, 그로부터 4년 후인 1671년에는 『복락원』(Paradise Regained)과 『투사 삼손』(Samson Agonistes)이 발표되었다. 『기독교 교리』(Christian Doctrine)는 그의 대표적인 신학적 저술이다. 밀톤은 시와 산문, 각종 논문, 그리고 소위 격문전쟁(Pamphlet War)이라고 불리던 기간 중에 쓴 정치적 소책자 등 실로 다양하고도 풍성한 작품을 남겼다. 그런데 이 모든 작품들이 근본적으로 신학적 성격을 띠고 있다는 점을 간과해서는 안 된다. 17세기의 다른 산문들도 그러하지만 특히 밀톤의 작품들은 성경에 그 논리적 근거를 두고 있다. 예컨대 이혼에 관한 교의가 단순히 이혼의 문제만을 취급하는 것이 아니라 이혼론은 당시 전체 교회개혁의 한 부분일 따름이었다. 이 책에서 밀톤은 개혁자 마틴 부써(Martin Bucer)의 『그리스도의 왕국』(*De Regno Christi*)의 상당부분을 번역하여 첨가하였다. 밀톤은 그의 『실락원』과 『복락원』 등에서 보여주는 바처럼 하나님의 창조, 인간의 타락, 그리고 예수 그리스도를 통한 구속과 재창조라는 종교개혁 이후의 역사적 기독교 신앙의 기본 틀에서 그의 작품을 전개하였으나, 그의 사상 근저에는 인간의 덕, 이성, 자유 등 합리주의적 경향이 강하게 나타나 있다. 그래서 그는 종종 르네상스와 종교개혁의 산물로 불리기도 한다.

제4부

기독학생운동과 부흥운동

제15장

학생신앙운동과 교회의 쇄신

 교회사가 보여주는 한 가지 놀라운 사실은 학생들이 세계복음화를 위한 교회의 움직임이 있을 때마다 결정적인 역할을 수행해 왔다는 점이다. 지상의 교회가 제도화되고 나태와 안일 속에 생명력을 잃어가고 있을 때마다 하나님께서는 헌신된 소수의 학생들을 세우시고, 이들을 통해 교회의 본질을 회복하고 교회의 사명을 감당하게 하셨다. 학생들의 순수한 복음운동을 통하여 교회는 그 본래적인 사명을 자각하게 되었다.
 소수의 사람으로부터 시작된 기도회로부터 시작하여 세계 선교의 비전을 가지고 일했던 기독 학생운동은 우리에게 감동을 준다. 학생들의 순수한 복음에의 열정, 세계를 향한 선교 비전, 그리고 저들의 뜨거운 헌신은 오늘 우리들이 새겨봐야 할 정신적인 유산들이다. 지난 역사 속에서 소중히 간직된 이 역사적 경험들을 통해서 오늘의 학생신앙운동의 방향과 지침을 얻을 수 있을 것이다.
 이 글에서는 몇 가지 형태의 복음주의적 기독 학생운동의 역사와 그

유산을 살펴보고자 한다. 기독 학생운동이라 할 때 광범위한 의미를 지니고 있지만 이 글에서는 18세기 이후의 영국과 미국의 복음적인 학생운동의 경우만을 취급하였다.

1. 복음주의 학생운동의 시작

기독학생들의 신앙운동은 장구한 역사를 지니고 있다. 더글라스 존슨(Douglas Johnson)에 의하면 종교개혁 이후 지난 400여 년 동안 학생들 사이에 종교적 운동이 수없이 있어왔다고 지적했다.[105] 그러나 우리의 주목을 끄는 대표적인 복음주의적 학생운동의 경우를 17세기 초 독일에서 찾아 볼 수 있다. 독일 루베 출신의 일곱 명의 법학도들이 바로 그들이다. 선교사가(宣敎史家)인 구스타프 바르넥(Gustav Warneck)에 의하면 이 일곱 명의 젊은 대학생들은 파리에서 유학하는 동안 세계 선교의 이상을 가지고 저들의 생을 헌신하기로 했다. 그들은 함께 모여 기도하며 하나님의 뜻을 찾는 중에 복음이 전해지지 않은 곳에 선교사로 떠나기로 했다. 이것은 소수의 학생신앙 조직이 선교 비전을 가졌던 최초의 기록이다. 이때는 아직 교회가 선교의 사명을 자각하기 이전의 일이었다. 헌신된 젊은이들은 해외로 떠나기로 하고 이중 세 사람이 아프리카로 향했다. 그러나 두 사람은 실종되어 버렸고, 나머지 한 사람 피터 하일링(Peter Heiling)은 이집트에서 2년간 체류한 후 1634년 이디오피아의 아비시니아로 갔다. 그는 그곳에서 20년 간 체류하면서 '암하라' 현지어로 성경을 번역하기도 했다. 이 때는 근대선교의 아버지라고

---

[105] D. Johnson, *A Brief History of the IEES* (1964), 23.

불리는 윌리엄 케리에 의해 선교운동이 일어나기 무려 150여년 전의 일이었다. 분명한 기록이 없지만 이들은 루터교 신자로서 선교의 이상과 그 책임을 실현한 최초의 기독 학생 조직의 일원이었던 것으로 보인다. 후일 그는 순교자의 길을 갔다.

보다 분명한 기록은 진센돌프(Nichlaus Ludwig Zinzendorf, 1700-1760)로부터 시작된 '겨자씨' 모임이다. 후일 모라비안의 지도자로서 선교역사에 지울 수 없는 흔적을 남겼던 진센돌프 백작은 독일 할레대학에서 공부하는 1710년부터 1716년까지 동료 학생 5명과 더불어 작은 기도모임을 조직했는데, 그것이 '겨자씨 모임'(Senfkornorden, The order of the grain of mustard seed)으로 불렸다. 이 모임의 목적은 다른 그리스도인과 교제하며, 신앙으로 고심하는 형제를 도우며, 그리고 아직까지 복음이 전파되지 아니한 해외에 복음을 전하는 것이었다.[106] 소규모의 학생들에 의해 시작되었지만 저들은 복음사역에 헌신하게 되었고, 선교의 꿈을 갖게 된 것이다. 이때까지도 서구교회는 선교는 신자와 교회의 본질적인 사명이라는 자각이 없었다. 진센돌프의 세계선교의 이상은 후일 그가 비텐베르크와 우트레히트(Utrecht)에서 대학시절을 보낼 때에도 끊이지 않았다. 따지고 보면 모라비안들의 선교운동은 할레에서 세계복음화를 위해 함께 기도하기 위해 모였던 5명의 젊은 학생운동으로부터 시작되었던 것이다.

진센돌프의 '겨자씨 모임'의 정신적 연원은 할레대학의 창설자인 스페너(Philip James Spener, 1635-1705)로부터 시작되었다고 보는 것이 옳을 것이다. 17세기 중엽 독일교회가 죽은 정통의 잠에서 깨어나지 못

---

[106] 데이빗 하워드(David M. Howard), 『학생운동과 세계복음화』(생명의 말씀사, 1980), 76.

하고 있을 때, 스페너는 그리스도인들이 상호 교제를 나누며, 신앙을 격려하기 위한 소집단 운동을 전개하였다. 이 운동은 특히 소집단 안에서 성경연구와 신앙의 활성화, 신앙의 생활화를 강조하였다. 이러한 이상을 구체적으로 실현하기 위해 할레대학을 설립하였다. 스페너의 이상은 그의 후계자 프랑케(August Francke, 1663-1727)에 의해 계승되었다. 프랑케는 성경연구와 경건훈련을 강조했는데, 이 대학이 설립된 지 반세기도 못되어 약 6,000명의 목사를 배출하였고, 18세기 동안 60여명의 선교사를 인도에 파송하기에 이르렀다.

루터파 가정에서 출생한 진센돌프는 10살이 되기 전에 "나는 단 한 가지 열망 밖에는 없다… 그것은 그 분, 오직 그 분뿐이다…"라는 글을 남겨두었다.[107] 그는 프랑케를 개인적으로 접촉하고 그로부터 많은 영향을 받았다. 특히 그는 1710년에서 1716년까지 할레 대학에서 공부하는 동안 프랑케로부터 신앙적 감화를 받았고, '겨자씨 모임'을 통해 이를 구체화시켜 가고자 했던 것이다.

후일 그는 비텐베르크에서 공부하였고, 선교운동에 크게 기여하였다. 어느 곳에도 정주하지 못하며 박해를 피해 이동하던 모라비안들을 자신의 영지에 살게 했는데, 이 곳이 헤른후트(Herrnhut, the Lord's Watch, 주의 지키심)라고 불렸다. 후일 이 곳이 세계선교의 중심지가 되었다. 이렇게 볼 때 진센돌프와 모라비안의 만남은 18세기 선교역사의 중요한 의미를 갖게 되었다. '겨자씨 모임'을 만들어 기도하며 세계선교를 꿈꿨던 진센돌프는 18세기 선교사역에 있어서 큰 자취를 남긴 가장 위대한 선교지도자로 일컬어지고 있다. 그래서 루스 투커(Ruth A. Tucker)는 "진센톨프는 '선교의 위대한 세기'가 도래할 수 있도록 했던

---

[107] 위의 책, 76.

개신교 선교의 선구자"라고 불렀다. 그는 튀빙겐대학 신학부로부터 신학박사 학위 수여를 제안 받았으나 정중히 거절한 바 있다. 그는 목사로 만족했고 설교권을 가장 큰 특권으로 여겼을 뿐 세상의 명예에 대해서는 초연했을 만큼 성숙된 그리스도인이었다.

2. 웨슬리 형제와 '거룩한 모임'

영국에서의 시작된 대표적인 학생신앙운동은 웨슬리 형제로부터 시작된 '거룩한 모임'(Holy club)이었다. 이 모임은 개인 신앙의 성숙뿐만 아니라, 교회의 갱신과 사회변화, 그리고 해외선교운동에 있어서 커다란 자취를 남겼다. 특히 사회와 교계에 지도적 인물들을 배출함으로써 기독교적 신앙운동의 이념을 영속화시켰다.

18세기 영국은 도덕적으로 무질서한 시기였고 종교적으로는 영적 침체가 심각하였던 시기였다. 이 당시는 산업혁명으로 인한 급격한 사회의 변화, 그리고 프랑스혁명으로 조성되었던 정치적 불안이 가중되었으나, 교회는 이러한 급격한 사회변화에 적극적으로 대처하지 못했다. 교회가 교회로서의 사명을 감당하지 못했을 뿐만 아니라, 도리어 영적 침체에서 벗어나지 못하고 있었다. 바로 이와 같은 상황에서 학생운동이 일어났고, 이것은 일차적으로 침체된 교회에서의 영적 각성운동의 성격을 지니고 있었다. 그 중심인물이 웨슬리 형제와 휫필드(Whitefield)였고, 그 모체는 홀리 클럽, 곧 '거룩한 모임' 이었다.

교회사가인 무어맨(J. R. H. Moorman)은 웨슬리 형제의 운동을 이렇게 말하고 있다. "주교들과 성직자들은 자기 만족에 빠져 속화되어 있었고, 자기들의 지위 향상에 몰두했다. 저들의 관심은 자기 가족들, 자기들의 특권, 그리고 자기 명예뿐이었다. 이러한 자세는 진정한 지도력이 절실한 당시대의 교회 지도력의 결핍을 초래하고 말았다. 결국 당시 교회는 교회 내의 지도자들에 의해 구출된 것이 아니라, 자기 자신과 자신이 소유한 모든 것을 가지고 사회를 구하기 위해 바쳤던 소수의 개인들을 통해 구출된 것이다. 그중에서 가장 탁월한 인물이 요한 웨슬리였다."[108]

그렇다면 이 운동은 어떻게 시작되었을까? 찰스 웨슬리(Charles Wesley)는 1726년 옥스포드대학교의 그리스도 교회 대학(Christ Church College)에 입학했다. 그는 무질서한 대학사회와 영국의 어두운 현실을 보며, 영적으로 크게 깨달은 바가 있어 자기 친구들과 함께 성경연구와 기도 생활을 힘쓰기 위해 1729년 11월 작은 모임을 결성했다. 이 모임은 일주일에 두 번씩 찰스의 방에서 모였고 기도와 성경공부, 고전연구도 포함되었다. 이 모임이 바로 '홀리 클럽'이라고 알려진 대학생 신앙운동의 시작이었다. 웨슬리와 함께 이 모임을 시작했던 동료로는 윌리엄 몰간(William Morgan), 로버트 커캄(Robert Kirkham) 등이었다. 처음 회원은 20명 안팎의 소수에 지나지 않았다. 찰스의 형인 존 웨슬리(John Wesley)가 이 운동에 합세한 것은 1730년 말이었다. 존 웨슬리는 이미 옥스포드의 그리스도교대학을 졸업하고, 옥스포드에 있는 링컨대학(Lincon College)의 특별강사로 있었으며 연령이나 학식에 있어서 이들보다 뛰어났다. 따라서 비록 홀리 클럽이 조직되던 해 말에 이 모임에 가담했으나 곧 이 모임의 지도자가 되었다.

이들은 처음에는 일주일에 두 번씩 모였으나, 나중에 매일 밤 모여서 저녁 6시부터 9시까지 기도와 성경연구에 몰두했다. 특히 이들은 성경

---

[108] J. R. H. Moorman, *A History of the Church in England*, 97.

을 원전으로 읽기 위해 희랍어를 공부하고 희랍어 신약과 고전을 읽기 시작했다. 이들은 일주일에 한 번씩 성찬식을 하였으며 일주일에 이틀은 금식과 기도하는 날로 정했다. 뿐만 아니라 일정한 규칙을 세워 놓고 자기 양심에 비추어 책망 받지 않도록 경건생활에 힘썼다. 이들 모임이야말로 홀리 클럽으로 불려 질만 했다. 사실 홀리 클럽이란 이름은 저들의 친구들이 붙여준 이름이었다.

곧 이 모임에 가담하는 이들이 불어났다. 이들은 규칙적인 시간을 갖고, 매일의 일과를 반성하고 규모 있는 삶을 추구했다. 그 이유 때문에 이들은 메도디스트(Methodist)라고도 불리게 된다.

이렇게 시작된 학생 신앙운동은 자신의 삶의 변화와 함께 교회와 사회에 영향을 주기 시작했다. 이들은 영향력 있는 전도자가 됨으로써 영국에서의 복음주의 운동을 일으키게 되었다. 웨슬리를 비롯한 이들의 부흥운동이 단순한 개인적 신앙운동이나 복음증거에 그치지 않고 가난한 사람들과 주린 자들을 돌아보고, 옥에 갇힌 자들을 보살피며, 구체적인 사회개량운동을 전개했다. 즉 이들은 임산부나 아이들의 노동제한 운동을 전개하였고, 광부들의 금주운동, 공장지대의 복지시설 및 학교설립운동 등 사회도덕 혁명의 성격도 지니고 있었던 것이다.

이와 같은 일련의 노력으로 이 '거룩한 모임'의 인물들은 대학과 교회와 사회로 그 영향력을 점진적이고도 연속적으로 확대해 가게 된 것이다. 이들을 통해 타락한 사회가 변화되었고, 선교운동이 일어났으며 영국 사회와 교계의 많은 지도적 인물들을 배출하였다.

웨슬리의 부흥운동이 비록 후에 '감리교회'로서 하나의 교파로 발전한 것이 사실이나, 웨슬리 자신은 죽기까지 기존의 영국교회인 성공회를 떠나지 않고 교회가 시대적 사명을 감당해 가길 원했다. 형인 존 웨슬리는 신학자로, 그리고 복음주의 사회운동가로, 동생 찰스는 찬송작가로 활동했다. 존 웨슬리는 일생 동안 25만 마일을 복음을 위해 다녔고, 4만 번의 설교를 통해 많은 영혼을 주께로 인도했고, 200여권의 책을 써서 영국교회에 영적 변화를 주었다.[109] 또 휫필드는 믿을 수 없을 정도로 느리고 힘겨운 여행의 시대에 그는 아일랜드를 두 번 횡단하였고 스코틀랜드를 열다섯 번 방문했으며, 잉글랜드와 웨일즈의 거의 모든 곳을 방문하였다. 그는 모두 13번이나 대서양을 횡단했다고 한다.[110]

3. 찰스 시므온과 캠브릿지운동

하나님께서 영국의 헌신된 학생들 가운데서 일하셨던 또 한 가지 예로 찰스 시므온을 비롯한 캠브릿지대학에서의 복음화운동을 들 수 있다. 찰스 시므온(Charles Simeon, 1759-1836)의 경우는 특히 두 가지 의미에서 우리에게 교훈을 주고 있다. 첫째는 한 사람의 헌신된 학생을 통하여 하나님이 얼마나 큰일을 행하셨는가에 대한 분명한 증거를 주고 있고, 둘째는 캠퍼스 선교운동 혹은 학원 복음화의 중요성에 대해 가르쳐 주고 있다는 점이다. 실로 하나님은 캠브릿지대학 재학 중에 그리스도를 영접했던 시므온을 통해서 측량할 수 없는 놀라운 일을 하셨다.

찰스 시므온[111]은 1759년 9월 24일 영국 리딩(Reading)에서 4형제 중 막내로 출생하였다. 윌리엄 윌버포스(William Wilberforce)도 이 해에

---

[109] A Skevington Wood, *The Burning Heart* (Paternostev, Exeter, 1976), 116.
[110] Ibid., 80.
[111] 그에 대한 자세한 전기적 기록은 Marcus L. Loane, *Cambridge and the Evangelical Succession* (London: Lutherworth Press, 1952), 173-220을 참고할 것

태어났는데, 캠브릿지 동문이기도 한 이 두 사람은 일생 동안의 친구이자 신앙의 동료였다. 시므온은 이튼학교(Royal college of Eton)를 거쳐 캠브릿지의 킹스 칼리지(King's college)에서 공부했는데, 이 학교에 입학하던 1779년 헨리 벤(Henry Venn)과 그의 아들 존 벤(John Venn)을 통해 복음주의 신앙을 갖게 되었다. 이 때로부터 그는 복음에 대한 열정으로 가득했고, 자신의 영적성장을 위한 기도와 성경공부에 그의 대부분의 시간을 투자하였다. 특히 캠브릿지대학 복음화에 대한 비전을 가진 그는 작은 기도모임을 시작했다. 즉 자기 집에 동료학생들을 초대하여 기도회를 시작하였는데, 이것이 그의 전도방법이었다. 이 모임을 통해 많은 학생들이 예수 그리스도와 인격적 관계를 맺게 되었다. 이 모임이 처음에는 시므온의 사람들, 혹은 시므온파(Simeonite)라고 불렸다. 아마도 기도와 성경공부 모임을 시므온이 주도했기 때문에 붙여진 이름일 것이다. 이렇게 시작된 성경연구와 기도회는 캠브릿지대학 복음운동의 모체였을 뿐만 아니라 그 이후 영국에서의 복음주의 기독 학생운동의 연원이 되었다.

시므온은 1782년 캠브릿지대학교를 졸업하고 왕립대학의 특별연구원을 거쳐 그 대학 내의 성삼위교회(Holy Trinity Church)의 목사가 되었다. 그 이후에도 시므온의 컴퍼스 사역은 계속되었다. 그는 일생 동안 이 대학 구내의 교회에서 일하면서 설교와 상담, 소그룹 인도를 통해 많은 대학생들에게 감화를 주었는데, 그 한 가지 반응이 주변의 가난하고 불쌍한 어린이들을 위한 교육프로그램이었다. 이들은 교육받지 못하는 아이들을 위해 간이 학교를 세웠는데, 그것이 소위 '젊은 예수쟁이들의 주일학교'였다.

학생들에게 끼친 시므온의 영향력은 대단한 것이었다. 시므온의 영향을 받았던 학생들은 영국과 세계 도처에서 교계의 지도자로 활동했는데, 특히 코니베어(W. J. Conybeare, 1815-1857), 존 하우슨(John Howson, 1816-1885), 웨스트코트(Brooke Westcott, 1825-1901) 등이 대표적인 인물이다. 코니베어는 위대한 성경학자이자 사도들의 서신을 그 시대의 빛으로 읽는 새로운 독서법을 제시한 학자로서 리버풀대학장을 지냈다. 하우슨은 캠브릿지의 트리니티대학을 졸업한 성경학자로서 코니베어와 함께『바울의 생애와 서신들』(The Life and Epistles of St. Paul, 2 vols., 1852)이라는 명저를 공저했는데 이 책은 아직까지도 그 가치를 인정받고 있다. 특히 웨스트코트는 캠브릿지의 트리니티대학을 졸업한 성경학자로서 캠브릿지 대학교수로 일생 동안 가르쳤고, 성경본문연구와 주석집필을 통해 후대교회에 지울 수 없는 자취를 남겼다. 그는 라이트푸트(J. B. Lightfoot)와 상벽을 이루는 학자로 명성을 얻었다.

시므온이 목회를 시작했을 때 영국교회 안에는 복음주의적 신앙을 가진 목사를 찾아보기 어려울 정도로 극소수에 불과했으나, 그가 죽던 1836년 경에는 영국교회 목사 중에서 약 삼분의 일이 복음적 신앙을 가진 목사였다고 한다. 그것은 그의 캠퍼스 사역을 통해 얻은 결실이었다. 헌신된 젊은이들이 교회 지도자로 세움을 받았던 것이다.

캠브릿지대학을 중심한 시므온과 그의 동료들이 후대에 끼친 영향은 다음의 몇 가지로 정리될 수 있다. 우선, 1811년에 캠브릿지에서 시작된 '영국인 및 외국인을 위한 성서회'를 들 수 있다. 시므온의 영향을 받고 결성된 이 모임의 목적은 전 세계인이 각기 저들의 언어로 성경을 이해할 수 있도록 성경 번역 사업을 전개하는 데 있었다. 이 모임에 참가한 학생들은 세계선교의 비전을 가지게 되었고, 저들이 세계 복음화에 어떻게 기여할 수 있겠는가를 알게 되었다.

1848년에 구성된 '캠브릿지 기도회'(The Cambridge Union for private prayer) 또한 시므온이 남긴 정신적 유산이었다. 이 기도회는 많은 젊은이들의 영적인 생활과 전도에 있어서 활력소가 되었는데, 특히 신학생들이 많이 참가하였다. 신학생들은 목사안수를 받기 전의 준비 단계로서 정기적 기도모임의 필요성을 깨닫고 '매일기도모임'(DPM, Daily Prayer Meeting)을 가졌다. 이 모임이 시작된 지 일 년 후인 1849년에는 100여 명의 회원이 정기적으로 모여 학원과 세계 복음화를 꿈꾸며 기도하기 시작했다.

그로부터 약 10년 후인 1858년에는 '캠브릿지대학 선교단' Cambridge University Church Missionary Union)이 탄생되기에 이르렀다. 이 선교단이 창립된 것은 이보다 일 년 앞서 1867년 리빙스톤(David Livingston)이 캠브릿지대학을 방문하여 선교에 대하여 강연하고 선교의 긴박성을 고취하여 준 것이 중요한 계기가 되었다고 한다. 이 선교단의 설립취지는 "기도와 성경연구모임을 통해 보다 광범위한 선교정신을 고양시키기 위함이었고, 동시에 보다 많은 젊은이들이 선교사역에 헌신하도록 이끌어 주기 위함이었다."[112]

1871년 영국의회는 기존의 영국국교도의 자녀만 입학하도록 되어 있던 옥스포드대학과 캠브릿지대학, 그리고 더함(Durham)대학의 입학제한을 폐지하고, 비국교도들(Nonconformists)도 입학할 수 있게 하는 새로운 법적 조치를 취했다. 이렇게 되어 복음주의 교회에 속한 학생들도 캠브릿지대학교의 각 학부에 입학하게 되자, 1877년에는 '캠브릿지의 기독학생연합회'(CICCU, Cambridge Inter Collegiate Christian Union)가

---

[112] Pollock, *A Cambridge Movement* (London: John Marry, 1953), 19.

결성되었다. 이들은 "이 세대에 세계의 복음화를"(The Evangelization of the world in this generation)이라는 표어를 내 걸고 세계복음화의 비전을 가졌다. 이 모임은 캠브릿지대학교 내의 여러 대학들을 망라한 조직체로서 오늘의 IVF운동의 기원이 된다. 물론 이 일이 있기까지 이미 5년 전부터 소수의 학생들이 뜻을 같이 하여 매일 기도회를 가졌다는 사실을 간과해서는 안 된다. 처음에는 소수의 학생들로부터 시작됐으나, 후에는 많은 학생들이 참여하였고 영국의 다른 대학과 다른 나라에까지 전파되었다. 캠브릿지대학의 기독학생운동은 기도로 시작된 운동이며, 신학적으로는 복음주의였고 그 목적은 신앙클럽과 복음전파였다. 이 때로부터 1900년까지는 캠브릿지대학의 기독학생운동은 그 기초를 닦는 기간이었다고 해도 과언이 아니다.

이 기간 중에 있었던 가장 인상적이며 극적인 사건은 1882년 미국의 부흥사 무디(D. L. Moody)를 초청하여 집회를 개최한 일이었다. 캠브릿지대학 채플에서 무디를 초청한다는 것은 한마디로 권위와 명예를 자랑으로 여기는 영국대학의 전통으로 볼 때 파격적인 일이었다. 이 일은 당시의 기독학생연합회(CICCU)의 회장이자 대학 크리켓팀의 주장 선수이기도 했던 스터드(J. E. Kynaston Studd, 1862-1931)[113]에 의해 추진되었다. 열성적이며 적극적인 성격의 스터드는 무디가 영국인도 아

---

[113] 그는 에드워드 스터드(Edward Studd)의 둘째 아들이자, '캠브릿지 세븐'이라고 불리는 선교 헌신자 중의 한 사람인 찰스 스터드(Charles Studd)의 형이었다. 그들의 에드워드 스터드는 1877년 무디의 집회를 통해 회심하였는데 그의 3아들 J. E. Kynaston, George, Charles가 캠브릿지대학에서 수학하였고 이 3아들이 차례로(George가 1882년, Charles가 1883년, Kynaston이 1884년) 이 대학의 크리켓 팀 주장 선수로 선임되어 운동선수로도 명성을 얻었다. Norman P. Grubb, *C. T. Studd Cricketer & Pioneer* (London: Lutterworth Press, 1951), 32.

니고 학자도 아니며, 정상적인 교육을 받지 못한 무학자라는 이유에서 그를 초청하는 일에 대하여 교수와 학생들의 강한 반대가 있었다. 그러나 스터드는 이런 이유는 타당성 없는 부당한 반대라고 여기고 이 일을 추진하여 결국 무디를 초청하게 되었다. 1882년 11월에 집회가 시작됐을 때 많은 사람이 이 집회를 비웃었으나 마지막 날 강퍅했던 지성인들의 마음 문이 열리고 교만을 통회하는 등 전대미문의 회개운동이 일어났다.[114]

이 집회에 참석하여 회심하거나 변화된 삶을 걸어간 이들이 어디 한두 사람이었을까? 특히 이 집회를 통해 그리스도를 만나고 후일 위대한 선교사가 된 한 사람이 라브라도(Labrador)의 월프레드 그렌펠 경(Sir Wilfred Grenfell)이었다.[115] 그는 당시 의과대학생이었다. 그러나 그 집회는 자신의 삶의 행로를 새로운 세계로 인도해 갔다. 의과대학을 졸업하고 의사가 된 후에 그는 '어부선교회'(Mission to Deep Sea Fisherman)에 가담하였는데, 1890년에는 이 선교단체의 대표가 되었다. 그는 비스케이(Biscay)에서 아이스랜드(Iceland) 지역을 순회하면서 어부들에게 육체적인 필요와 영적인 필요를 채워주면서 선교사로 활동했고, 1935년 그가 은퇴하기 전까지 5개 처에 병원을 설립하고, 7개 처의 간호시설을 만들고, 고아들을 위한 3개 처의 기숙학교를 설립하는 등 남을 위한 봉사자의 생애를 살았다. 그는 영국의 존경받는 인물이 되었고, 1927년에는 경(Sir)이라는 칭호를 받았을 정도였다.

어떻든 학생들의 신앙운동, 그리고 무디의 말씀집회는 영국 기독 학생운동사에 중요한 자취를 남겼다. 가장 현저한 반응은 소위 '캠브릿지

---

[114] Grubb, 32.
[115] Grubb, 34-35.

의 칠인'(The Cambridge Seven)으로 알려진 일곱 학생이 자신의 전 생애를 선교사로 헌신하기로 작정한 일이었다. 이 일곱 사람이란 보챔(Montagu Beauchamp), 카슬(William W. Cassels), 호스트(Dixon Edward Hoste), 폴힐 터너(A. T. Polhill-Turner), 폴힐 터너(C. P. Polhill-Turner), 스미드(Stanley P. Smith), 그리고 스터드(Charles Thomas Studd)였다. 이들은 모두 우수한 학생이거나 졸업생이었고 부유한 가문의 자식들이었다. 이들의 선교자원은 신문에 대서특필되는 등 엄청난 반향을 불러일으켰다. 그럴 수밖에 없었던 것은 이들은 유능하고 똑똑한 청년들이자 저들의 미래가 보장된 고위층 가문의 자녀들이었기 때문이었다. 그럼에도 불구하고 장래에 대한 보장을 미련 없이 포기하고 중국으로 향할 것이라는 소식은 이해하기 어려운 결단이었던 것이다. 이들의 자원은 영국에서의 선교역사에 새로운 바람을 불러일으켰다.

캠브릿지의 일곱 청년들의 간증은 학생들 사이에 영적 부흥을 가져왔고, 선교에 대한 관심이 높아졌다. 심지어는 영국의 빅토리아 여왕까지도 이 일곱 사람이 쓴 간증집을 읽고 기뻐했다고 한다.[116] 스터드의 간증에 대해 캠브릿지의 펨브로크의 학장(Master of Pembroke)은 다음과 같은 기록을 남겨두고 있다.

> 일반적인 상식을 벗어난 이들의 행동을 보면 이 얼마나 위대한 믿음의 승리인가? 그는 이 세상의 그 어떤 동기보다도 인간의 심성을 더욱 강렬하게 움직일 수 있는 보이지 않는 능력이 있다는 사실을 그대로 보여주었다.[117]

물론 이들의 결단에는 중국내지선교회(China Inland Mission)의 창시

---

[116] Grubb, 42.
[117] Grubb, 50.

"중국에 도착한 직후의 캠브릿지 7인
뒷줄 왼쪽에서 부터 C.T. Studd, Montagu Beaudhamp, S. P. Smith
앞줄 왼쪽에서 부터 A. T. Polhill-Turner, D. E. Hoste, C. P. Polhill-Turner, W.W. Cassels"

자인 허드슨 테일러(Hudson Taylor, 1832-1905)의 권유가 없지 않았다. 드디어 이들은 1885년 2월, 중국으로 가는 배에 올랐다. 이중 호스트는 후에 허드슨 테일러의 후계자로서 1900년에서 1935년까지 중국내지선교회의 대표가 되기도 했다.[118]

이상에서 살펴본 바와 같이 시므온을 중심한 기독학생들의 신앙운동은 캠브릿지대학 복음화에 영향을 주었을 뿐만 아니라 교회갱신과 선교, 사회 변혁에도 커다란 자취를 남겼고 그 신앙유산은 오늘에 이르기까지 영속적인 결과를 주고 있다. 영국의 세계 선교운동의 실질적인 주역들이 된 것은 우연이 아니었다. 복음적인 기독 학생들은 영국 사회와

---

[118] D. E. Hoste에 대한 대표적인 전기적 기록으로는 Phyllis Thompson, *D. E. Hoste: 'A Prince with God'* (CIM, 1940)이 있다.

교회를 영적 침체에서 구해내고, 선교운동을 고취하며 교회의 사명을 일깨워주는 등 복음주의 운동으로 발전되어 갔던 것이다. 이것은 시므온이 시작한 작은 기도회와 그의 일생 동안의 캠퍼스 사역이 가져온 열매였다.

4. 사무엘 밀즈와 형제단 운동

이제 우리의 관심을 북아메리카로 옮겨 볼까 한다. 19세기에는 많은 신앙단체가 조직되고 신앙운동이 일어났는데, 이런 운동들 가운데 많은 경우가 학생들을 중심으로 시작되었다. 미국에서 시작된 대표적인 학생신앙운동은 윌리암스대학의 사무엘 밀즈 2세(Samuel J. Mills, Jr 1783-1818)를 중심으로 시작된 기도회였다. 마치 윌리엄 케리가 영국의 선교운동을 이끌어 갔듯이 사무엘 밀즈는 미국교회의 선교운동을 시작하게 하는 동기를 제공하였다. 그 자신은 선교사가 아니었으나 해외 선교운동의 시원에 기여하였다는 점에서, 그는 흔히 미국선교의 선구자로 불리고 있다.

사무엘 밀즈는 코네티켓주에서 조합교회의 목사의 아들로 태어났다. 그는 1798년에 시작된 제2차 각성운동 기간 중에 회심하였고, 세계선교를 위해 헌신하기로 결심했다. 이 때 그의 나이는 17세였다. 19세가 되던 해에 그는 "가련한 이방인들에게 구원의 복음을 전하는 것, 그 이상으로 만족한 생활은 상상할 수 없다"는 기록을 남겨두고 있다. 23세가 되던 1806년에는 메서추세츠주 윌리암스타운(Williamstown)에 있는 윌리암스대학(Williams College)에 입학하였다. 그 당시 이 학교는 종교적인 각성운동의 영향을 받고 있었고 학생들도 깊은 영적 관심을 갖고 있었다. 밀즈는 이 대학에서 영적 갈망을 가진 친구들과 함께 모여 기도회를 갖기 시작하였다. 이 기도회가 후일 '헤이스택 운동'(The Haystack Movement)이라고 불리는 기도운동과 '형제단'이라고 하는 선교운동 조직의 시작이 되었다. 이들은 주로 수요일과 토요일 오후 후사크강 언덕이나 대학 가까운 숲 속에서 모였다.

그해 8월 밀즈는 동료 4명과 더불어 기도회를 마치고 돌아오는 길에 소나기를 만났다. 저들은 비를 피하기 위해 건초더미 아래서 폭풍우가 그치기까지 기도했는데, 이때 그들은 해외선교에 자각을 갖게 해 달라고 기도했고, 이 기도회를 통해 해외선교를 헌신하게 되었다. 이 때 밀즈는 "우리가 하고자 하면 할 수 있다"고 기도했는데 이것이 후일 그들의 표어가 되었다. 이 기도회로부터 미국 최초의 (학생)선교회가 조직되었다. 그래서 쉐드(P. Shedd)는 "기도하며 고개 숙인 이 다섯 명의 해외선교를 지망한 학생 자원자들이 하나님으로 하여금 자신의 생애를 적절하게 쓰시도록 생애를 헌신했고, 자발적으로 자신을 드림으로써 미국에서는 최초의 선교단체가 탄생했다"고 평가했다.[119] 또 라토렛은 이 헤이스택 기도회가 미국교회의 세계선교에 자극을 주었다고 지적했다.[120]

기도와 세계선교를 위한 학생들의 모임은 계속되었고, 1808년에는 공식적인 모임을 결성하기로 마음먹고 준비하던 중 그해 9월에는 앞에서 말한 바 있는 '형제단'(The Society of Brethren)이라는 모임을 결성하기에 이르렀다. 형제단의 가장 중요한 목표는 해외선교였다. 1810년

---

[119] Clarence P. Shedd, *Two Centuries of Student Christian Movements* (N.Y.: Association Press, 1934), 52.
[120] *These Sought a Country*, 46.

까지 527명의 학생이 형제단에 가입했는데, 그중 50%의 학생이 후일 선교사로 봉사하였다고 한다.[121] 한 작은 기도회가 이처럼 큰 선교의 조직으로 발전해 갔던 것이다.

1809년 밀즈는 윌리암스대학을 졸업하고 안도버신학교(Andover Seminary)[122]에 입학하였다. 이 학교에서 그는 자신과 동일한 선교의 비전을 가진 브라운대학 출신 아도니람 저드슨(Adoniram Judson), 하버드대학교 출신 사무엘 뉴웰, 유니온대학 출신 사무엘 노트 등을 만나게 된다. 그가 신학교에 재학하고 있던 1810년 6월 메서추세츠주 브라드포드에서 회중교회 연례총회가 열렸다. 이 때 밀즈는 저드슨을 포함하여 여러 동료들과 함께 선교부를 조직해 달라는 청원을 했는데 이때가 1810년 6월 28일이었다. 이 청원에 의해 회중교회 총회는 해외선교회를 조직했는데, 이것이 미국에서의 최초의 선교단체였던 '미국해외선교회'(American Board of Commissioners for foreign Missions, ABCFM)였다. 1810년 6월 29일자로 결의된 '해외선교회'는 "이방지역에 복음을 전파하기 위해 수단과 방법을 고안하고 이를 실행하는 것을 목적으로 한다"고 규정하고 있었다. 비록 이 해외선교회가 1812년에 가서 법인체로 등록되지만 조직 즉시 해외선교를 위한 업무를 시작했다.

이 선교회는 회중교회의 조직이었으나 장로교나 개혁교회도 이 선교단체를 후원하였다. 이 때로부터 2년 후인 1812년 2월 미국교회는 최초

---

[121] C. P. Shedd, 62.
[122] 안도버신학교는 하버드대학(신학교)이 자유주의 신학교로 화하자 이에 불만을 품은 칼빈주의자들과 사무엘 홉킨즈(Samuel Hopkins) 추종자들에 의해 1808년 설립된 신학 교육 기관이었다.

의 해외 선교사를 파송했는데, 그들이 저드슨(1788-1850), 사무엘 뉴웰(Samuel Newwell), 사무엘 노트(Samuel Nott), 골든 홀(Gorden Hall), 그리고 루터 라이스(Luther Rice, 1783-1836) 등 5명이었다. 이들은 미국을 떠나 인도선교사로 떠났다. 이 당시 미국에서 인도까지는 선편으로 4개월이 걸리는 여행이었다. 이들 최초의 미국선교사들은 1793년부터 인도에서 사역하고 있던 윌리엄 케리와 함께 일했다.

소수의 학생들로부터 시작된 작은 기도회(헤이스택 기도회)로부터 시작된 형제단은 4년도 못되어 선교회를 형성하게 되었고, 그로부터 1년 6개월 만에 미국 최초의 아시아 선교를 시작했던 것이다. 하나님은 헌신된 소수의 학생들을 통해 그의 사역을 이루어 가시며 정체된 교회에 자극을 주었던 것이다.

그런데 우리가 간과할 수 없는 것은 밀즈는 복음증거(국내전도, 국외선교)와 사회봉사를 통한 사회개량운동, 그 양자를 결코 분리하지 않았다는 점이다. 그는 최초로 선교부를 창설하였을 뿐만 아니라 사회활동에도 다양하게 참여했었다. 예컨대, 1816년 뉴욕의 빈민가에서 빈민들을 위한 봉사를 시작했고, 저들의 물질적인 어려움을 해결하고자 다각적으로 힘썼다. 또 미국의 노예들을 돌보면서 1817년 1월 1일 '미국 식민회'(The American Colonization Society)를 설립하기도 했다. 이 단체의 목적은 노예들에게도 전도하는 기회를 얻으며, 궁극적으로 저들이 해방을 얻게 하고 저들의 의사에 따라, 아프리카로 돌아가는 일을 도와주기 위해서였다. 이것은 아프리카 전도에 대한 관심에서 시작된 사회개량운동이었던 것이다.

밀즈는 1817년 선교사 파송을 위한 현지답사로 지금의 리베리아를 방문하고 돌아오는 길에 병을 얻어 1818년 6월 5일 35세의 나이로 해상에서 하나님의 부름을 받았다. 후사크강 가까운 헤이스택에서 믿음의 친구들과 세계복음화를 꿈꾸며 기도한지 12년이 지난 후였다. 그가 하나님께로 가기에는 너무 이른 나이였으나 하나님이 보시기에는 이 땅에서 남들이 일생을 통해 이룰 만한 큰일을 했기에 그를 안식의 처소로 인도해 가셨을 것이다.

실로 그의 짧은 생애 중에도 그는 많은 씨를 뿌리고 풍요한 수확을 남겼다. 형제단을 조직했고, 북아프리카 해외 선교부를 최초로 설립했으며, 두 개의 성서공회 설립을 돕기도 했다. 또 미시시피계곡의 인디안들에게 복음을 전했으며, 뉴욕의 빈민가를 위해 봉사했으며, 미국의 노예해방을 위해 헌신하기도 했었다.

그는 하나님의 부름을 받았으나 그가 남긴 믿음의 유산들은 측량할 수 없는 것들이었다. 인도지역 선교에 이어 실론(1816), 근동(1820), 중국(1830), 마두라(Madura, 1834) 등지에도 미국교회에 의한 선교사역이 시작되었다. 인도로 갔던 저드슨은 침례에 의한 신자의 세례가 성경적이라고 믿고, 인도에서 윌리엄 워드(William Ward)에게 침례를 받고 루터 라이스와 함께 곧 회중교회 선교회로부터 탈퇴하였다. 그리고는 미국의 침례교회에 선교회 조직을 호소했는데, 그 결과 '미국침례교 해외 선교회'(The American Baptist Foreign Mission Society)가 조직되었다.[123] 이것이 미국에서의 두 번째 선교 단체였다. 그 후 감리교 감독교

---

[123] 저드슨 부부는 그 후 동인도 회사에 의해 인도에서 출국하라는 명령을 받고 지금의 미얀마 랑군으로 갔는데, 그곳에 1813년 7월 13일 도착하여 37년간 일했다. 그는 랑군에서 사역을 시작한 후 6년 뒤 첫 회심자에게 침례를 베풀었다. 그는 성경을 미얀마어로 번역하였고, 유명한 『미얀마어-영어사전』(Burmes-English Dictionary)을 완성하였다. 그가 세상을 떠날 때 미얀마에는 7천명의 교인이 생겼고, 163명의 선교사를 감독하고 있었다.

회(1819), 장로교회(1831), 복음주의 루터교회(1837) 등에 의해 선교단체가 조직되었다.

5. 학생자원운동

미국에서 1806년 시작된 '헤이스택 기도회'에서 무디가 주도하던 헬몬산집회(1886)에 이르기까지 많은 선교운동은 젊은 학생들이 주도하였다. 이 학생운동은 마침내 해외선교를 위한 학생자원운동(SVM, Student Volunteer Movement)으로 발전하였다. 이 운동의 발전과 성장에는 프린스톤대학 졸업생이었던 로버트 윌더(Robert P. Wilder)의 선교 비전, 무디의 영적 감화력, 그리고 당시 코넬 대학 학생이었던 존 모트(John R. Mott)의 탁월한 조직력이 크게 작용하였다.[124] 이 운동은 1886년 여름 헬몬산의 무디수양관에 모인 100여명의 학생들이 "본인은 하나님께서 허락하신다면 해외선교사가 되기로 작정합니다."(I purpose, God willing, to become a foreign missionary)라는 프린스톤 서약(Princeton pledge)에 서명한 데서 발단이 되었다. 이 운동이 정식 발족되면서 존 모트는 회장이 되었고, 윌더는 해외순방 총무가 되었다. 이 학생자원운동의 표어는 "이 세대에 세계를 복음화 하자"(The Evangelization of the World in this Generation)였다. 이 운동은 미국 전역과 캐나다, 그리고 세계 각국의 선교운동에 지대한 영향을 끼쳤다. 이 단체가 주관하는 선교대회가 매 4년마다 모였는데, 제1회 대회는

---

[124] 송용조, "복음주의 선교운동의 회고와 전망," 『복음선교』 1권, (한국복음주의 선교학회편, 엠마오, 1985), 119.

1891년 오하이오주 클리브랜드에서 열렸다. 선교자원자가 매년 증가하였고, 1920년에 모였던 데스 모이네스(Des Moines) 대회는 절정에 달했다.

그러나 그 후 점차 위력을 상실하였고, 1936년의 인디아나폴리스 대회는 마지막 대회가 되고 말았다. 그러나 지난 50년 동안 선교사로 자원한 학생 가운데서 2만 5백 명이 선교사로 해외에 파송되었다.[125]

중요한 사실은 이 단체가 '세계복음화'를 우선과제로 삼았을 때는 대단한 힘을 지니고 있었으나, 인종차별 철폐, 경제적 정의 추구, 제국주의 비판 등 사회-정치적인 문제에 우선순위를 두게 될 때 곧 힘을 상실하고 결국 와해되고 말았다는 점이다.[126]

학생신앙운동이 영국과 미국에서 선교운동으로 발전해 간 것은 학생들이 교회로 하여금 그 본질적인 사명을 환기시켜준 것임을 알 수 있다. 어떻든 선교는 교회의 부가적 사명이 아니라 본질적인 사명인 것을 자각하게 된 것은 전적으로 헌신된 기독 학생들을 통해 가르쳐 준 것이다. 그 동안 영국이 세계선교를 주도했으나 19세기를 거쳐 가면서 미국이 선교의 주도권을 잡기 시작하였다. 20세기를 넘어 오면서 이 점은 더욱 분명해 졌다. 예를 들면, 1900년도의 개신교의 총 선교사 수는 1만 3천 6백 명으로 알려져 있는데 이 중 영국 출신이 5천 9백 명이었고 미국 출신 선교사수는 4천명에 달했다.[127] 미국출신 선교사 수는 급증하기 시작

---

[125] 허버트 케인(박광철 역), 『기독교 세계선교사』 (생명의 말씀사, 1981), 148.
[126] C. Peter Wagner, *Church Growth and the Whole Gospel* (N. Y.: Harper, 1981), 제6장 참고, 송용조, 앞의 글 120에서 중인.
[127] James H. Nichols (서영일 역), 『현대교회사』(*History of Christianity, 1650-1950*), 342. 약간 상이한 통계가 있다. 도널드 틴더(Donald Tinder)에 의하면 1890년의 미국선교사의 수

해 1915년에는 미국 선교사의 수는 1900년의 두 배가 되었고, 1925년에는 미국선교사의 수는 1만 4천명으로 증가되어 전 세계선교사 수의 50%를 넘었다.[128] 말하자면 20세기를 거쳐가면서 해외선교의 주도권은 영국에서 미국으로 넘어갔다는 점이다. 이것은 미국이 국제사회에서 영향력이 확대되고 있음을 보여 주기도 한다.

6. 기독 학생운동이 남긴 것

이상에서 우리는 18세기 영국과 미국의 중요한 몇 가지 기독 학생운동에 대하여 살펴보았다. 이상에서 언급한 몇 가지 복음주의적 기독 학생운동들의 사례를 중심으로 기독 학생운동이 교회와 사회에 끼친 영향을 정리해 두고자 한다.

첫째, 기독 학생운동은 당시 교회의 영적 침체와 영적 무감각에 대항하여 영적 각성을 불러 일으켰다. 17세기 이후의 합리주의, 회의주의, 세속주의, 그리고 과학제일주의의 와중에서 하나님의 말씀에 대한 불신과 회의로 영적 침체 가운데 있을 때, 기독대학생들의 뜨거운 신앙과 열정, 그리고 헌신은 당시 교회에 강한 도전을 주었던 것이다.

둘째, 기독 학생운동은 당시 교회에 선교적 이상을 심어주고 선교운동을 일으켰다. 교회가 안일과 나태에 빠져 교회의 사명을 인식하지 못

는 900여 명에 지나지 않았으나 1900년에는 약 5,000명으로 증가되었다고 주장한다. 그리고 이 수는 전체 선교사 수의 25%에 해당한다고 보았다(Eerdmans' Handbook to Christianity in America, 300).

[128] Joel A. Carpenter와 Wilbert R. Shenk가 공동 편집한 Earthen Vessels, American Evangelicals and Foreign Missions, 1880-1980에서는 1920년대 중반의 미국의 개신교 선교사 수는 14,000명이었다고 산정하고 있다(xii).

하고 있을 때 이들은 교회의 사명을 새롭게 인식시켜 주었고, 저들이 해외 선교사로 자원함으로써 교회의 선교적 과제를 확인시켜 주었다는 점이다.

셋째, 기독 학생들은 교회의 개혁과 갱신뿐만 아니라 사회 개량적 역할을 감당했다는 점이다. 이것은 넓은 의미에서 새로운 기독교적 가치관, 기독교적 세계관, 혹은 기독교문화를 형성한 것이다. 이들은 단순히 개인의 신앙성숙을 의도한 것이 아니라, 복음적 삶의 외연을 추구하여 당시 사회의 여러 부조리를 제거하고 사회제도를 혁신하는 일에도 무관심하지 않았다. 이것은 순수한 의미의 사랑의 행동화가 가져온 결실이었다.

넷째, 기독 학생운동은 신학적 입장에서 복음주의(Evangelicalism)였다는 점이다. 복음주의는 이성의 판단으로 성경을 이해하려는 자유주의와는 달리 성경을 하나님의 말씀으로 믿고 성경적 가르침에 신실하게 따르는 입장이었다. 복음주의 안에도 여러 갈래가 있으나 기본적으로 성경을 하나님의 영감된 말씀으로 믿는 정통적인 종교개혁 신학을 지향했다. 이 점이 다소 후기에 시작된 '기독학생회'(Student Christian Movement)와 다른 점이었다. 학생운동 단체가 복음주의적 성격을 상실할 때 그 힘이 약화되었다는 사실은 우리에게 시사하는 바가 적지 않다.

지상의 교회는 성장과 쇠퇴, 각성과 침체, 개혁과 타락의 반복적인 과정을 겪어왔다. 교회가 안일과 나태에 빠져 그 본래적 사명을 다하지 못할 때마다, 하나님은 소수의 신실한 일꾼을 세우시고 교회를 개혁하고 쇄신하는 일을 행해 오셨다. 18세기의 복음주의 기독 학생운동도 그 한 가지 경우였다.

제16장

교회부흥운동, 그 역사와 의미

1970년대 이래 한국교회의 가장 중요한 관심은 교회 성장이었다. 어떻게 하면 새 신자를 얻고, 교회를 성장시킬 수 있을까? 교회를 성장시킬 수 있는 이상적인 프로그램은 무엇일까? 이런 관심 때문에 교회성장에 관련된 각종 모임이 개최되고 세미나가 열리고, 전략이 개발되기도 했다. 교회 성장에 대한 이런 관심과 열심이 오늘의 한국교회 성장에 상당한 영향을 준 것은 부인할 수 없을 것이다. 그러나 '성장'은 점진적인 것이지만, '부흥'에는 돌연함이 있고, '성장'은 교회의 프로그램에 영향을 받지만, '부흥'은 사람의 기획과는 관계없는 혁명적인 요소가 있다. 하나님께서 비상하게 역사하실 때 교회는 놀라운 성장과 쇄신과 부흥을 경험하게 된다. 여기에는 점진적인 성장과는 다른 비상(飛上)함이 있다.

교회성장에 대한 관심이 지대한 오늘의 현실에서 긴 안목을 가지고 지난 역사 속에서 하나님께서 어떻게 부흥의 역사를 이루어 오셨는가를 살펴보는 일은 교회 성장에 대한 새로운 안목을 제시해 줄 것이다.

교회 성장을 포함한 모든 문제를 눈 앞의 현실로만 볼 것이 아니라 교회사의 빛으로 조망해 보는 일은 의미 있는 일이다. 하나님은 어제의 역사를 통해 오늘의 교회에게 말씀하시기 때문이다.

특히 18세기 이후 교회사에서 우리는 영적 각성(Spiritual Awakening)과 부흥(Revival)의 특별한 역사를 경험하였다. 예기치 않는 가운데 성령의 역사가 일어났고, 이 성령의 역사는 교회에 활력과 생기를 불어 넣었을 뿐만 아니라 침체된 교회를 소생시켜 주었고 교회의 내적 변화와 부흥을 가져다주었다. 이런 일련의 성령의 역사, 혹은 각성운동을 흔히 '신앙부흥' 혹은 '교회부흥'이라고 부른다. 한국교회에도 이런 일이 있었는데 그 대표적인 경우가 1907년에 있었던 대 부흥운동이었다. 우리가 신앙부흥 혹은 교회부흥이라고 할 때 '부흥'이란 단순히 외형적 수적 확장만이 아니라 신앙의 내면적 성숙과 삶의 변화를 동반하는 영적 갱신이었다.

오늘의 한국교회에는 교회개혁의 목소리가 높고, 교회의 자성과 회개를 요구하고 있다. 무언가 새로운 변화와 갱신을 갈망하고 있다. 한국교회는 1970년대의 교회 성장과는 달리 1990년대부터는 교인수가 줄고 있으며 교회 출석률이 현저히 감소하고 있다는 지적이 일고 있다. 특히 주일학생수의 격감과 교회의 노령인구의 증가는 한국교회도 서구교회의 패턴을 답습하는 증거라는 주장이 일고 있다. 이것을 어떤 이들은 영적 침체라고 말하기도 한다. 이런 현실에서 영적 각성과 부흥은 우리 시대의 요청이다. 말하자면 개혁(Reform)과 부흥(Revival)은 우리 시대의 과제가 되고 있다. 이러한 점을 감안하여 18세기 이후의 교회 부흥의 몇 가지 경우를 간단하게 정리해 두고자 한다.

1. 부흥이란 무엇인가?

부흥(Revival)을 여러 가지로 정의할 수 있는데 일반적으로 "영적인 영역에 있어서의 하나님의 간섭" 혹은 "죄인들과 성도들에 대한 하나님의 특별한 은총" 혹은 "하나님께서 그 백성들 가운데 오시는 행위"라고 정의되어 왔다. 어떤 이들은 "하나님의 성령이 그의 백성들에게 부어지는 일" 그리고 "주의 임재로 말미암아 새로워지는 영적 변화" 등으로 정의하기도 했다.

아더 윌리스(Aurthur Willis)는 부흥이란 "하나님께서 장엄하신 능력으로 자신을 죄인들에게 계시하시는 일"이라고 정의했다. 부흥운동사를 연구해온 에드윈 오르(Edwin Orr)의 정의는 보다 선명하다. 그는 부흥이란 "그리스도의 교회에서 또 그와 관련된 신앙공동체에서 신약 기독교에서 보는 성령의 역사"로 설명하기도 했다. 1859년 웨일즈부흥운동 기간 중에는 부흥을 "사람들로 충만한 교회, 하나님으로 충만한 사람들"이란 말로 표현하기도 했다. 이런 점들을 종합해 볼 때 마틴 로이드 존스의 정의는 보다 종합적이다. 그는 부흥이란 "성령께서 비상하게 역사하실 때 교회의 생활 속에서 체험되는 현상"이라고 설명했다.

교회부흥운동 혹은 신앙부흥운동이란 말은 여자적으로 성경에 나오지는 않는다. 그러나 그 의미는 성경 여러 곳에 언급되어 있다.

교회사에서 경험한 부흥의 역사를 종합해 볼 때 부흥에는 다음과 같은 특징이 있었다. 이 점 또한 부흥이 무엇인가를 이해하는 데 도움을 줄 것이다.

첫째, 부흥 혹은 신앙부흥은 일차적으로 그리스도인과 관계된 것이다. 영적 부흥은 불신자와는 무관한 것이었다. 영적 부흥은 영적 생명을 소유한 자와 그 공동체에 나타난 현상이었다는 점이다.

둘째, 신앙부흥은 내적 각성과 변화로 인한 새로운 활력이자 영적 각성운동이었다는 점이다. 즉 부흥은 일차적으로 한 개인의 내적 변화에서 시작되어 밖으로 나타난 현상이라는 점이다. 그리스도인의 내적 변화 없는 외적 부흥은 불가능하다는 사실이다. 이 점에 대한 재미있는 일화가 있다. 1904년 마이어(F. B. Meyer)와 캄벨 몰간(C. Morgan)이 웨일즈지방의 부흥운동을 알아보기 위해 그곳으로 가는 중 카드프역에 내렸다. 그리고는 옆에 서 있는 경찰관에게 웨일즈 부흥운동의 연원지가 어디였느냐고 물었다. 이 때 그 경찰관은 자기 손으로 가슴을 가리키면서 "바로 이 곳이지요"라고 대답했다고 한다.[129] 신앙부흥은 다른 어떤 곳이 아닌 한 개인의 심령(가슴)으로부터 시작된다는 점을 상징적으로 말했던 것이다.

셋째, 신앙부흥은 하나님의 주권적 역사라는 점이다. 부흥의 돌연함과 비 규칙성은 인간의 의지에 따른 결과가 아니라는 점을 보여준다. 물론 이 점에 대해서는 약간의 견해차가 있을 수 있다. 예컨대, 조나단 에드워드(Jonathan Edwards)와 찰스 피니(Charles Finny) 간의 견해차가 그것이다. 조나단 에드워드는 부흥이란 전적으로 하나님의 주권적인 역사이며, 인간은 부흥을 가져오는데 아무것도 할 수 없다고 보았다. 그는 1734년부터 1736년까지 예상치 못한 '엄청난 하나님의 역사'를 경험했으나 1737년 부흥의 갑작스런 중단을 경험하고, 부흥의 인간 의지와는 무관한 하나님의 직접적인 역사로 확신하게 된 것이다. 그러나 찰스 피니의 경우는 달랐다. 피니는 "부흥은 이적이 아니며, 그것은 전적으로 자연의 능력을 바르게 사용하는 데서 일어날 수 있다"고 보아 부

---

[129] I. D. E. 토마스, 『신앙부흥운동』(여수룬, 1986), 10.

흥이 인간에 의해 기계적으로 준비될 수 있다고 보았다. 즉 그는 선거유세에서 전략은 군중회집과 관계가 있듯이, 인간의 노력과 부흥은 유관하다고 이해했다. 그는 "부흥을 위한 방법을 바르게 사용하는 것과 부흥의 관계는 곡식을 얻기 위한 올바른 방법과 농장물의 수확과의 관계와 동일하다"고 했다.

이들의 차이는 칼빈주의와 알미니안주의 간의 차이라고 할 수 있고, 신앙부흥과 전도의 차이라고 할 수 있을 것이다. 전도는 전도의 방법, 도구, 전도자 개인의 차이 등이 있으므로 인적 요소가 강하나, 신앙부흥에는 인간적 요소가 뚜렷하지 않기 때문이다. 비록 이 점에 대해서는 이견이 있지만 하나님의 특별하신 역사인 영적 각성과 부흥은 하나님의 주권적인 사역이라고 하지 않을 수 없다. 인간의 노력과 의지, 전략과 방법론이 다소간 영향을 주는 것은 사실이지만 그것은 일정한 한계를 넘어설 수는 없을 것이다. 부흥운동의 지속기간, 발생장소, 가속력 그리고 영향력 등을 고려해 본다면 부흥의 주체 혹은 주도자는 하나님임을 알게 된다. 그래서 인간이 예측하거나 과학적으로 법칙화 할 수 없다. 예를 들면 1800년에서 1859년 사이에 웨일즈에서는 10년마다 실제로 부흥운동이 일어났다. 그러다가 1859년에 부흥운동의 절정에 달했다. 일부의 사람들은 이와 같은 교회부흥의 역사를 법칙화 하려고 하였다. 그래서 1859년에서 10년이 지난 1869년에도 상당한 부흥이 있을 것이라고 기대했으나 이 부흥은 일어나지 않았다. 이런 점을 고려해 볼 때 신앙부흥은 전적으로 하나님의 주권 하에 있음을 알 수 있다.

2. 신앙부흥운동의 일반적 특징

교회사에 나타난 부흥운동에는 몇 가지 특징이 있었다. 이 특징은 부흥이라는 것이 무엇인가에 대해 더 풍요로운 설명이 되기도 한다.

첫째, 신앙부흥운동은 영적, 도덕적 퇴보가 있을 때 일어났다. 히스기야왕 때 일어난 부흥운동의 경우, 그 이전 시대의 아하스 왕 시대(735-716 B.C.)에 이스라엘 백성의 반역과 영적 침체가 있었다. 즉 저들은 16년간 우상숭배와 악행, 음란과 방탕이 있었다. 대하 28:19에서는 아하스가 "유다에서 망령되이 행하여 여호와께 크게 범죄하였다"고 했는데, NIV에서 이 본문을 아하스가 "유다에서 악한 일을 증가시켰고, 여호와께 가장 불충했다"고 번역했다. 18세기 미국에서 대각성운동이 일어났을 당시에는 반 신앙클럽의 범람 등 불신적 세속주의가 팽배하였다. 에드윈 오르에 의하면 미국에서 각성운동이 일어났을 때 예일대학에는 크리스천 학생수는 소수에 지나지 않았고, 윌리암스대학(Williams College)에서는 성찬식을 조롱하는 축제를 거행하기도 했고, 심지어는 성경을 불태우는 일까지 있었음을 지적하였다. 제2차 각성운동 이전의 상황도 이와 같았다.[130] 라토렛은 1750년과 1815년 사이를 '거절과 부흥의 시대'라고 부르면서 기독교 신앙에 대한 반대가 계몽사상에 의해 일어났다고 분석하고 합리주의 및 이와 관련된 이신론이 젊은 계층 사이

---

[130] 에드윈 오르는 이 당시 상황을 이렇게 말한다. "감리교도들은 교회로 들어오는 수보다는 나가는 수가 더 많았다. 침례교도들은 말하기를 가장 썰렁한 계절을 맞이했다고 했다. 장로교도들은 총회에서 국가적인 불 경건을 규탄했다. 전형적인 회중교회인 메서추세츠주의 레녹스의 사무엘 세퍼드 목사는 16년 동안 한 사람도 더 얻지 못했다"고 했다. E. Orr, *The Role of Prayer in Spiritual Awakening* (LA: Oxford Association for Research in Revival, 1968).

에 열렬한 동조자를 얻게 되었다고 지적했다.[131] 이 당시 영국에서의 영적 상태도 이와 비슷하였다. 합리주의 사상이 만연하던 시기의 영적, 도덕적 타락, 안일주의 등 신앙적 퇴보상태에서 부흥운동이 일어났다는 점이다.

둘째, 신앙부흥은 헌신된 사람(개인)으로부터 시작되었다는 점이다. 구약의 히스기야가 그런 경우였고, 한국의 경우 하디선교사, 길선주가 그런 류의 사람이었다. 스펄전은 "교회에서나 세상에서 어떤 일을 하려고 할 때는 언제나 한 사람에 의해서 시작된다"고 말했는데 그 한 사람은 바로 헌신된 사람이었다. 신앙운동은 결코 익명으로 시작되지 않는다. 그 뒤에는 언제나 한 사람이 있고, 그 사람 뒤에는 하나님의 역사가 있었다. 웨일즈의 부흥운동의 경우 하웰 헤리스(Howell Harris), 다니엘 로우렌드(Daniel Rowland), 윌리암 윌리암스(William Williams) 등이었다. 이들은 거의가 20대의 젊은이들이었다. 헌신된 젊은이들을 통해 부흥의 역사가 시작되었다.

셋째, 부흥은 말씀에 대한 반응으로 시작되었다는 점이다. 즉 부흥의 원리와 선포는 성경중심이었다. 말씀에 대한 기대와 신뢰, 그리고 반응이 부흥을 가능케 했다. 즉 하나님의 보좌 앞에 겸손히 나아갈 때 부흥이 있었다. 교회사를 통해서 볼 때 자유주의 신학을 따르는 곳에는 부흥의 역사가 없었고, 하나님은 자유주의자를 부흥전도자로 쓰신 일이 없었다. 18세기 영적 부흥운동을 이끌어 간 인물들은 성경을 무오한 하나님의 말씀으로 믿는 복음주의자들이었다.

---

[131] 라토렛, 『기독교사(하)』, 64, 108.

설교자는 권위가 있어야 하는데 그 권위의 출처는 성경이었다. 구약에서 부흥이 일어났을 때는 대제사장 힐기야가 잃어버린 율법책을 발견했을 때였다(대하 17:9). 에스라는 예루살렘으로 귀환하기 전에 "여호와의 율법을 연구하여 준행하며 율례와 규례를 이스라엘에게 가르치기로 결심하였더라"고 했다. 이런 말씀이 강조되는 이유는 말씀이 없이는 부흥이 없기 때문이다. 다시 말하면 성경의 권위를 인정함으로써 합리주의 사고에 대항할 수 있었고 신앙적 회의를 극복할 수 있었다.

넷째, 부흥은 애통과 회개(brokenness of heart)에서 시작되었다는 점이다. 영적 부흥의 시원은 한 개인의 영적 각성과 회개에서 비롯되었다. 이 점은 부흥운동사에 나타난 뚜렷한 현상이었다. 1858년 10월 3일 시작된 웨일즈의 부흥은 한 여인의 회개로부터 시작되었다. 한 여인이 주기도를 암송하는 중에 "우리가 우리에게 죄지은 자를 사하여 준 것같이 우리 죄를 사하여 주옵시고"에서 더 이상 나아가지 못하고 자기 죄를 고백하기 시작하였다. 한 여인의 죄의 고백이 웨일즈를 부흥으로 파도치게 만들었던 부흥의 시작이었다. 1907년 한국에서도 길선주의 회개는 통성기도와 영적각성을 불러 일으켰고, 그것이 대부흥의 역사를 가져왔다. 진정한 회개 없이는 부흥이 없다는 점을 보여주었다.

다섯째, 개인적인 중생의 체험을 강조하였다. 루터가 이신득의를 강조하였다면, 18, 19세기 복음주의적 부흥운동은 성령에 의한 중생체험을 강조하였다. 또 성화라는 삶의 열매를 강조하였다. 그래서 18, 19세기 부흥운동은 단순한 교회적 변화만이 아니라 사회의 변화를 수반하였다. 음란, 타락, 술취함에서 벗어나 사회정화가 이루어졌다. 정리하면 교회 내에는 영적 각성과 선교운동을, 사회에는 사회봉사와 사회정화에 기여하였던 것이다.

여섯째, 로마 가톨릭에서는 신앙부흥이 없었다. 물론 로마교 신자 개인이 부흥이라고 볼 수 있는 영적 변화를 체험한 일은 없지 않았다. 그러나 로마 가톨릭이 부흥을 경험한 적은 없었다고 한다. 그 이유는 성령에 대한 잘못된 가르침과 교리 때문이라고 할 수 있다. 로이드 존스는 이렇게 말한다. "그들은 성령을 교회와 사제에게, 특히 성례들에 국한시킨다. 성령과 성령의 역사를 이처럼 잘못 취급하고 있으므로 부흥의 여지를 남겨두고 있지 않다." 그는 유니테리안 교회에도 부흥의 역사가 일어나지 않았다고 말한다. 이런 점을 고려해 볼 때, 성령과 성령의 사역에 대한 바른 이해는 매우 중요하다.

3. 부흥운동가들의 4가지 특징

18세기 이후의 부흥운동가들, 곧 요나단 에드워드, 웨슬리, 횟필드, 하웰 호리스, 하디, 길선주 등 영적 지도자들에게는 4가지 공통적인 특징을 발견할 수 있다. 어쩌면 이 4가지 특징은 지극히 당연한 것이지만 그러면서도 소홀히 생각하기 쉬운 것들이다.

첫째, 그들은 하나님의 말씀을 사랑한 사람들이었다는 점이다. 캄벨 몰간(C. Morgan)는 "나는 어떤 본문을 40번 이상 읽기 전에는 그 본문에 대해 말한 일이 없다"고 했는데 이들은 진정으로 말씀을 사랑하고 사모했던 이들이었다. 부흥운동가들의 전기를 보면 그들이 얼마나 말씀을 사모하고 연구하고 묵상하고 실천했는가를 알 수 있다. 그들은 하나님의 말씀을 사랑하고 말씀대로 믿고 그 말씀가운데서 살았던 단순한 신앙인들이었다.

둘째, 저들은 죄에 대하여 민감했다. 웨일즈지방에서의 회개운동은 한 여인의 회개로부터 시작되었다. 미국과 영국 그리고 한국에서 일어난 부흥운동도 회개와 참회는 부흥의 동기가 되었다. 영적 지도자들은 일상의 삶을 성찰하고 이름 그대로 성결한 삶, 혹은 거룩한 삶을 살았다. 수정 같은 영혼으로 하나님 앞에서 순결하고 정결하게 살고자 했던 이들을 통해 하나님은 역사하셨던 것이다.

셋째, 저들은 기도의 사람들이었다. 부흥운동가들에게서 보는 중요한 특징은 매일 하나님과 깊이 교제했다는 점이다. 이들의 전기를 보면 기도가 그들의 삶을 이루어 가는 동력이었음을 알 수 있다. 그들은 기도 속에 하나님의 뜻을 헤아렸고, 기도 중에 하나님의 인도를 받았다.

넷째, 저들은 영혼에 대한 열정을 지닌 인물이었다. 이들의 전도, 회심을 위한 노력, 부흥운동은 영혼에 대한 사랑의 표현이었다. 구원받지 못한 영혼에 대한 애정이 저들을 열정의 사람으로 이끌어 갔다.

영적 지도자들에게 나타나는 이 4가지는 따지고 보면 신앙과 삶의 가장 기본적인 것이다. 이 기본적인 토대가 영적 지도력과 영적 능력을 가져올 수 있는 힘이라는 점을 새삼 깨닫게 된다.

맺는 말

이상에서 부흥운동에 대한 기본적인 몇 가지 점을 살펴보았다. 그런데 왜 우리 시대에는 부흥에 대한 관심이 상대적으로 미약할까? 오늘의 교회에서 부흥에 대한 관심은 높지 못하다. 물론 부흥을 위해 노래하고 부흥을 기도하지만 성장을 위한 프로그램으로 생각하는 정도이지, 진지한 교회적 몸부림이라고 생각되지는 않는다. 부흥에 대해 무관심한 가장 중요한 이유는 풍요로운 삶의 환경에서 오는 안일주의와 현실에서의 만족감 때문일 것이다. 삶의 환경과 종교적인 욕구는 상호 깊은 관계가 있다는 점은 트뢸취 이후 여러 학자들의 공통된 주장이다. 트뢸취는 계급과 신분은 사회적 집단의 종교적 성향을 형성하는 데 중요한 요인이 된다고 보는데,[132] 신분이 비천하거나 삶의 환경이 열악할수록 기존의 사회체제에 불만을 가지게 되고, 기존 질서로부터 이탈하려는 심리적 경향이 있어 종교운동에 더 적극적이라고 해석했다. 이 점은 한국의 현실에서 보면 이해할 만하다. 1980년대를 거쳐 가면서 나타난 교회성장의 침체는 경제적 상황과 무관하지 않다. 다시 말하면 경제생활이 안정되어 감에 따라 안이함, 편의함을 추구하게 되었고, 이런 경향은 영적 갱신이나 부흥의 필요성에 대한 관심을 상대적으로 약화시켜 온 것이다.

신학교육에서의 주지주의적(主知主義的) 경향도 부흥에 대한 무관심을 가져온 원인으로 볼 수 있다. 주지주의적 경향과 영성이 반드시 양립할 수 없는 것은 아니지만, 실제로 교회지도자들의 학식이 깊어짐에 따라 영적인 일에 대한 관심은 상대적으로 퇴조하는 경우를 볼 수 있다. 이런 경우 모든 문제를 지적인 방식으로 접근하고, 사물들을 학문적으로 파악하려는 경향이 지배적이었다. 즉 자기가 의식하지도 못하는 가운데 지적인 면과 학식에 대한 관심은 우리의 지식과 이해를 넘어서 있는 성령의 역사에 대한 기대와 관심을 상대적으로 미약하게 만들었다고 볼 수 있다. 이런 이지적(理智的) 자세가 지난 세기의 부흥운동 지도자들이 가졌던 성령의 역사에 대한 단순한 신뢰, 복음증거에 대한 열정

---

[132] Max Weber, *The Sociology of Religion* (Boston: Beacon Press, 1964), 80-94.

을 상실하게 만든 요인이 아닐까?

　복음주의 신학의 퇴조 또한 부흥에 대한 무관심을 가져온 요인이라고 생각된다. 진보적 신학의 확산과 그 영향력은 부흥에 대한 관심을 상실케 하였다. 스펄전은 이미 자신의 시대에 이런 위험성을 경고한 바 있다.

제17장

미국에서의 부흥운동

　미국에서의 부흥운동[133]으로는 중부 식민지를 중심으로 한 대각성운동과 1740년을 전후한 뉴 잉글랜드 부흥운동을 말할 수 있는데, 미국의 대각성운동은 종교의 자유가 어느 정도 보장되어 있던 중부식민지에서 먼저 일어났다. 1726년부터 미국 독립운동이 시작되던 1776년까지 50년 간의 부흥운동을 보통 제1차 각성운동이라고 부른다. 각성운동(Awakening)이라고 이름 하는 것은 단순히 종교적 부흥(Revival)만이 아니라 그 부흥이 사회, 문화, 정치 등 여러 분야에 영향을 주었기 때문이다. 그 후에 제2차, 제3차 각성운동이 있었으나 여기서는 데오도르 후릴링허이젠, 조나단 에드워드, 찰스 피니 등 인물을 중심으로 간단히 정리해 두고자 한다.

---

[133] 이 글의 중요한 정보는 Edwin Orr, *The Light of Nation: Evangelical Renewal and Advance in the Nineteenth Century* (Pateroster Press, 1965)를 참고하였음.

1. 데오도르 후릴링허이젠

　제1차 대각성운동(覺醒運動)은 화란 개혁교회 목사인 데오도르 후릴링허이젠(Theodore Frelinghuysen, 1691-1748)으로부터 시작되었다. 독일 태생으로 경건주의 영향을 받았던 그는 신학적으로는 개혁주의자였다. 1720년 미국으로 이주해 왔고 뉴저지주 라리탄 벨리(Raritan Valley) 지역에서 목회했는데 당시 교인들의 신앙생활이 매우 형식적이었다. 당시 교인들은 신앙적 이유에서가 아니라 화란인으로서의 민족공동체에 대한 관심으로 교회에 출석하는 이들이 많았다. 후릴링허이젠은 열성적인 설교, 뜨거운 기도를 강조하고, 회심과 치리를 강조하였다. 그는 회심의 증거가 없는 자에게는 성찬을 베풀지 아니하였다. 말하자면 회개와 내적 변화를 강조했는데 그 결과 그는 큰 부흥을 경험하였다. 후릴링허이젠의 부흥운동은 자신이 속한 화란 개혁파교회만이 아니라 이 지방(중부 식민지) 장로교회에도 큰 영향을 끼쳤다.

　당시 부흥 운동의 또 한 사람의 지도자는 길버트 테넨트(Gilbert Tennent, 1703-1764)였다. 그는 아일랜드 출신 장로교 목사로서 통나무대학(Log college)을 설립하여 장로교 목회자들을 교육시켰던 윌리암 테넨트(William Tennent, 1673-1745)의 아들이었다. 길버트 또한 통나무대학에서 교육받았는데, 후릴링허이젠이 활동하는 지역의 장로교회에 부임하였다. 즉 그는 1726년 뉴저지주의 뉴 브른스윅장로교회에 부임하여 목회하면서 후릴링허이젠처럼 기도, 회심, 치리를 강조하였는데 그도 상당한 부흥을 경험하였다. 조나단 파슨스(Johathan Pasons)는 길버트 테넨트가 설교할 때 수많은 이들의 표정이 바뀌었고, 수많은 이들이 허리를 숙이고 무릎을 바닥에 붙인 채 크게 울부짖고 회개와 자복이 일어났다고 했다. 이는 마치 대포가 불을 뿜고 그 포탄에 가슴을 관통당하기라도 한 듯이 말씀 앞에 녹아졌다고 했다.

이 부흥은 뉴저지, 펜실베니아, 뉴욕 등지로 확산되었다. 이런 부흥운동을 지지하는 목사들은 1738년 기존의 노회와는 별도로 뉴 부른스윅(New Brunswick)노회를 조직하였는데, 1745년에는 뉴욕대회로 확대되었다. 그래서 기존의 필라델피아대회와 갈등을 겪기도 했다. 필라델피아대회는 부흥을 반대하는 구파가 되었고, 뉴욕대회는 부흥을 찬동하는 신파가 되어 갈등하다가 1758년 결합하였으나 내적 갈등을 해소하지 못했다. 중부 식민지 부흥은 주로 화란 개혁파와 장로파 중심의 부흥이었다.

2. 조나단 에드워드

뉴잉글랜드의 부흥의 주역은 조나단 에드워드(Johathan Edwards, 1703-1758)였다. 그는 목사인 티모시 에드워드(Timothy Edward)의 11형제 중 5번째로 태어났다. 6살 때 라틴어를 습득하는 등 천재적인 소질을 보인 그는 13세 때인 1716년 뉴 헤이븐에 위치한 예일대학에 입학하였다. 이 때 그는 이미 헬라어와 라틴어 히브리어를 습득하였고, 철학적인 주제에 대한 논문을 쓸 수 있었다고 한다. 대학생활에서 그리스도와 그리스도의 구속에 대한 각성과 새로운 안목을 가지게 된다. 그는 1720년 수석으로 이 학교를 졸업하였다. 1727년부터 그의 외조부가 시무하던 노스햄톤(North Hampton)교회 부목사로 일했는데, 2년 뒤 외조부가 은퇴한 후에 그는 담임목사가 되었다.

조나단 에드워드는 놀라운 분별력을 지닌 인물로서 철저한 칼빈주의자였다. 1734년에는 이신득의, 하나님의 주권 등을 설교하면서 알미니안주의의 오류를 지적하기 시작했다. 당시 뉴잉글랜드에는 알미니안주의가 소개되어 인간의 의지와 능력을 강조하기 시작하자, 조나단 에드워드는 알미니안주의는 기독교 신앙의 근간을 파괴하는 이단적 신학이라고 확신하고 이를 제어하기 위해 "믿음으로 말미암는 칭의"에 대해 연속설교를 시작했다. 그는 이 설교를 통해 인간의 의지가 아닌 성령의 역사와 중생을 강조했을 때 놀라운 부흥의 역사가 나타났다. 그는 6개월 만에 300명 이상의 회심자를 얻었다.

그는 이때의 경험을 1737년 『하나님의 놀라운 역사에 대한 충실한 서술』(*Faithful Narrative of the Surprising Work of God in the Conversion of Many Hundred Souls in Northampton*)이라는 책으로 출판하였다. 이 책에서 에드워드는 노스햄톤에서 일어난 부흥은 인간의 의지나 인간의 노력에 의해 나타난 결과가 아니라 하나님의 주권적인 은혜요 성령의 역사임을 거듭 강조하였다. 이 책은 다른 지역의 부흥을 일으키는 기폭제가 되었고, 요한 웨슬리도 이 책을 통해 감명을 받은 것으로 알려져 있다. 웨슬리는 이 책을 읽고 "이는 정녕 주께서 행하신 일이다. 우리 눈에 기이하도다"라고 말했다고 한다.

에드워드의 지도하에 1734년 시작된 부흥의 역사가 1735년까지 계속되었고, 후일의 제1차 각성운동의 시원이 된다. 즉 1740-41년에는 각성운동은 더 넓은 지역으로 확산되어 부흥의 역사가 나타났다.

휫필드처럼 새벽 4시에 일어나 일과를 시작했던 조나단 에드워드는 하루 13시간 서재에서 공부하는 저명한 학자이자 설교자였다. 그러나 그는 휫필드와는 다른 점이 있었다. 휫필드는 주로 원고 없는 설교를 했고, 그의 목소리는 우렁차고 마치 파도소리처럼 강력한 힘이 있었으나, 조나단 에드워드는 그렇지 못했다. 에드워드의 목소리는 크지 못했고, 그의 설교는 교리적인 성격이 강했다. 그의 설교방식은 원고를 읽는 것과 같았다. 그러나 설교방식의 차이와 상관없이 그의 설교는 사람들에게 감동을 주었던 것이다.

에드워드는 대각성운동 중에 관찰한 종교적 부흥에 따르는 감성현상들을 분석하여 1746년에는 『종교적 감성에 관한 논문』을 발표했는데, 참된 부흥에는 다양한 육체적, 감성적 현상이 나타나지만 내적 변화를 일으키지 못하는 육체적 현상들은 마귀의 이용물이 될 수 있다는 위험을 경계하였다. 특히 그는 부흥운동에서 열정이나 뜨거운 감정이 표출될 수 있으나 다 성령의 역사로 볼 수 없고, 분명한 표준을 가지고 점검해야 한다고 주장했다. 또 자기 나름대로 성경적인 역사와 사탄의 역사를 구분하는 표준을 제시한 바 있다. 그는 성경에 나타난 하나님의 역사에 대한 분명한 이해, 그리스도의 인격에 대한 분명한 이해 없는 부흥은 위험한 것으로 이해하였다.

그는 1741년 6월 8일 코네티컷주 엔필드(Enfield)에 초청되어 유명한, "진노하는 하나님의 손 안에 있는 죄인들"(Sinners in the hands of an angry God)이란 제목의 설교를 했는데, 이 설교에서 그리스도 밖에 있는 자들은 언제든지 지옥 불에 떨어질 수 있음을 강조하자 큰 동요와 함께 회심의 역사가 나타났다. 신명기 32장 35절, "보수(報讐)는 내 것이라. 그들의 실족할 그 때에 갚으리로다"를 본문으로 한 설교에서, 에드워드는 죄에 대한 하나님의 진노가 얼마나 두려운 것인지를 지적하고, 그 진노는 끝도 쉼도 취소도 있을 수 없는 것이라고 지적했다.[134]

이 두렵고 떨리는 주제를 통하여 이 회중 속에 아직도 회개하지 않고 있는 사람들을 깨우쳐 드리려고 합니다. 여러분이 지금까지 들었던 모든 것은 그리

---

[134] 조나단 에드워드의 설교, "진노하시는 하나님의 손 안에 있는 죄인들"의 한역본은 조나단 에드워드, 『그리스도를 아는 지식』, 262-285에 수록되어 있다.

스도 밖에 있는 사람들 모두에게 해당되는 것입니다. 그 비참한 세계, 그 유황 불 타는 불못은 여러분의 발 밑까지 밀려와 있습니다. 하나님의 진노의 타오르는 화염으로 가득한 무서운 구덩이가 있습니다. 지옥이 입을 넓게 벌고 있습니다. 그런데 여러분이 의지하여 서 있을 곳이 하나도 없고 부여잡을 것이라고는 아무것도 없습니다. 여러분과 지옥 사이에 허공만이 있을 뿐입니다.

그리고는 창세기 19장 17절을 인용하면서 산으로 도망하여 멸망을 피하라고 설교를 끝맺고 있는데, 이 설교를 통해 오직 그리스도에게만 이 소망이 있다는 사실을 설교했다.

만일 여러분이 회개하지 않는 상태로 남아 있다면 바로 그 일(진노)이 여러분에게 떨어질 것입니다. 전능하신 하나님의 무한한 위엄과 권능과 가공스러움이 여러분에게 크게 나타나 도저히 피할 수 없는 고통을 여러분에게 가하게 될 것입니다. 여러분은 거룩한 천사들의 면전과 어린 양의 면전에서 괴로움을 받을 것입니다… 그러나 여러분은 산 자의 땅에 있고, 하나님의 집에 있고, 구원을 얻을 기회를 누리고 있습니다. 자, 여러분은 특별한 기회를 누리고 있습니다. 그리스도 안에서 긍휼의 문이 활짝 열려져 있습니다. 큰 소리로 가련한 죄인들을 부르시는 그런 놀라운 날을 누리고 있는 것입니다.

어떤 이는 이때의 역사는 그의 설교 내용 때문이 아니라, 그의 기도에 대한 하나님의 능력의 역사 때문이라고 설명하지만, 그 어느 하나로만 부흥의 역사를 설명할 수 없을 것이다. 에드워드는 칼빈주의자로서 생동하는 성령의 역사를 강조하는 부흥적 칼빈주의자였다. 그는 페리 밀러(Perry Miller)의 말과 같이 흔히 설교자(Preacher)이자 철학자(Philosopher)이며 부흥운동가(Revivalist)로 불리는데[135] 후일 프린스톤대학의 총장이 되었다. 이상과 같은 미국의 동부식민지와 뉴잉글랜드 식민지 부흥을 하나로 묶어놓은 인물이 영국서 건너온 조지 휫필드였다.

요나단 에드워드를 비롯한 부흥운동, 곧 제1차 각성운동은 교회에만이 아니라 사회에도 많은 영향을 끼쳤다. 사회정화운동이 활성화되어 안식일의 준수, 금주법의 제정, 매춘과 도박의 금지 등과 같은 사회변혁 운동이 일어났고, 자선, 박애단체가 결성되기도 했다. 또 선교운동이 일어나고, 미국성서공회(American Bible Society, 1816), 미국소책자협회(American Tract Society, 1825), 미국 절제회(American Temperance Society, 1826)와 같은 단체가 조직되기도 했다. 무엇보다도 부흥의 여파로 설교자의 배출이 시급해지자 여러 신학교가 설립되었다. 회중교회의 안도버신학교, 화란 개혁파의 뉴 브른스윅 신학교, 장로교의 프린스톤 신학교 등 1808년에서 1840년 어간에 미국 동부에는 25개의 신학교가 설립되었다.

3. 찰스 피니

미국에서의 부흥역사에 큰 자취를 남긴 또 한 사람은 찰스 피니(Charles G. Finny, 1792-1875)였다. 그는 웨슬리가 세상을 떠난 그 이듬해인 1792년 미국 코네티컷주의 웨렌(Warren)에서 태어나 뉴욕주 오나이다(Oneida)에서 성장하였다. 26세가 되던 해에 뉴욕의 한 변호사 사무실에서 일하게 된 그는 친구인 조지 게일(George W. Gale)이 목회하던 교회에 다니기 시작하였는데, 처음에는 교회생활에 만족하지 못하고 교회에 대하여 비판적이었으나 1821년 10월 10일 회심의 경험을 하

---

[135] Perry Miller, *Jonathan Edwards* (1949) 참고.

게 되었다. 이 날의 경험에 대해 이렇게 기록했다.

> 나는 강력한 성령의 세례를 받았다… 전혀 예상치 못했고, 그런 일이 나에게도 일어날 줄은 꿈에서조차도 생각하지 못했다. 또 어느 누구에게도 그런 일에 대해 들은 기억이 없었지만 성령께서는 순간적으로 내 영혼과 내 온몸을 관통하시는 것처럼 나에게 다가 오셨다.[136]

회심의 경험을 통해 그는 영적 생활에 깊이 몰두하게 되었고, 변호사 사무실에서의 일을 그만 두었다. 이제 그는 그리스도를 증거하기 시작했고, 설교자로서의 생을 시작하였다. 그는 기도회를 갖는 등 기도생활에 열중했고, 여러 교회에 초청을 받아 설교하기 시작했다. 그는 자신의 자서전에서 "내 가슴속에는 내 영혼을 하나님께 쏟아 붓고 싶은 열망이 있다"고 당시의 모습을 회상했다. 부흥의 불길이 일고 있던 와중에서 1824년 장로교회 목사로 안수를 받았고 그 후 8년간 미국 동부지방 부흥운동을 주도하였다. 1832년에는 뉴욕시 제이교회의 목사가 되었으나 장로교회의 권징체제에 불만을 느끼고 곧 노회에서 탈퇴하였다. 1835년에는 오하이오 주 오벌린(Oberlin)에 신설된 대학의 신학교수가 되었는데, 1851-1866년까지는 학장으로 일했다. 그러나 이 기간에도 부흥운동가로 활동했다.

그를 통해 회심한 사람은 50만 명이 넘는다고 밀러(Miller)는 지적했는데 실로 그의 부흥운동은 큰 영향을 끼쳤다. 그의 생애를 일관해 볼 때 나타나는 두드러진 세 가지 특징은 기꺼이 변화되려는 자세, 기도와 헌신적인 생활, 그리고 성결에 대한 갈망이었다. 이것이 그의 설교의 중심이기도 했다. 그의 설교는 단순했고, 누구나 쉽게 이해할 수 있는 명

---

[136] Charles Finney, *The Memoirs of Charles G. Finney* (Zondervan, 1989), 23.

료한 설교를 했다. 그는 성령의 역사를 강조하면서 실천적인 성결을 요구하였다.

"현대부흥운동의 아버지"라고 불린 그는 미국 부흥운동사에서 신기원을 수립했는데, 그는 죄인의 회심을 유도하기 위해 새로운 방법과 강단설교의 새로운 스타일을 창안하기도 했다. 그것이 지금은 보편화되었지만 그의 전도집회에는 다음과 같은 3가지 특징이 있었다.

첫째, 집회를 몇 일간 계속하는 연속집회(protracted meeting)를 시작했다. 이 연속집회는 1800년대 초 서부개척지 캠프 집회에서 시작했는데 이 연속집회는 기도회에서부터 시작되었다. 부흥을 위해 몇 일간 계속 모여 기도하고 설교를 듣는 집회였는데, 오늘의 한국교회의 사경회 혹은 부흥회의 집회방식은 피니의 연속집회의 모방이라고 할 수 있다. 둘째, 회심에로의 초청, 곧 믿기로 작정한 사람들에게 의사표시를 하게 한 것이다. 피니는 1825년 루트 랜드(Rut Land)에서 부흥회를 인도했는데 여기서 처음으로 이 방법을 사용하였다. 오늘날에도 이런 '초청'을 보게 되는데 찰스 피니가 그 시원이 된다. 피니는 이 외에도 '갈망자 좌석'(Anxious seat)을 설치하기도 했는데, 이것은 자신이 죄인이라는 것을 깨닫고 구원을 갈망하는 사람은 설교단 가까이에 지정되어 있는 갈망자 좌석에 앉도록 권장했었다. 찰스 피니의 집회에서 있었던 세 번째 특징은 '질의자 집회'(Inquirer meeting)였다. 이것은 자신의 설교에 대해 의문이나 질문이 있는 이들에게 답변해 주기 위한 모임이었다. 이런 형식의 집회는 피니의 초기 활동기였던 1824년 에반스 밀즈(Evans Mills) 근처의 독일인 정착촌에서 시작되었다. 이전까지의 사역자들은 자신을 단지 '말씀의 선포자'로만 생각했으나, 피니는 설교자는 단순히 말씀의 '선포자'만이 아니라 '설득자'여야 한다고 생각했다. 그래서 그는 청중들에게 남아 있는 의문이 제거되도록 해 주어야 한다고 여겼다. 이런 '질의자 집회'가 오늘에는 전도대회 후 결신자들을 모아놓고 하는 상담의 시초가 되었다.

찰스 피니는 여러 권의 저술을 남기기도 했는데, 그 중에서『부흥에 대한 회고』(Reflections on Revivals),『고백하는 신자에게 주는 교훈과 복음에 대한 설교』(Lectures to professing Christians and Sermons on gospel themes),『성령의 약속』(The Promise of the Spirit) 등이 있다. 신학적으로 말해서 찰스 피니는 딱히 일관된 신학입장을 따르지는 않았다. 그러나 일반적으로 말해서 신파 칼빈주의자(New school Calvinist)라고 말하는데(Bruce Shelley), 인간의 능력을 강조하여 알미니안적인 성격을 보여주었다.

찰스 피니를 중심으로 하여 전개된 제2차 각성운동 또한 교회와 사회에 많은 영향을 끼쳤다. 피니의 메시지는 항상 복음과 사회 양 세계를 다리 놓은 것이었기에, 미국사회에 도덕적인 변화를 가져왔다. 노예제도의 폐지와 노예해방, 여권신장, 그리고 절제운동의 활성화에 영향을 준 것이다. 피니는 교회가 사회문제에 관심을 갖는 것은 영적 생명력이 없어지거나 약화되지 않고, 도리어 사회 개혁에 실패하기 때문에 영적 생명력을 상실한다고 주장했다. 특히 노예제도 폐지에 대한 피니의 기여는 매우 컸다. 미국에서 노예제도가 시작된 것은 1619년 8월 29일이었다. 이 날 버지니아주 제임스 타운(James Town)에 화란 상선이 20명의 노예를 부려놓았는데 이것이 첫 노예무역이었고, 1830년에는 이 노예인구가 2백만에 달했을 정도였다.[137] 동부 중심의 미국의 영토가 서진하는 과정에서 노동력의 필요와 양심 사이에서 노예문제는 거듭 거듭

---

[137] 브루스 셜리, 489.

논란의 대상이 되었다. 많은 기독교인들은 노예제도의 정당성을 변호했으나 피니는 그의 부흥설교를 통해 노예제도는 커다란 악이라고 주장하고, 이의 폐지가 하나님의 뜻이라고 가르쳤다. 당시 교회나 기독교 인사들 가운데서 노예제도에 대해서는 찬, 반 양론이 있었으므로 노예제도에 대한 공개적인 언급을 기피하는 경향이 있었다. 어느 한 입장을 강하게 주장하는 경우 교단의 분열을 가져올 수 있다는 우려 때문이었다. 그러나 피니는 노예제도를 존속시키면서 연합을 추구하는 것은 가증스러운 것이라고 비판했다. 적극적인 노예폐지론자가 일어난 것은 전적으로 피니의 영향이었는데, 그의 제자 중 한 사람인 데오도르 웰드(Theodore Weld)가 대표적인 경우였다.[138]

피니는 여권신장운동에도 선구자적 기여를 했다. 피니의 부흥운동이 저항을 받은 이유 중 한 가지는 그가 여성들에게 기도를 시키고 간증을 하게 했다는 이유였다. 여성에 대한 그의 입장은 그가 교수로, 학장으로 일한 오벌린대학이 세계최초의 남녀공학 대학이었고, 여성에게도 신학학위를 수여한 점에서 분명히 알 수 있다. 그 외에도 금주운동, 빈민구제운동, 평화운동에도 적지 않는 영향을 끼쳤다.

앞에서 말한 조나단 에드워드는 철저한 칼빈주의자였지만, 찰스 피니는 비록 장로교 배경의 인물이었으나 인간의 자유의지를 주장하고 하나님의 예정 교리를 받아들이지 않았다. 그래서 이 두 사람은 모든 면에 대조를 이루고 있다. 조나단 에드워드는 부흥은 전적으로 그리고 직

---

[138] 웰드는 『성경의 반노예적 입장』(*The Bible Against Slaverly*, 1837), 『노예제도의 실상』(*Slaverly As It Is*) 등의 책을 써서 노예제도 폐지를 주장했는데, 그의 『노예제도의 실상』이 스토우 부인의 『톰 아저씨의 오두막 집』(*Uncle Tom's Cabin*)의 저술에 영향을 주었다고 한다. 브루스 셜리, 492.

접적으로 하나님의 역사이며 인간은 부흥을 이루는데 아무런 역할도 할 수 없다고 보았다. 그래서 그는 부흥은 전적으로 하나님의 손 안에 있음을 확신하였다. 그러나 찰스 피니는 부흥이 인간에 의해 기계적으로 준비될 수 있다고 보아 올바른 방법만을 사용한다면 인위적인 부흥이 가능하다는 입장이었다.

비록 견해는 달라도 이 두 사람은 18세기 이후 미국 대각성운동의 주역으로 미국교회에 커다란 영향을 주었고 그 영향은 영국과 다른 나라들, 그리고 오늘의 한국에도 영속적으로 남아 있다.

제18장

웨슬리의 부흥운동

소위 이성의 시대라고 일컬어지던 18세기 유럽과 영미 기독교에는 복음주의적 각성(Evangelical Awakening)이라고 일컬어지는 영적 갱신 운동이 있었는데, 이 운동은 독일에서는 경건주의 운동을 통해서, 그리고 북미대륙에서는 대각성운동을 통해 이루어져 갔다면, 영국에서는 웨슬리 형제와 조지 휫필드에 의해 전개되었다고 볼 수 있다.

특히 존 웨슬리(John Wesley)는 영국교회의 부흥을 일으킨 인물이자 후일 감리교를 창설하게 된 인물로서 교회에 커다란 영향을 끼친 인물이었다.[139]

---

[139] 웨슬리에 대한 중요한 정보는 D. M. Lloyd-Jones, *The Puritans* (The Banner of Truth, 1987), A. Skevington Wood, *The Burning Heart, John Wesley, Evangelist* (The Paternoster Press, 1967) 등에 의존하였음.

1. 생애와 사역

존 웨슬리(John Wesley, 1703-1791)는 1703년 6월 17일 영국국교회 목사인 사무엘 웨슬리와 경건한 여성이었던 수잔나(Susanna) 사이의 19명의 자녀 중 15번째로 태어났다. 당시 아버지는 고교회파에 속한 학식 있는 목사로서 링컨셔의 엡워스(Epworth)에서 목회하는 교구목사였다. 또 어머니는 비국교도파, 곧 분리주의적 청교도의 목사인 사무엘 앤니슬리(Samuel Annesley)의 딸로서 경건한 여성이었다. 웨슬리 형제는 어머니의 신앙교육을 통해 큰 영향을 받은 것으로 알려져 있다. 경건한 여성이었던 수잔나는 규칙적으로 자녀들의 신앙을 위해 노력하였는데 매일 밤 잠자리에서 신앙문답을 하고 세심하게 신앙교육을 실시하였다고 한다. 존이 6살 때 목사관에 화재가 발생하여 구사일생으로 구출된 일이 있는데, 이 일 때문에 그는 "불 속에서 건져진 나무토막"(a brand snatched from the burning, 슥 3:2)으로 불렸다. 이 화재로부터의 구출은 후일 그가 자신의 생애를 위한 하나님의 특별한 섭리가 있는 것으로 확신하는 동기를 주었다고 한다. 존은 런던에 소재한 차터하우스학교(Charterhouse school)를 거쳐 그의 나이 17세 때인 1720년 옥스퍼드 대학의 크라이스트 처치 칼리지(Christ Church College)에 입학하였다.

그는 이 기간 동안 광범위한 독서를 통해 교부들과 경건서적을 읽었다. 웨슬리는 다음과 같이 고백하였다. "이들은 나에게 반 조각의 기독교 신자가 된다는 것은 전혀 불가능한 것임을 확신시켜 주었다. 나는 그의 은혜를 통해 전 생애를 하나님께 바치기로 결심하였다." 1724년에는 문학사학위를 얻고 대학을 졸업하였고, 1725년에는 집사목사로 안수를 받았다. 이듬해에는 링컨대학의 연구원(Fellow)이 되었다. 2년 후에는 장로목사 안수를 받고 아버지를 돕기 위해 엡워스로 돌아갔다.

그가 다시 옥스퍼드로 돌아왔을 때 당시 대학에는 이신론(Deism)이 창궐하였고 기독교복음에 대한 관심은 찾아볼 수 없었다. 이런 현상은 대학만의 현실이 아니었다. 당시 영국은 계몽주의의 영향으로 종교에 대한 관심이 쇠퇴하고 있었고 세속주의의 영향력이 지대하였다. 교회 마저도 생동감을 잃은 채 형식주의에 빠져 있었다. 이 당시 상황에 대해 볼테르는 이렇게 기록했다. "영국교회의 설교는 논리적이기는 하나 설교자들의 음성에 고저가 없었고, 몸짓도 전혀 없었다. 설교는 청중들에게 낭독하는 학술논문 같았다." 복음에 대한 열정을 가진 이들은 도리어 열광주의자라는 비난을 받았을 만큼 이성주의가 교회에 치명적인 영향을 끼치고 있었다.

이런 현실에서 동생 찰스 웨슬리(1707-1788)는 1729년 봄 그의 두 친구와 함께 '홀리 클럽'(Holy Club)을 조직하여 복음주의 활동을 하고 있었다.[140] 존은 1730년 11월 경에 이 모임에 가담하였으나 이미 대학을 졸업한 연장자로서 자연스럽게 이 모임의 지도적 위치에 서게 되었다. 기도와 성경읽기, 고전연구, 금식과 성찬식 거행 등 규칙적인 생활을 통해 이들은 자신을 돌아보고 경건한 삶을 추구하였다. 그래서 이들은 후일 메도디스트(Methodist)로 불리게 된다.[141] 이들은 개인적 경건활동 뿐만이 아니라 가난한 자들을 구제하고, 병든 자를 돌아보고, 감옥에 갇힌 자를 방문하고, 주일학교 교육을 실시하는 등 사회봉사에도 힘썼다. 또 이들은 성찬식을 자주 갖고, 어린이들을 위한 주일학교도 열었다.

---

[140] 홀리 클럽은 1729년 11월부터 찰스 웨슬리가 그의 두 친구인 윌리엄 몰간(William Morgan)과 로버트 커캄(Robert Kirkham)과 함께 시작하였고, 얼마 후 존 웨슬리, 휫필드 그리고 1732년 4월에는 클레이톤(Clayton)이 가담하였다. 이 모임의 숫자는 25명을 넘지 않았다. Holy Club에 대한 자세한 정보는 W. H. Daniels, *The Illustrated History of Methodism in Great Britain, America and Australia* (Sydney: George Coffey, 1879), 79-103을 참고할 것.
[141] Methodists라는 말은 '일정한 규칙을 따르는 자' 라는 의미의 $\mu\epsilon\theta o\delta\iota\kappa o\varsigma$에서 유래하였다.

이런 상황에서 존과 동생 찰스는 미국의 조지아로부터 청빙을 받게 되었다. 당시 영국 하원의원이었던 제임스 오글토프(James E. Oglethorpe) 장군은 인도주의적 인물로서 감옥의 개량을 위해 노력하던 중 국왕 조지 2세의 허락을 받아 수형생활을 하던 이들의 정착지로 미국에 조지아 식민지를 개척한 분이었다. 존이 수감자들을 위해 감옥을 방문한다는 소식을 접한 오글토프 장군은 존을 식민지 담당 목사로서, 동생 찰스는 오글토프 장군의 비서로 초청한 것이다. 존은 인디안들에게도 복음을 전할 수 있다는 기대를 가지고 이 요청을 받아들였고, 1735년 10월 시몬즈(Simmonds)호로 런던을 떠나 미국으로 향했다.

항해 중에 웨슬리 형제는 모라비안 교회의 감독 데이비드 니쉬만(David Nischmann, 1696-1772)이 이끄는 26명의 모라비안 교도들과 동행하게 되었다. 대서양에서 심각한 폭풍우를 만났을 때 웨슬리 형제는 겁에 질려 있었으나, 그 거센 풍랑에도 두려워하지 않고 하나님을 의지하는 그들의 믿음을 보고 크게 감동 받았다. 죽음의 공포 앞에서 무력하였던 웨슬리는 모라비안들에 무한한 경외심을 갖게 되었고 이들을 통해 큰 깨달음을 얻었다. 후일 그는 이렇게 적고 있다. "이 날은 내 생애 중에 가장 영광스러운 날이었다." 웨슬리 형제는 조지아의 사반나(Savannah) 식민지에 도착하였고 이곳에서의 생활은 실망스러운 날들이었다. 동생 찰스는 건강이 좋지 않아 곧 영국으로 돌아갔고, 존은 약 2년간 이곳에 체류하였으나, 그곳의 인디안들에 대해서도 호감을 갖지 못했다. 사반나의 최고 행정관의 조카 딸 소피 홉키와 연애하였으나 실연하였다. 이 일로 존 웨슬리는 6개월 후 1738년 초 도피하다시피 영국으로 돌아왔다. 조지아에서의 생활을 돌아보며 그는 이렇게 자문했다. "나는 인디안을 개종시키고자 아메리카로 갔었다. 그러면 과연 누가 나를 회심시키겠는가?"

웨슬리는 1738년 2월 1일 실망과 절망 상태에서 영국으로 돌아왔다. 조지아에서의 선교활동은 아무런 결실도 얻지 못했다. 그가 얻은 결실이란 자신의 영적 파산상태를 일깨워 준 일이었다. 그리고 모라비안으로부터 무언가 해결을 얻을 수 있을 것으로 보았던 그는 런던에서 젊은 모라비안 설교가인 피터 뵐러(Peter Bohler)를 만나게 되었다. 금식과 선행 등 여러 경건에 이르는 노력을 통해서도 구원의 확신을 얻지 못했던 그는 존에게 중생의 필요성과 죄의 극복과 성결에 이르는 길, 그리고 그리스도에 대한 개인적 신앙의 필요성을 깨우쳐 주었다.

그가 1735년 5월 24일, 올더스게이트(Aldersgate)의 흔히 경건협회[142]라고 불리는 작은 집회에 참석했는데, 누군가 로마서 주석 서문을 읽고 있었다. 8시 45분경, 이 때 그의 생애의 결정적인 사건이 일어났다. 이 모임에서 그는 중생의 체험을 했는데, 1738년 5월 24일자 그의 일기에 이렇게 썼다.

나는 심장이 신비스럽게 뜨거워지는 것을 느꼈다. 나는 구원을 얻기 위해 그리스도를 그리고 그리스도만을 의지한다고 느꼈다. 그리고 그리스도께서 나의 죄, 바로 나 같은 자의 죄까지도 없이 하시고 죄와 죽음의 율법으로부터 구원하셨다는 확신이 생기게 되었다.[143]

---

[142] 당시 영국에서는 경건협회(Religious societies)라는 소그룹의 신앙모임이 있었다. 이 경건협회는 국교회의 제도를 인정하면서도 기성교회의 부족을 채우려는 의미에서 일어난 소집단으로, 공동기도와 성경연구에 힘쓰고 성찬식을 가지며, 빈민, 죄수, 선원 등 소외된 자를 돌아보는 일을 했다. 최초의 경건협회는 1678년 런던에서 시작되었는데, 1700년경에는 런던에만 이런 류의 모임이 약 100여 개에 달했다고 한다. 김광채, 『근대, 현대교회사』, 210.

[143] "I felt my heart strangely warmed. I felt I did trust in Christ, Christ alone for salvation, and an assurance was given me that he has taken away my sins, even mine, and saved me from the law of sin and death."

이 사건이 전통적으로 웨슬리의 회심으로 간주되고 있다. 이와 같은 회심의 경험은 존의 경우만은 아니었다. 그의 동생 찰스는 약 3년 전에 형과 비슷한 회심을 경험하였고, 휫필드는 7년 전쯤 이런 경험을 했다.

1738년 여름 웨슬리는 색손지방의 모라비안 본거지를 방문하였다. 대서양을 지나는 그 폭풍 속에서도 담대하였던 모라비안들의 경건의 능력을 보길 원했고 그들로부터 새로운 그 무엇을 배울 수 있을 것으로 기대했기 때문이었다. 그는 이곳에서 2주일간 머물면서 진센돌프도 만났다. 웨슬리는 이들로부터 구원의 확신과 선교에 대한 열정, 그리고 그들 상호간의 뜨거운 형제애를 보았고, 이들의 조직에 대해서도 많은 것을 배우는 기회였다.[144] 그러나 이들의 독선적인 모습과 진센돌프 백작에 대한 과도한 숭상을 보고 실망하였고, 성화(聖化)와 그리스도인의 완전에 대한 견해차로 이들과 결별하게 되었다. 모라비안 형제단은 회심의 체험 이전에는 성직을 가져서는 안 된다고 주장하였으나 웨슬리는 회심 이전에 이미 성직자가 되었으므로 모라비안들의 주장을 수용할 수 없었을 것이다. 웨슬리는 회심의 체험도 중요하지만 더욱 중요한 것은 회심 후에 성화 혹은 그리스도인의 완전을 추구해야 하는데, 이 점이 모라비안들에게는 약하다고 보았다. 웨슬리는 진센돌프와도 이 문제에 대해 토론했는데, 모라비안들은 성화나 그리스도인의 완전이란 스스로의 노력에 의해 얻어지는 것이 아니라, 은혜로 주어지는 것이라는 전가설(轉嫁說)의 입장이었다. 그러나 웨슬리는 그것은 구체적인 행동으로 이루어 질 수 있는 믿음 안에 이미 내재해 있다는 소위 내재설(內在說)을 주

---

[144] 웨슬리는 이들로부터 배운 조직을 후일 감리교회의 기본조직에 원용하였고, 이들이 내면적 체험을 강조하는 신앙형태로부터 받은 영향 때문에 감리교가 머리의 종교가 아니라 가슴의 종교가 되었다고 볼 수 있다. S. Andrews, *Methodism and Society*, 33.

장하였다. 결국 이런 견해차 때문에 웨슬리는 모라비안과 결별하였다.

회심을 경험한 웨슬리는 모라비안과 결별하기 전인 1738년 가을부터 전도와 집회활동을 시작하였다. 그는 믿음으로 구원받는다는 메시지를 전파하기 시작한 것이다. 이것은 복음 전도자로서의 그의 삶의 시작이었다. 웨슬리가 요나단 에드워드가 쓴 메서추세츠주의 노스햄톤(Northhampton)에서 일어난 부흥에 관한 글을 읽게 된 것은 이 무렵이었다. 이 글은 그에게 큰 감동을 주었는데 웨슬리도 이와 유사한 부흥을 경험하게 되었다. 그는 휫필드의 요청으로 1739년 봄 브리스톨에 가서 야외 설교를 시작하였는데 이 때 놀라운 부흥의 역사가 나타났다. 많은 회심자가 일어났고 하나님의 역사가 분명히 나타나기 시작하였다. 웨슬리 자신의 변화도 놀라운 것이었다. 매사에 불안과 소심한 사람이었던 웨슬리는 능력있는 전도자가 되었고, 그를 중심으로 메도디스트 부흥운동이 시작되었다. 이렇게 볼 때 뉴잉글랜드의 각성운동은 영국의 부흥운동에도 큰 영향을 주었음을 알 수 있다.

그러나 그의 가르침은 당시 영국 국교회로부터는 환영받지 못했다. 특히 '옥외설교'에 대해 못마땅하게 여기고 있었다. 이것은 당시 영국 교회가 불신의 깊은 수렁에 빠져 있음을 단적으로 보여주는 것이었다. 성직자들의 거의 전부가 도덕주의를 전하는 정도였고, 그리스도 안에서의 구원의 확신을 증거하는 일에는 소홀했다. 국교회에 속한 교회당에서는 설교하는 것이 허용되지 않았기 때문에 그는 주로 경건협회를 중심으로 집회를 개최하였다.

1739년 브리스톨의 봄 이후 웨슬리는 어디든 귀를 기울이는 청중들만 있다면 복음을 전하겠노라고 다짐하였고, 그해 6월에는 다음과 같은 기록을 남겨두었다. "전 세계는 나의 교구다(the World is my parish). 나는 모든 듣고자 하는 이에게 구원의 기쁜 소식을 전하는 것이 나에게 주어진 책임으로 여긴다." 그는 도처에서 설교하였고 여관에서나 여행객들에게, 감옥에 갇힌 죄수들에게, 배 위에서는 선객들에게 복음을 전했다. 한번은 그의 아버지가 일했던 엡워스교회에 갔으나 입장이 불허되었을 때, 교회 뜰에 모인 수많은 군중들에게 아버지 묘비 위에 서서 설교한 일도 있었다.

그는 여러 곳을 순회하였는데 당시는 오늘날과 같은 교통수단이 없던 때였으므로 주로 말을 타고 여행하였는데, 1774년 6월 28일자 일기에 보면 그는 연 평균 4,500마일, 곧 8,000km를 여행하였다고 한다. 이렇게 볼 때 그는 평생 동안 250,000마일을 여행했음을 알 수 있다. 이 거리는 지구를 열 바퀴 도는 거리였다. 그는 평생 동안 약 4만 번의 설교를 했다고 한다.

웨슬리의 가정생활은 그리 행복하지 못했다. 그는 1751년 48세 때 4명의 자녀를 둔 과부인 몰리 바제일(Molly Vazeille)과 결혼했는데, 그녀는 욥의 처, 소크라테스의 처와 함께 흔히 세계 3대 악처로 불리고 있다. 남편의 바쁜 행로에 동반하지 못했던 그녀는 의부심이 있어 정탐군을 보내기도 했었는데, 건강을 잃고 신경쇠약에 걸려 그를 떠나갔다. 웨슬리는 1777년까지도 재결합을 시도했으나 무위로 끝나고 말았다. 그의 부인은 1781년 세상을 떠났으나 집회 중이던 웨슬리는 이를 알지 못했고 장례식에도 참석하지 못했다. 웨슬리는 부흥전도자로서의 한 생애를 마치고 1791년 3월 2일 88세의 나이로 세상을 떠났다. 그가 남긴 최후의 말은 이것이었다. "내 생애 가장 좋은 말은 임마누엘이다."

2. 그의 신학

1730년대 스코틀랜드, 웨일즈, 영국 그리고 아메리카 대륙에서는 불신자들에게 복음을 전하려는 새로운 관심이 일고 있었는데, 에벤에셀 어스킨(Ebenezer Erskin)과 랄프 어스킨(Ralph Erskine, 1685-1752, 스코틀랜드), 호웰 해리스(Howel Harris, 1714-1773, 웨일즈), 조지 휫필드(George Whitefield, 영국), 조나단 에드워드(미국) 등이 대표적인 인물이었다. 이들 복음주의자들은 대체적으로 청교도적 배경의 칼빈주의적 성향의 인물로서 인간의 죄, 그리스도의 대속적 죽음, 하나님의 값없이 주시는 은혜 등을 강조하였다. 그러나 웨슬리는 신학적으로 알미니안주의에 가까웠다.

그는 여러 경건서적을 읽고 큰 영향을 받기도 했는데 그에게 영향을 준 책으로는 제레미 테일러(Jeremy Taylor)의 『거룩한 삶과 죽음』(*Rules and Exercises of Holy Living and Dying*), 토마스 아켐피스의 『그리스도를 본받아』(*Imitation of Christ*), 그리고 윌리엄 로(William Law)의 『경건한 삶으로의 진지한 부름』(*A Serious Call to a Devout and Holy Life*, 1728) 등이었다. 그는 이 책을 읽고 신자의 생애는 전 인격을 드려 하나님과 이웃을 사랑하는 것임을 알게 되었다고 한다.[145]

특히 웨슬리는 윌리엄 로(William Law, 1686-1761)로부터 많은 영향을 받았다. 웨슬리 형제를 중심으로 홀리 클럽이 조직되었을 때 옥스퍼드 근처에 살고 있던 윌리엄 로를 이 모임의 고문으로 모신 일에서 이 점은 분명하다. 사실 그 후에도 웨슬리는 로의 자문을 구하곤 했다. 후에 그가 북미의 인디언들을 위해 아메리카로 가게 된 것도 로의 자문을

---

[145] 브루스 셜리, 423.

받았기 때문이다. 윌리엄 로는 앞에서 언급한 『경건한 삶으로의 진지한 부름』(A Serious Call to a Devout and Holy Life, 1728) 외에도 『기독교인의 완전에 관한 논구』(A Practical Treaties upon Christian Perfection, 1726), 『이성론』(The Case of Reason, 1732) 등의 작품을 남겼는데, 웨슬리는 이 책으로부터 큰 가르침을 받았다.[146] 특히 그로부터 성화에 대한 사상의 영향을 받은 것으로 보인다.

웨슬리의 신학사상은 그의 생애 여정 속에도 나타나 있는데, 이 점을 두 종류의 토론을 통해 설명할 수 있을 것이다.

첫째, 모라비안과의 토론에서 찾아 볼 수 있다. 앞에서도 언급하였지만 그가 모라비안들의 중심지인 헤른 훗트를 방문하고 진센돌프를 만나 토론한 내용에서 나타나듯이 웨슬리는 '오직 믿음으로' 의 사상(sola fideism)과 성화(聖化)를 위한 구체적 노력의 결핍, 곧 정숙주의(Quietism)를 반대하였다. 웨슬리는 모라비안들에게는 루터의 의인화의 교리만을 강조하고, 성화나 그리스도인의 완전을 위해서 구체적으로 노력하지 않는 점을 발견했던 것이다. 다시 말하면 모라비안들에게는 믿음만 있지 행함이 없다고 보았던 것이다. 바로 여기서 웨슬리의 사상 속에 있는 알미니안적 경향성을 읽을 수 있다.

둘째, 횟필드와의 토론에서 찾아볼 수 있다. 홀리 클럽의 일원으로 함께 일했고, 또 메도디스트 부흥운동의 동지였으나, 웨슬리는 로마서 8장 29-30절의 해석에 있어서 횟필드와 견해를 달리하였다. 이것이 결별의 중요한 동기였다. 웨슬리는 국교회의 고교회파 출신이었으므로 처음부터 알미니우스적 경향이 있었다. 웨슬리는 칼빈주의 예정론은 신자로 하여금 성화에의 노력을 등한시 할 우려가 있다는 점에서 강하

---

[146] A. S. Wood, 46.

게 반대하였다. 그는 완전주의자였기 때문에 하나님의 무조건적인 선택에 의존하기보다는 완전을 향해 노력하는 것을 중시하였던 것이다.

알미니안주의란 칼빈주의가 말하는 하나님의 무조건적 선택과 예정을 반대하는 알미니우스의 가르침으로부터 기원한 사상인데, 웨슬리는 이 사상의 신봉자였다. 웨슬리는 특별히 알미니우스의 사상을 연구한 바는 없으나 그의 추종자가 되었고, 예정론은 하나님을 독단적인 악한 존재로 만든다고 보았기 때문에 칼빈의 예정론을 반대하였다. 웨슬리는 하나님은 모든 인류를 구원하시기를 원하셨다고 주장하고, 인간에게는 하나님의 은혜를 받아들이거나 거부할 충분한 의지가 있다고 보았다. 반대로 조지 휫필드는 하나님의 주권을 확신했으며, 이 주권에 근거한 예정론을 신봉하였다. 휫필드는 웨슬리의 사상은 합리주의적이라고 보았고, 이것은 결국 인간의 죄의식을 약화시킨다고 보았다. 신학적 견해는 달랐으나 웨슬리와 휫필드는 서로를 존중하면서 함께 복음주의 운동을 전개하였다.

3. 그는 교회와 사회에 어떤 영향을 주었는가?

웨슬리가 활동할 당시 영국은 도덕적으로나 윤리적으로 타락한 시대였고, 교회는 합리주의 혹은 이신론의 영향으로 나태했고 영적으로 무기력했다. 산업혁명 이후 영국사회는 무질서했다. 빈부차는 심화되었고, 노동환경은 열악하였다. 문맹자가 많았으며 음주와 도박이 성행하였다. 이런 시대에서 웨슬리와 메도디스트들의 부흥운동은 영국교회의 쇄신과 영국사회의 개혁에 적지 않은 영향을 끼쳤다. 이 점을 몇 가지로 나누어 설명해 보자.

첫째, 웨슬리의 부흥운동은 영국에서의 복음주의의 부흥을 가져왔다. 이 부흥운동은 영국에서 소위 클래펌 파(the Clapham sect)를 형성하였는데,[147] 헨리 벤(Henry Venn)과 그의 아들 존 벤(John Venn), 그리고 윌리엄 윌버포스(William Wilberforce, 1759-1833)가 중심인물이었다. 클레펌이란 런던에서 5km 가량 떨어진 한적한 마을 이름인데, 이곳은 부유한 복음주의자들의 별장이 모여 있는 곳이었다. 이 곳에 저택을 소유하거나 땅을 가진 복음주의자들이 같이 모여 기도하고 성경공부하며 담화했는데, 이들을 가리켜 역사가들은 클레펌 파라고 불렀으나 이들은 어떤 종파가 아니라 친밀한 가족과 같은 믿음의 동지들의 모임이었을 뿐이다. 바로 이들이 중심이 되어 '빈민층 개선협회'(1796), 영국교회선교회(1799), 그리고 대영성서공회(British and Foreign Bible Society)가 설립되기도 했다.

둘째, 기독교교육에 대한 관심과 학교의 설립을 들 수 있다. 웨슬리를 비롯한 메도디스트들은 주간학교(day schools)를 운영했는데, 첫 주간학교는 1739년 휫필드에 의해 킹스우드 탄광촌에 설립된 학교였다. 이런 학교들을 통해 가난한 이들의 교육받을 수 있는 기회를 확대하였다. 또 주일학교(Sunday school) 운동을 시작하였는데, 첫 주일학교는 1769년 영국 동남부인 하이 위컴(High Wycombe)에 세워진 학교였다. 계속해서 여러 지역에 주일학교가 시작되어 교육의 쇄신을 가져왔다.

셋째, 메도디스트 운동은 선교운동을 고취하였다. 웨슬리는 토마스

---

[147] 이 '클레펌 파'(Clapham sect)라는 이름은 James Stephen이 Edinburgh Review(1844)에 쓴 그의 글에서 처음으로 사용되었는데, 그 중심인물은 우리에게 잘 알려진 William Wilberforce, Henry Venn과 그의 아들 John Venn 외에도 부유한 은행가였던 Henry Thornton, 동인도회사 책임자였던 Charles Grant, 인도총독이었던 Teignmouth, 변호사였던 James Stephen, 노예폐지론의 지도자였던 Thomas Clarkson 등이었다. 특히 윌리엄 윌버포스는 최상의 교육과 부와 인격과 능력을 골고루 갖춘 탁월한 인물이었다.

코오크를 서인도제도의 선교사로 파송한 일이 있고, 그들의 복음운동은 선교운동에 영향을 끼쳤다. 그 결과, 1792년에는 윌리엄 케리(William Carey, 1761-1834)에 의해 침례교선교회(Baptist Missionary Society)가 조직되었고, 1795년에는 런던선교회(London Missionary Society)가, 1796년에는 스코틀랜드선교회(Scottish Missionary Society)와 글라스고선교회(Glasgow Missionary Society)가, 1799년에는 영국교회선교회(Church Missionary Society)가 조직되었다.

넷째, 사회개량운동에도 영향을 끼쳤다. 이들을 중심으로 병원, 고아원, 모자원, 구빈원이 설립되었고, 존 하워드(John Howard, 1726-1790) 같은 정치인들의 노력으로 감옥개선운동이 일어났으며, 윌리엄 윌버포스(William Wilberforce, 1759-1833)의 노력으로 노예폐지운동이 일어났다. 그의 노력으로 영국에서는 1807년 노예무역이 금지되었고, 1833년에는 노예제도가 완전히 폐지되었다.[148] 이것은 미국보다 32년이 앞서는 것이었다. 웨슬리를 비롯한 메도디스트의 복음주의 운동은 결국 영국교회에만이 아니라 영국사회를 변화시키는 변혁의 동인이 된 것이다.

---

[148] 영국에서의 노예무역은 영국인 존 호킨스(John Hawkins)경이 시에라리온에서 일단의 노예들을 실어다가 세인트 도밍고에 팔아넘긴 것이 그 시작이었다. 1660년 왕정복고 후 찰스 2세가 매년 3천명의 노예를 서인도제도로 판매하는 회사에 면허를 내 준 일이 노예무역을 촉진하는 계기가 되었다. 그 후 노예 매매는 급속히 증가하였고, 1770년의 경우 아프리카에서 잡혀간 노예가 10만명에 달했는데, 그 중 절반이 영국선박에 의해 수송되었다. 많은 영국인들은 대영제국의 교역과 안보를 위해 노예무역은 필요하다고 인식하고 있었다. 노예문제를 최초로 거론한 것은 윌리엄 윌버포스였고, 그 때가 1789년 영국 하원에서였다. 노예무역은 막대한 경제적 이해관계가 있었으므로 상당한 반대에 부딪쳤다. 노예매매 폐지안이 열한 차례나 의회에 제출되었으나 부결되었다. 그러나 그의 끊임없는 노력에 의해 1807년 2월 23일 노예무역이 금지되는 입법이 통과되었다. 그러나 이미 팔려간 노예들은 여전히 노예로 남아 있어야 했다. 윌버포스는 이 일을 위해 Thomas Fowell Buxton을 후계자로 세웠는데, 그의 노력에 힘입어 1833년 7월 25일 윌버포스가 하나님의 부름을 받기 3일 전에 대영제국 전체 노예들을 해방시키도록 하는 해방법이 통과되었다. 브루스 셜리, 467-8, 니콜스, 『현대교회사』, 204-5.

이상과 같은 점 외에도 웨슬리운동이 가져온 또 한 가지 결과는 기독교회의 한 종파로서의 감리교회(監理敎會)가 시작이 되었다는 점이다. 감리교회가 영국교회로부터 정식으로 분리한 것은 웨슬리가 죽고 4년이 지난 1795년이었다. 물론 감리교회라는 이름으로 영국교회로부터 분리될 수 있는 소지는 그 이전부터 있었다.

제19장

휫필드의 부흥운동

　이미 마틴 로이드 존스가 지적했지만 그 동안 휫필드는 정당한 관심을 받지 못했다. 정당한 관심은 그만두고 차라리 소홀히 취급되었다고 그는 지적하였다. 지금부터 약 100여 년 전에 스펄전은 "조지 휫필드같은 사람에게 주어지는 관심에는 끝이 없다."라고 말했지만 사실 이 관심은 극히 제한된 사람들의 몫에 지나지 않았다. 그가 관심을 얻지 못했던 한 가지 이유는 그 자신의 무명(無名)에의 의지 때문이었다고 할 수 있다. 그는 신문의 주목을 받는 것을 싫어하였고, 항상 "주 예수 그리스도의 이름이 증거되는 한 조지 휫필드의 이름은 잊혀지기를 바란다."고 하였다. 그는 하나님을 영화롭게 하기 위해 자신을 숨기고자 했다. 이러한 그의 태도는 한 시대를 이끌어갔던 영적 지도자로서 갖기 어려운 신앙적 겸손이었다. 이러한 겸손을 신앙에 있어서의 도덕성이라고 할 수 있는데, 오늘 우리 시대 지도자들에게 가장 결여된 것이 바로 이런 점이 아닌가 생각된다.

1. 삶의 여정과 신앙부흥운동

조지 휫필드(George Whitefield, 1714-1770)[149]는 1714년 영국 남서부의 도시인 글로스터(Gloucester)에서 태어났다. 여관업자의 아들로 태어난 그의 청소년 시절은 결코 신앙적이 아니었다. 그러나 그가 1733년 옥스포드의 펨브로크(Pembroke) 칼리지에 입학한 후부터 그의 삶은 급변하고 있었다. 그로부터 2년 후인 1735년 회심한 그는 홀리 클럽의 회원이 되었고, 후일 함께 복음적인 신앙운동을 전개했던 요한 웨슬리(1703-1791)와 그의 동생 찰스 웨슬리(1707-1788), 그리고 『테론과 아스파시오』(Theron and Aspasio)를 쓴 제임스 허비(James Hervey, 1714-1758), 윌리암 몰간(William Morgan) 등과 교제하였다. 이들은 1729년 봄에 시작된 '거룩한 모임'(Holy Club)을 시작한 창립회원들이었다. 이 모임은 후일 영국과 미국에 부흥운동과 영적 각성운동을 이끌어간 연원이 되었다. 이들의 엄격하고도 철저한 시간관리, 규모 있는 생활방식(method) 때문에 메도디스트(Methodists)라고 불렸다. 휫필드의 생애에서 주목할 점은 믿음의 친구들과의 교제와 경건서적을 통해 그의 삶과 신앙의 성숙을 이루었다는 점이다.

휫필드에게 큰 변화를 준 책 중의 하나는 헨리 스쿠걸(Henry Scougal)이 쓴 『인간의 영혼 속에 있는 하나님의 생명』(The Life of God in the Soul of Man)이라는 책이었다. 이 책은 그에게 중생의 필요성과 중생에 대한 복음적 견해를 확립시켜 주었고, 그의 신학을 형성하는데

---

[149] 이 글은 필자의 "휫필드의 신앙부흥운동이 끼친 영향"『그 말씀』(1994. 10), 112-121을 보완한 것으로서, 주요 정보는 A. 델리모어, 『조지 휫필드』(두란노, 1991), 로이드-존스, 『조지 휫필드』(새순출판사, 1986), 그리고 John Pollock, George Whitefield and the Great Awakening (Hodder and Stoughton, 1972)에 의존하였음.

있어서도 상당한 영향을 준 것으로 알려져 있다. 1736년 6월 20일 성직(副祭) 임명을 받으므로 영국국교회 성직자가 된 그는 자기 고향인 글로스터의 성 메리 드 크립트교회(Mary de Crypt church)에서 첫 설교를 했다. 이것은 설교자로서 그의 삶을 이끌어간 중요한 힘이 되었다. 왜냐하면 이때의 첫 설교에서 자신을 설교자로 불러 주셨다는 확신을 얻었기 때문이다. 그의 설교는 상당한 반향을 일으켰고 15명의 회심자가 생겨났다. 이 때 휫필드의 나이는 22세에 불과했다. 이렇게 시작된 그의 부흥집회는 목마른 영혼들에게 끊임 없는 영적 해갈을 주었고, 이 땅에서의 지친 삶에 새로운 힘을 공급하고 있었다. 그렇기 때문에 그의 설교에는 수많은 청중이 모여들었다.

휫필드에게 있어서 특별한 일은 그가 1739년부터 옥외설교 혹은 야외설교를 시작한 일이었다. 곧 그해 2월 17일 브리스톨 근처 킹스우드(Kingswood)지방 광부들에게 첫 야외설교를 시작하였는데, 살을 도려내는 듯한 추운 날씨에도 불구하고 약 2만명이 운집할 정도로 상당한 효과를 주었다.[150] 이 곳은 광산 도시로서 산업혁명 초기 당시 이들은 영국 국교회의 관심 밖에 있었다. 휫필드는 영적으로 소외된 이들에게 눈길을 돌려 전도의 성공을 거두었던 것이다. 두 달 뒤인 4월에는 런던에서도 야외설교를 시작하였다. 당시 런던의 인구는 약 60만 명이었는데, 휫필드가 공터나 들판에서 설교했을 때 때로는 수만 명이 운집하기도 했다. 1739년 4월 29일자 일기에는 "약 3만 명이나 되는 사람들이 운집했다"고 기록했다. 하나님의 말씀을 들으려고 몰려드는 사람이 수없이 많았고, 사람들의 머리를 밟고 걸어갈 수 있을 정도로 조밀하게 앉아 휫

---

[150] Iain Murray, "Whitefield in the Jerusalem of England," *Banner of Truth* (Jan, 1971), 17ff.
[151] *George Whitefield's Journals*, 1960, 88

필드의 설교를 들었다.[151] 1739년 7월 휫필드는 런던에서 이런 기록을 남겼다. "하나님의 위대한 일이 이곳에서 일어나고 있다. 주 예수께서 매일 승리를 누리고 있다."[152] 그해 8월에는 "하나님의 성령께서 수천 명의 영혼들의 얼굴에 운행하고 계신다. 말씀은 순식간에 달려 나가며 사탄은 벼락이 떨어지듯이 하늘로부터 떨어진다."[153]

휫필드의 옥외설교는 당시 저조한 예배참석에 대한 현실적 대안이기도 했지만 자신을 반대하는 영국국교회의 벽을 넘는 방안이기도 했다. "길과 산울가"로 나가서 전도하며 옥외에서 설교하였던 예수님의 설교는 그의 모범이 되었다. 휫필드의 옥외집회, 야외 설교 그리고 극장전도, 가정선교, 도시선교 등은 당시 교회로는 상상도 못했던 일이다. 그래서 토마스 찰머스(Thomas Chalmers, 1780-1847)는 휫필드의 방법을 '공격적 방법' (aggressive system)이라고 불렀다.

휫필드는 주일이었던 1736년 6월 26일 그의 고향인 글로스터에서 첫 설교를 한 후부터 1770년 9월 29일 미국 뉴베리 포트(Newbury Port)에서 56세를 일기로 하나님의 부름을 받기까지 34년간 그는 오직 한가지 일, 곧 주 예수 그리스도의 일에 몰두하였다. 잉글랜드나 스코틀랜드, 웨일즈에는 복음전도자로서 그의 발길이 닿지 않는 곳이 없었다. 그가 인도했던 공중집회는 1만 8천 회에 달했고, 스코틀랜드를 14회나 방문하였다. 지금부터 250년 전 그 당시의 도로, 교통, 통신 시설 등을 고려해 볼 때 그것은 경이로운 일이 아닐 수 없다. 또 당시 3-4개월이 소요되는 대서양을 건너 북미대륙을 무려 7번이나 방문한 일 또한 예사로운 일이

---

[152] *The Works of the Rev Johandan Edward*, vol. 1, p. 54.
[153] 위의 책, 58.

아니었다. 그 당시까지 기독교 역사상 그 누구도 그처럼 많은 대중에게 그 만큼 많은 설교를 한 일이 없었다. 저명한 전기 작가인 루크 타이어만(Luke Tyerman)은 그의 마지막 설교는 익세터 마을에서 죽기 불과 수 시간 전에 행한 고린도전서 13장 5절을 본문으로 한 설교였다고 한다.

이런 점에서 로이드 존스의 평가는 거짓됨이 없다. "처음부터 끝까지 그의 생애는 하나의 기이한 현상이었다. 영국이나 미국 내에서의 그의 헤라큐러스적인 엄청난 노고는 성령의 능력을 언급하지 않고는 도저히 불가능하다."

2. 칼빈주의적 신학

횃필드는 한마디로 칼빈주의자였다. 그가 비록 자신의 편지나 일기, 그리고 사적인 대화에서 자신을 '메도디스트'(Methodist)라고 말했으나, 이것은 오늘날 우리가 말하는 교파로서의 감리교를 의미하는 것이 아니다. 그는 그리스도와 하나님이 값없이 주시는 은혜로만 구원받는 것이 아니라 우리의 행위에 의해서도 구원받는다고 생각하는 알미니우스주의를 배격하였다. 비록 횃필드가 신학적인 문제로 웨슬리와 결별했을 때가 1741년이었지만,[154] 그의 신학적 견해는 그보다 5년 전인 1736년의 설교 속에 뚜렷이 반영되어 있다. 1736년 그가 미국으로 떠나기 앞서 글로스터주 스톤하우스(Stonehouse)에서 로마서 8장 30절을 본문으로 한 설교에서 그는 하나님의 예정을 강조했는데, 이것은 자신

---

[154] 횃필드가 1741년 웨슬리와 결별하게 되었을 때 웨일즈 지역의 횃필드 지지자들은 1743년 웰쉬 칼빈주의적 메도디스트 연합을 조직하였다. 횃필드는 이 조직의 대표로 추대되었다.

의 신학적 입장을 분명하게 보여준 일예라고 할 수 있다. "미리 정하신 그들을 또한 부르시고"로 시작되는 이 로마서의 본문은 알미니안과 칼빈주의자들 간의 논쟁의 핵심적인 본문이었다. 휫필드는 이 본문에 대한 주석적 설교를 통해 칼빈주의적인 자신의 입장을 보여주었는데, 휫필드는 이것을 단순히 '은혜의 교리'(the doctrine of grace)라고 부르기를 더 좋아하였다.

휫필드는 그의 설교를 통해 원죄, 중생, 칭의, 성도의 견인, 그리고 무조건적인 선택 등을 강조했는데 그것은 바로 칼빈주의적 신학체계였다. 원죄에 대한 그의 강조는 인간이 원의(原義)에서 얼마나 멀리 떠나 있는가를 강조하고, 인간의 전적 부패를 강조하기 위함이었다. 마틴 로이드 존스는 휫필드만큼 중생치 않은 자연인의 마음을 적나라하게 파헤친 사람은 없다고 평가했다. 웨슬리 또한 원죄를 믿었고 은혜를 떠나서는 자기의 구원에 대하여 아무것도 할 수 없음을 말했으나 그는 이 은혜가 모든 사람에게 똑같이 주어져 있다고 믿었다. 그래서 은혜를 받아들일 것인지 거부할 것인지를 결정하는 것은 그 사람 자신의 일이라고 보았다. 이런 점에서도 웨슬리는 알미니안이었다.

휫필드는 그의 설교에서 죄인의 회심, 곧 거듭남을 특별히 강조하였다. 휫필드는 죄인의 회심에 있어서도 하나님의 은혜의 불가항력적임을 강조하였다. 그는 믿음으로 말미암은 의를 변함없이 가르쳤다. 그 의는 우리의 행위로 인한 것이 아니라 예수 그리스도를 통해서 주시는 전가된 의라고 하였다. 그래서 휫필드는 "너희가 그 은혜를 인하여 믿음으로 말미암아 구원을 얻었으니 이것이 너희에게서 난 것이 아니요 하나님의 선물이라"(엡 2:8)는 말씀을 즐겨 인용하였다. 휫필드의 전도를 받고 회심한 엘리옷(R. Elliott)는 휫필드의 장례식에서 한 말씀가운데서

"휫필드는 그의 생애에서 특별히 하나님의 영원하고도 무조건적인 선택을 강조하고 이를 옹호하였다"고 하였다. 이와 같은 점들을 고려해 볼 때 휫필드는 일관성 있는 칼빈주의자였음이 분명하다.

휫필드는 웨슬리와 함께 신앙부흥운동을 전개했으나 두 사람의 신학적 차이는 처음부터 분명했다. 이들이 결별하게 됐던 중요한 문제는 성화(聖化)와 예정론의 문제 때문이었다. 웨슬리가 모라비안과 결별하게 됐던 문제도 바로 성화의 문제였다.

웨슬리 형제의 아버지 사무엘 웨슬리(1662-1735)는 영국교회의 고교회파 목사였다. 그런 관계로 웨슬리 형제는 성장하면서부터 알미니우스주의를 배우게 된 것으로 보이며, 그 결과 이들은 칼빈의 예정론에 반대하고 만인구원설을 신봉하였던 것이다. 이들이 예정설을 반대한 이유 또한 성화에 대한 견해 때문이었다. 웨슬리는 완전주의자로서 하나님의 무조건적 선택에 의한 예정에 의존하기보다는 완전을 향한 끝없는 노력을 중시하였는데, 칼빈의 예정론은 신자로 하여금 성화에의 부단한 노력을 등한히하게 할 우려가 있다고 보았다. 그러나 칼빈주의자이자 개혁주의자였던 휫필드는 선택의 교리가 도리어 성화적 삶의 원천이라고 주장하고 "나는 성자를 통해 성부께 영원히 선택되었고, 성자의 보혈을 믿는 믿음으로 값없이 의롭다함을 얻으며, 그 결과 성화되며 끝까지 보존되고 또 모든 것의 결과로서 영화롭게 된다는 사실을 성령을 통해 깨닫게 하시는 하나님을 찬송한다"고 했다.[155]

앞서 언급한 바처럼 웨슬리와 휫필드 간의 신학적 차이는 처음부터 분명했다. 휫필드는 영국국교회의 39개조를 존중했는데 이 신앙고백은

---

[155] 아놀드 델리모어, 『조지 휫필드』, 94.

칼빈주의적 강조점을 지닌 것이었다. 휫필드는 1739년 브리스톨을 떠나면서 웨슬리가 '예정교리'에 대해서 아무런 논쟁도 하지 말기를 기원하였다. 휫필드는 비록 신학적 견해차가 있을지라도 복음주의자들 간의 연합을 갈망했기 때문이었다. 그러나 웨슬리는 "값없는 은혜"(Free Grace)라는 설교를 통해 예정론을 자의적으로 정의하고 예정론을 공개적으로 비판하기 시작하였다. 그의 "그리스도의 완전"이란 문서 또한 논쟁적인 문서였다. 이런 교리적인 차이로 1740년부터 두 사람은 논쟁하였고 이듬해인 1741년 결별하게 되었다. 이렇게 되어 18세기 메도디스트들은 두 그룹, 곧 웨슬리적 메도디스트(Wesleyan Methodist)와 칼빈주의적 메도디스트(Calvinist Methodist)로 나누어지게 된 것이다.

휫필드의 칼빈주의적 신학은 단순한 이론이 아니라 그의 사고의 틀이자 그의 삶을 지배한 근본 원리였다. 그는 미국으로 가는 배 안에서 쓴 편지에서

> 예수 그리스도께서는 영원 전부터 나를 아셨습니다. 그 분이 나를 존재하게 하셨고 때를 맞추어 나를 부르셨습니다. 그분은 그분의 보혈을 믿는 믿음을 통해서 아무 값없이 나를 의롭다 하셨습니다… 우리가 선택되었다는 교리와 그리스도 예수 안에서 값없이 의롭다 칭함을 받는다는 교리는… 내 영혼을 거룩한 불길로 채우며 내 구주 하나님께 대해 큰 확신을 갖게 해 줍니다.

고 하였다. 다른 편지에서 그는 "내가 칼빈주의적 대요를 포용하는 것은 칼빈 때문이 아니라 예수 그리스도께서 그것을 나에게 가르치셨기 때문이다"고 했고, 이 진리들이 그의 열심의 원천이라고 했다. 즉 그는 칼빈주의자로서 칼빈주의와 전도는 양립할 수 없다는 일부의 주장, 다

시 말하면 예정론은 전도의 열정을 무력화시킨다는 주장이 근거 없는 것임을 그의 신학과 삶을 통해 보여준 것이다.

3. 그가 남긴 유산들

마틴 로이드 존스는 휫필드를 가리켜 잉글랜드 역사상 가장 위대한 설교자였다고 평했는데, 역사에 미친 그의 영향 또한 심대하다고 했다. "잉글랜드와 웨일즈와 스코틀랜드와 미국에 미친 그의 영향력은 헤아릴 수 없을 정도다. 역사가 렉키(Lecky)는 1789년 이후 일어난 프랑스혁명과 같은 혁명으로부터 이 나라를 구한 것은 분명 복음의 대각성이라고 했다… 만일 이 말이 옳다면 조지 휫필드야 말로 어느 누구보다도 이 일을 한 장본인이다"고 했다.[156] 이제 그가 끼친 영향을 몇 가지로 정리해 보고자 한다.

우선 그의 복음주의 신앙부흥운동은 영국교회와 사회에 큰 영향을 주었다. 18세기 당시 영국교회는 나태와 게으름, 영적 무기력에 빠져 있었다. 특히 합리주의 철학과 이신론(deism)의 영향으로 성직자와 교회는 영적 능력을 상실하고 깊은 회의 속에 빠져 있었다. 이와 같은 합리주의적인 불신앙에 대항한 지적운동을 전개한 이들이 없지 않았으나 영국교회에 드리워진 불신과 영적 무기력을 제거하기에는 역부족이었다. 도리어 휫필드의 복음주의 부흥운동은 개인과 교회와 사회에 적극적인 영향을 주게 된 것이다. 즉 영국 국교회가 영적 침체에서 벗어나게

---

[156] M. Lloyd-Jones, *The Puritans*, 105.

되었고, 비국교도들도 새로운 힘을 얻었다. 무지와 방탕, 술취함과 게으름에서 벗어나 새로운 삶의 변화가 일어났다. 개인의 변화는 사회 변화를 동반하였고 산업혁명 이후의 혼란한 영국사회에 변화와 질서가 확립되어 갔다. 윌리엄 윌버포스(William Wilberforce)의 주도하에 일어난 노예제도 폐지운동과 같은 사회 개혁운동도 신앙부흥운동의 결과였다. 반드시 휫필드만의 영향이라고 볼 수는 없지만, 기독교교육이 강조되어 탄광지대인 킹스우드에 학교가 설립되기도 했고 주일학교 교육이 강조되기도 했다. 무엇보다도 교회로 하여금 그 본연의 사명인 선교에 대한 관심을 불러일으키기도 했다.

휫필드의 신앙부흥운동을 통해 불신과 회의주의, 영적 무기력을 대항하는 최선의 대안은 이론적인 논리나 냉정한 비판이 아니라 순수한 복음과 그 복음 안에서 사는 삶이라는 점을 보여 주었다. 이런 점에서 볼 때 리렌드(John Leland, 1691-1766)나 레즐리(Charles Leslie, 1650-1722) 같은 신학자들의 저서나 버틀러 감독(Bishop Butler, 1692-1752)의 『유추』(Analogy) 같은 작품이 끼친 영향력은 휫필드나 웨슬리의 활동에 비견할 바가 못 된다. 라일은 "이들의 노력은 휫필드와 그의 동역자들의 절반 만큼도 불신의 홍수를 물리치지 못했다"고 평가했다.

한때 결별하기도 했었으나 웨슬리는 휫필드의 장례식 설교에서 "어느 누가 그처럼 수많은 사람을 그리스도께로 인도하였으며, 그처럼 엄청나게 많은 죄인들을 회개시켰다는 말을 들어본 적이 있는가? 누가 그처럼 많은 사람을 어두움에서 빛으로 인도하고 사단의 세력으로부터 하나님께로 인도하는 복된 도구가 되었는가?"라고 반문했는데,[157] 이것은 휫필드가 끼친 영향의 일단을 정리하는 말이 아닐 수 없다.

그가 미국교회에 끼친 영향 또한 지대하다. 휫필드는 웨슬리 형제의 영향을 받아서 1739년 미국 조지아(Georgia)를 방문한 이래 무려 일곱 차례나 북미 대륙을 방문하고, 보스톤, 뉴욕, 필라델피아 등 여러 지역을 순회하며 설교하였고, 뉴잉글랜드에서 조지아로 가는 모든 곳들이 그의 사역지였다. 미국에서의 그의 활동이 어느 교회에 국한된 것은 아니지만 남부의 침례교도들에게도 선한 영향을 주었다. 당시 남부에는 침례교회가 미약했을 뿐만 아니라 불신풍조 때문에 복음운동에 많은 장애가 있었으나 휫필드의 영향으로 이 곳에서도 신자들이 급속히 불어났다. 보스톤에서도 마찬가지였다. 휫필드가 보스톤을 떠나기 앞서 행한 한 집회에서는 2만 3천여 명의 인파가 모여들었는데 그 날의 인파는 보스톤의 전체 인구보다 많았다고 한다.[158]

그는 가는 곳마다 영적 각성과 부흥을 가져왔다. 특히 1740년 이후 미국에 끼친 영향은 압도적이었다. 미국에서의 제2차 각성운동은 휫필드의 신앙부흥운동의 영향이라고 볼 수 있다. 휫필드는 보스톤을 떠나 노스햄톤(Northampton)을 방문하고 요나단 에드워드와 함께 지낸 바도 있다. 휫필드는 요나단 에드워드와 동역하면서 뉴잉글랜드의 부흥운동과 독일출신 화란 개혁파교회 목사인 후릴링허이젠(Theodore Jacob Frelinghuysen, 1691-1748)이 일으킨 중부 식민지의 부흥운동을 연결하여 전국적인 부흥운동으로 발전시켰던 것이다. 이렇게 볼 때 휫필드가 미국교회 전반에 끼친 영향 또한 과소평가 되어서는 안 된다.

휫필드가 끼친 영향은 그 당대만이 아니라 그 이후에의 개인이나 교회에 준 영향 또한 과소평가 될 수 없을 것이다.

---

[157] J. C. Ryle, *Christian Leaders of the 18th Century* (Banner of Truth, 1967), 47.
[158] 아놀드 델리모어, 앞의 책, 120.

휫필드에게 영향 받은 대표적인 인물은 챨스 스펄젼(Charles H. Spurgeon)이었다. 최고의 설교가이자 부흥운동가였던 스펄젼은 휫필드에게서 가장 큰 영향을 받았다고 고백한 바 있다. 요나단 에드워드(Jonathan Edwards, 1703-1758)는 미국이 낳은 최고의 청교도적 칼빈주의자였고 설교자이자 부흥운동가였는데, 그 또한 휫필드의 영향을 받았던 인물이다. 그가 뉴잉글랜드 지방에 알미니우스주의가 유입되어 인간의 행위를 강조하고 있을 때, 이를 반대하기 위해 1734년 "믿음으로만 말미암는 칭의"(Justification by faith alone)라는 제목으로 다섯 번에 걸친 일련의 설교를 했는데, 이 설교를 통해 놀라운 각성운동이 일어나기 시작하였다. 이 각성운동은 1740년에 일어난 제1차 각성운동의 도화선이 되었다. 이 때도 휫필드의 영향을 준 것으로 알려져 있다.

요나단 에드워드에 의해 시작된 부흥운동을 미국 전역의 부흥운동으로 이끌어간 사람은 휫필드였다고 해도 과언이 아닐 만큼 그 영향력이 컸다. 물론 요나단 에드워드는 휫필드보다 연배였으나 친구였고, 그가 1734년과 1735년에 있었던 부흥운동을 기술한 『하나님의 놀라운 사역에 대한 진실된 기술』(Faithful Narrative of the Surprising Work of God in the Conversion of Many Hundred Souls in Northamption)이 1737년 런던에서 출판되었을 때, 이 책이 휫필드에게 감동과 용기, 그리고 영향을 준 것도 사실이다. 휫필드가 요나단 에드워드의 교회에서 설교할 때 에드워드는 깊은 감명을 받고 예배가 끝날 때까지 감격과 기쁨의 눈물을 흘렸다는 기록[159]에서 저들의 순전한 영혼을 보게 한다. 어떤 점에서 양자는 상호 영향을 받으며 함께 부흥운동을 전개하였다고 할 수 있다.

---

[159] *Church History*, Vol. iv. No. 4.

미국 인디언들을 위해 짧은 생애를 바친 데이비드 브레이너드(David Brainerd, 1718-1747) 또한 휫필드로부터 영향을 받은 인물이다. 휫필드는 하버드와 지금의 예일대학인 뉴 헤븐대학에서 설교했었는데 이 때 이 대학의 분위기가 일신하였다. 요나단 에드워드는 "휫필드의 설교는 그 대학 많은 학생들에게 행복하고도 지속적인 인상을 남긴 것이 분명하다"는 기록을 남겨 두고 있다. 당시 예일대학의 학생이었던 브레이너드는 휫필드로부터 크게 감명을 받고 그의 삶이 변화되었다. 그가 교수한 사람에 대하여 "여기 있는 의자보다도 은혜가 없는 사람이다"라고 하여 그 학교에서 징계를 받기도 했지만, 그의 가슴은 뜨거웠다. 그는 후일 인디안을 위한 선교사로서 거룩한 생애를 바쳤다. 그가 남긴 일기를 보면 그가 얼마나 주님과 깊이 교제하며 주의 나라를 위해 일했던 가를 보게 된다.

   이상에서 열거한 인물 외에도 많은 사람들이 휫필드를 통해서 복음운동에 진력하게 된 것이 분명하다. 휫필드에게 영향 받은 이들이 어디 이 뿐이었을까?

제20장

1907년 한국에서의 부흥

1907년 평양에서 발원한 대부흥운동은 한국교회의 신앙과 삶에 커다란 영향을 미친 특별한 사건이었다. 교회부흥은 교회가 처한 역사적 현실과 무관한 것이 아니라 그 교회가 처한 영적, 도덕적 상황과 깊이 관련되어 있다는 사실은 이미 언급한 바 있지만 한국에서도 예외는 아니다. 거주 선교사가 입국한지 약 25년이 지난 이 당시 한국교회는 아직 연소한 교회였다. 기독교는 비교적 빨리 수용되어 갔다고 하지만 신앙적 성숙을 이루지 못하고 있었다. 따라서 영적 쇄신이 필요한 때였다. 정치적으로 당시 한국은 점증하는 일제의 침략야욕 앞에 무방비 상태로 노출된 채 국운이 기울고 있었다. 이러한 절망적인 현실 앞에서 한국의 그리스도인들은 민족의 문제에 책임을 느끼고 이것이 마치 믿는 자가 책임을 다하지 못한 것 때문이라는 의식과 함께 부흥을 위해 기도하는 일이 시작되었다.

1906년 당시 기독교인은 약 2만 7천명에 지나지 않았고 전국적으로 550여개 처에 교회가 설립되어 있었으나 조직교회는 32개 처에 지나지 않았다. 그러나 뜻 있는 사람들은 그나마도 기독교에 소망을 두고 있었다. 이러한 상황에서 한국교회의 부흥이 일기 시작하였다. 말하자면 하나님은 이러한 절망적인 현실에서 부흥의 불길을 선물로 주신 것이다. 이미 조지 토마스(George Thomas) 교수가 지적한 바와 같이 19세기 부흥운동은 여러 나라와 통신망(network)을 지니고 있었다고 했는데[160] 우리나라의 부흥운동도 외국의 부흥운동에 관한 정보가 상당한 자극을 준 것임을 부인할 수 없다.

1. 부흥은 어떻게 시작되었을까?

1907년의 부흥운동의 연원은 1903년으로 거슬러 올라갈 수 있다. 1903년 원산(元山)에서는 선교사들의 집회가 있었는데, 중국에서 사역하던 화이트(Miss M. C. White) 선교사와 스웨덴에서 온 프란슨 목사(Rev. F. Franson), 그리고 감리교 선교사들이 한 주간 성경공부를 하며 기도회를 가진 일이 있고 곧 장로교와 침례교 선교사들도 함께 집회를 열었다. 이 집회에는 한국인들도 참석했다. 이때 캐나다 출신 의사로서 남감리교 선교부에 속해 있던 하디(Dr. R. A. Hardie) 선교사는 그간의 자신의 사역을 자책하고 회개했을 때 뜨거운 성령의 역사를 체험하였다. 죄의 고백과 회개는 영적 부흥을 가져오는 힘이었다. 그 이후 하디는 부흥운동의 주역이 되었고, 이 기도와 회개의 모임은 그 이후의 부흥운동의 시원으로 알려져 있다. 1904년 봄에도 초교파적인 사경회가 열렸고 장로교선교사 롭(업아력, A. F. Robb), 전계은(全啓恩) 목사, 감리

---

[160] George Thomas, *Revivalism and Cultural Change* (University of Chicago, 1989).

교의 정춘수(鄭春洙) 목사도 성령을 충만히 받고 거리를 다니며 복음을 증거하였다. 한국인과 선교사들은 이 땅에도 부흥을 주시도록 기도하기 시작하였다. 이 소식을 접한 평양의 선교사들은 평양에서도 부흥이 있기를 기대하면서 1906년 가을 원산의 하디를 초청하여 사경회를 열었는데, 이때 뉴욕에서 한국을 방문한 존슨(Howard A. Johnson) 목사를 통해 인도와 웨일즈에서 일어난 놀라운 성령의 역사, 곧 부흥에 관한 소식을 접하게 되었다. 외국에서의 부흥에 관한 보고를 접한 당시 교인들은 이 땅에도 부흥을 달라고 기도하기 시작했다.

1906년에는 중부지역인 개성의 송도(松都)에서도 부흥의 역사가 일어났다. 선교사 크램(W. G. Cram)은 이때의 놀라운 부흥에 대한 기록을 남겨주고 있는데, 회개와 죄의 고백이 일어났다고 했다. 그는 "돈을 훔친 자는 돌려주고, 형제를 미워한 자는 용서를 빌었고, 다른 이유로 예수를 믿었던 이들은 참으로 주님을 섬기겠노라고 고백하였고," "양반이라고 하여 천민을 멸시하던 사람이 이제부터는 그 사람을 종으로 여기지 않고 친구요, 형제로 대하겠노라" 다짐하기도 했다고 했다.

이때쯤 평양에서는 한국교회의 고유한 전통이 된 새벽기도회가 시작되었다. 평양 장대현교회 장로이자 전도사였던 길선주는 동료 장로인 박치록과 함께 평양의 그리스도인 사이에 영적 뜨거움이 없음을 보고 새벽마다 기도하기로 작정하였다. 이 두 사람은 아무에게도 알리지 않고 약 두 달 동안 새벽 4시경에 교회로 가서 기도하기 시작하였는데 이것이 후일 알려지게 되고 다른 사람들이 참여하게 됨으로 1907년부터는 교회의 공식적인 기도회로 발전되어 간 것이다. 1907년의 대 부흥은 이런 과정 속에서 일어났다.

2. 1907년 평양에서의 성령의 역사

1907년 1월 6일부터 평양 장대현교회에서는 일주일 이상 계속되는 사경회가 개최되었다. 첫날 저녁은 남자만 약 1,500여명이 참석하였다. 여성들을 위해서는 별도의 모임을 가지지 않으면 안 되었다. 이 집회는 연일 계속되었는데 특히 1월 12일 블레어(W. N. Blair) 목사가 고린도전서 12장 27절을 읽고 "우리는 그리스도의 몸이요, 그의 한 지체"라고 설교했을 때 성령의 역사가 나타나기 시작하였다. 부흥이라고 말할 때 외형적인 혹은 수적인 것으로만 이해해서는 안 된다. 이름 그대로 부흥이란 "성령께서 비상하게 역사하는 일" 혹은 "성도들의 가슴속에 일어나는 성령의 역사"였다. 그 다음 날은 더욱 놀라운 역사가 나타났다. 영적 분위기가 회중을 압도하였고 신비한 역사가 일어났다. 1월 14일 월요일 밤에도 이러한 부흥의 역사는 계속되었다.

사실 이런 부흥과 회개의 시원은 요나단 고포드에 의하면 길선주의 회개였다. 그의 회개는 이미 일어난 성령의 역사하심에 대한 성도들의 적극적인 응답을 권려(勸勵)하며, 그 마음을 몰입케 하고(empathy) 보지(保持)케 하는 특별한 역할을 했다. 요나단 고포드의 기록에 의하면, 1월 8일 주일 밤 1,500여명이 모인 회중 앞에서 당시 장대현교회 장로이자 전도사였던 길선주는 회중 앞에 나와 자기 죄를 고백하기 시작했다.

나는 아간과 같은 자입니다. 나 때문에 하나님께서 우리에게 축복을 주실 수가 없습니다. 약 1년 전에 내 친구 한 사람이 임종시에 나를 자기 집으로 불러 말하기를 "길 장로, 나는 이제 세상을 떠나지만 내 집 살림을 돌봐주시오. 내 아내는 무능하니까 말일세"라며 집을 돌봐달라고 부탁을 했습니다. 나는 그리하겠으니 아무 염려 말라고 말했습니다. 그러나 나는 그 미망인의 재산을 관리하던 중 미화 1백불 상당의 금액을 내가 가졌습니다. 나는 죄인입니다. 나는 하나님의 일을 방해해 온 것입니다. 나는 나의 이 큰 죄를 고백하고 그 숨겨둔 돈을 그 미망인에게 돌려드릴 것입니다.[161]

찬물을 끼얹은 것 같이 실내에는 침묵이 흘렀다. 그의 죄의 고백이 끝나자 통회와 자복이 일기 시작했다. 저마다 자기 죄를 고백하기 시작했고 이 회개의 물결은 회중을 압도하였다. 수다한 교인들이 일어나 자기 죄를 고백하고 가슴 치며 통곡하고 있었다. 하나님의 거룩한 영이 그들 가운데 역사하신 것이다. 길선주의 순전한 고백은 부흥의 불길을 타오르게 했다.

교인들은 밤 새워 눈물로 기도했고 온갖 죄악들이 숨김없이 고백되었다. 정죄하는 이도 없었고 정죄 받는 이도 없었다. 눈물은 가슴을 적셨고, 애통하는 고백은 거룩한 회개의 물결을 이루고 있었다. 영적감동은 격류를 이루며 평양의 거리에 파도치고 있었다. 겨울의 세찬 바람도 아랑곳없이 기도의 물결은 "마치 폭포와 대양의 물결 소리같이 하나님의 보좌에 상달되었다. 온 교인이 하나님의 능력에 사로잡혀 눈물을 흘리며 회개하면서 기도하기를 새벽 2시까지 계속하였다."[162] 이 부흥의 불길은 평양시내의 학교에로 번져갔다. 숭덕학교에서는 약 300여명의 학생이 통회자복 하였고, 숭실전문학교 학생들도 부흥을 체험하였다. 교파의 벽을 넘어 감리교학교에도 동일한 역사가 일어났다.

이 부흥운동은 곧 타 지방으로 번져갔다. 길선주가 서울에 와서 경기

---

[161] J. Goforth, *When the Spirit's Fire Swept Korea*(Zondervan, 1984), 6-9.
[162] Graham Lee, "How the Spirit came to Pyeongyang," *Korea Mission Field*, Vol. 3. No. 3 (Mar 1907), 33-37.

도 사경회를 열어 성령의 도를 가르쳤을 때 이곳에서도 부흥이 일어났고, 평양신학교 학생들에 의해 이 부흥의 소식이 전파되면서 대구, 목포 등 남한의 다른 지역으로도 확산되어 갔다.

3. 부흥운동이 남긴 것

이 부흥운동의 결과로 평양을 중심으로 약 3만 명의 개종자가 있었는데, 1907년의 대부흥운동은 신자의 급증이라는 외형적 성장만이 아니라 신자들의 신앙과 삶에 변화를 주는 내면적, 혹은 내성적(內省的) 성숙을 이루는 중요한 사건이 되었다. 당시 중국의 선교사로 한국을 방문하여 부흥을 목격하였던 조나단 고포드(Jonathan Goforth, 1859-1936) 선교사[163]는 『성령의 불길이 한국을 휩쓸 때』(When the Spirit's Fire Swept Korea) 라는 글을 남겼는데, 그는 이 글에서 "지금 한국에서는 엄청남 회개를 동반한 성령의 역사가 휘몰아치고 있는데, 이는 마치 사도행전에 나타난 오순절 사건의 반복인 것처럼 보입니다. 엄청남 힘이 교회를 뒤엎고 있습니다"라고 하였다.

한국교회 부흥에서 중요한 사실은 선교사나 한국인 전도자들이 부흥을 위해서 전략을 세우거나 프로그램을 개발하는 등 인위적인 시도가 없었다는 점이다. 단지 이들은 부흥을 위해 기도하고, 죄를 회개하고, 성경을 풀어 가르쳤을 뿐이다. 이들이 예수의 십자가를 이야기하고 사

---

[163] Goforth선교사의 생애 여정에 대해서는 그의 부인 Rosalind Goforth이 기술한 Goforth of China (Bethany House Publishers, 1937)를 참고할 것.

랑이 식어진 것을 책망하고 선교사이든 내국인이든 우리 모두가 그리스도 안에 한 지체라는 사실을 설교했을 따름이다. 이는 마치 조나단 에드워드가 "하나님의 진노의 손 안에 있는 죄인"이라는 제목의 설교를 했을 때 부흥의 역사가 일어난 것과 같고, 예수님이 고난을 받고 죽임을 당하고 부활할 것을 말했을 때 듣는 이들의 "가슴이 뜨거워졌다"고 했던 누가복음 24장 32절의 기록과도 같다.

한국교회 부흥에서 또 한 가지 흥미로운 사실은 방언이 있었다는 기록이 없다는 점이다. 방언이 없었다는 점이 사실이라면 방언은 성령의 역사에 대한 증거라는 신오순절주의자들의 주장이 허구임을 알 수 있다. 이 당시 부흥은 감정에 도취된 편향된 감정주의나 자기 발산적인 종교적인 광신적인 요소가 없는 순수한 부흥이었다.

한국에서의 부흥은 민족이 암담한 현실에 처해있을 때, 기도운동 가운데 일어났고, "한국교회의 영적 중생"을 가져왔다.[164] 이 부흥운동 이후 1910년 일제의 식민 지배를 받기 시작하였고, 1935년 이후는 일제의 혹독한 탄압 하에 있었다. 아마도 이 기간 동안의 고난과 시련을 이길 수 있도록 하기 위해서 하나님은 한국교회에 영적 각성과 부흥을 주신

---

[164] 민경배 교수는 이 당시의 부흥운동을 순수한 영적 운동으로 보지 않고, 선교사들이 한국 신자들의 정치현실에 대한 관심을 영적인 것에로 전환하기 위한 의도에서 기획된 것으로 보아 이를 "비정치화"로 해석한다. 이 해석에 대해 두 가지 측면에서 의의를 제기할 수 있다. 첫째, 이 해석은 부흥운동은 인위적으로 조작할 수 있다는 점을 전제로 한 것인데, 그렇다면 이런 견해는 알미니안적 해석이라고 할 수 있다. 둘째, 민족의 현실이나 독립운동 등 세속적인 것에 대한 관심을 피안적인 것에로 전환하고자 했다는 주장은, 민족현실에 대한 관심과 영적 심화는 양립할 수 없다는 전제에서 나온 해석이다. 과연 정치현실에 대한 관심과 영적 관심은 양립할 수 없을까? 길선주(吉善宙)의 경우, 1907년 부흥운동의 주역으로서 영적 체험이 깊었던 영적 지도자였지만, 동시에 민족운동 혹은 독립운동에도 무관심하지 않았다. 후일 그는 한국교회의 영적 지도자로서 삼일운동 당시 민족대표 33인 중의 한 사람이었다. 민경배,『한국기독교회사』, 271.

것이 아니었을까?

부흥운동의 지도자였던 길선주는 친구인 김종섭의 권면으로『천로역정』등을 읽고 회심하였고 이길함(Graham Lee) 선교사에게 세례를 받았다. 그는 33세에 평양 장대현교회 장로가 되었는데, 목회자가 되기로 작정한 그는 1903년에는 평양신학교 입학하였고 1907년 6월 제 1회 졸업생이 되었다. 1907년 목사안수를 받은 그는 장대현교회에서 20년 간 목회하였고, 1936년 11월 26일 사망하였다. 그는 흔히 기도의 사람, 독경(讀經)의 사람, 부흥이 사람으로 불리는데, 그는 일생동안 구약을 30회 읽었는데, 창세기에서 에스더서까지는 540회나 통독했다고 한다. 신약성경은 100회 이상 읽었는데, 이중 요한일서는 500독 했고, 요한계시록은 1만독 했다고 한다. 그는 하나님의 말씀을 사랑한 영적 지도자였다.

교회개혁과 부흥운동

저자 이상규
초판1쇄 2004. 6. 2
초판2쇄 2007. 11. 1
발행처 SFC 출판부

총판 하늘유통(031-947-7777)
인쇄처 (주)독일인쇄
연락처 137-040 서울특별시 서초구 반포4동 58-5 고신총회회관 별관2층
　　　　 Tel (02)596-8493 ｜ Fax (02)596-5437

값 10,000원

ISBN 89-89002-39-7　03230

□ 잘못 만들어진 책은 언제든지 교환해 드립니다.